经济管理学术文库·经济类

非寿险精算中的贝叶斯统计分析

Bayesian Statistical Analysis in Non-life Insurance Actuarial Science

温利民　章 溢／著

经济管理出版社
ECONOMY & MANAGEMENT PUBLISHING HOUSE

图书在版编目（CIP）数据

非寿险精算中的贝叶斯统计分析/温利民著. —北京：经济管理出版社，2018.8
ISBN 978-7-5096-5872-7

Ⅰ. ①非⋯ Ⅱ. ①温⋯ Ⅲ. ①贝叶斯方法—应用—保险—精算学 Ⅳ. ①F840.4

中国版本图书馆 CIP 数据核字（2018）第 143810 号

组稿编辑：杨国强
责任编辑：杨国强 张瑞军
责任印制：黄章平
责任校对：张晓燕

出版发行：经济管理出版社
（北京市海淀区北蜂窝 8 号中雅大厦 A 座 11 层 100038）
网 址：www. E-mp. com. cn
电 话：（010）51915602
印 刷：北京玺诚印务有限公司
经 销：新华书店
开 本：720mm×1000mm/16
印 张：12.25
字 数：213 千字
版 次：2018 年 9 月第 1 版 2018 年 9 月第 1 次印刷
书 号：ISBN 978-7-5096-5872-7
定 价：68.00 元

前　言

本书主要介绍非寿险精算中贝叶斯统计模型与统计推断方法,全书都是基于贝叶斯统计的理论基础之上,因此本书的阅读者应对贝叶斯统计有所了解。

本书的结构大概分为四个部分。第一部分是综述,主要介绍本书的结构、研究的问题以及章节的安排。第二部分介绍了各种保费原理中风险保费的贝叶斯统计推断。第三部分介绍风险度量模型中风险参数及相关风险度量的贝叶斯估计及其统计推断方法。在这一部分中,作者通过结合信度理论与经验贝叶斯方法,研究了帕累托风险模型中的风险参数、在险价值及其推广风险度量以及随机效应分层模型中的风险参数的信度估计问题。第四部分是责任准备金评估模型及其贝叶斯统计推断,研究了聚合数据中随机 B-F 模型索赔均值的信度估计及准备金的贝叶斯估计,并建立了个体数据的广义线性模型,同时研究了准备金的极大似然估计及其统计性质。本书所有内容都是基于非寿险精算的最新文献之上的拓展研究,力图将理论和实际运用相结合,涉及数学方面的内容都有详细的证明,尽量做到通俗易懂。

本书第二作者章溢负责第 5 章、第 7 章、第 8 章和第 10 章的编写工作,其余章节由温利民完成。全书由温利民统稿。

本书可以作为保险精算、金融数学以及概率论与数理统计专业的教学用书或参考用书。该书适用于两类读者:第一类是保险精算、金融、统计等专业的教师和研究人员,以及广大攻读保险、精算方向学位的研究生;第二类是金融、保险、统计、管理的从业人员,特别是正在从事保险精算和金融创新设计的决策人员以及相关的研究工作者。深信本书将对他们的学习、研究和应用有所裨益。

感谢国家自然科学基金（71761019）和江西省自然科学基金（20171ACB21022）对本书的出版资助！

温利民

江西师范大学

2018 年 9 月

目　录

第一部分　非寿险精算中的贝叶斯统计问题

第二部分　风险保费的贝叶斯统计推断

第三部分 风险度量的贝叶斯统计分析

第四部分　责任准备金的评估及其统计模型

第一部分
非寿险精算中的贝叶斯统计问题

第 1 章　非寿险精算中的贝叶斯统计分析

保险精算是依据经济学的基本原理和知识,利用现代数学方法,对各种保险经济活动未来的财务风险进行分析、估价和管理的一门综合性的应用科学。如研究保险事故的出险规律、保险事故损失额的分布规律、保险人承担风险的平均损失及其分布规律、保险费率和责任准备金、保险公司偿付能力等保险具体问题。对于经营保险业务的各类保险公司,在其经营管理的各个环节上,如计划、统计、展业、财务、投资、研究及培训等方面,都需要精算发挥其特有的作用。保险精算具有计算、分析、预测、服务等多项职能,这些职能可以通过保险精算师的职能具体表现出来。

保险精算根据保险的类别及计算方法的不同又可以分为寿险精算和非寿险精算。寿险精算是以概率论和数理统计为工具研究人寿保险的寿命分布规律、寿险出险规律、寿险产品的定价、责任准备金的计算、保单现金价值的估值等问题的学科。在寿险精算中,利率和死亡率的测算是厘定寿险成本的两个基本问题。由于利率一般由国家控制,所以在相当长的时期里利率并不是保险精算所关注的主要问题,而死亡率的测算即生命表的建立成为寿险精算的核心工作,现在仍然是精算研究的重要课题。根据相当数量的人群在不同年龄的死亡率构成的表格称为生命表。生命表又称“死亡表”(Mortality Table)或寿命表,是对相当数量的人口自出生(或一定年龄)开始,直到这些人口全部去世为止的生存与死亡记录。通常以 10 万(或 100 万)人作为 0 岁的生存人数,然后根据各年中死亡人数、各年末生存人数计算各年龄人口的死亡率、生存率,列成表格,直到此 10 万人全部死亡为止。生命表上所记载的死亡率、生存率是决定人寿保险费的重要依据,是反映一个国家或一个区域人口生存死亡规律的调查统计表。有了生命表,寿险精算的所有问题都能得到解决。

相对而言,非寿险精算问题则比寿险精算复杂得多。由于非寿险保险标的的不同,风险因素复杂多变,导致非寿险精算中损失发生的概率、额度都不相同。例如财产保险中,财产所在的地域、建筑结构和用途等都将影响损失的发生概率。南方地域比北方地域发生洪灾的可能性大;木质结构的房屋比水泥结构的房屋发生火灾的可能性大;机动车从事营运的比非营运的发生交通事故的可能性大。再如汽车第三者责任保险,司机的性别、年龄、喝酒习惯,汽车的性能、型号以及路段等因素都会影响事故发生的可能性。非寿险精算始终把损失发生的频率、损失发生的规模以及对损失的控制作为它的研究重心。

为了合理地确定非寿险精算中事故发生的频率和额度,一个重要的信息是该保险的历史损失数据。例如汽车保险,在以往的时间内,该汽车向保险公司索赔的次数和索赔额度的数据显然能在一定程度上代表该汽车的未来风险状况。然而,一般来说,单个保单的历史索赔数据是非常稀缺的。在这种小样本的数据中,以往的索赔数据很可能是司机的运气不佳导致的。但是,保险公司同时承保大量的其他保单。因此,一个重要的问题是,是否可以利用其他同类型保单的数据来计算或改进该保单发生风险的概率?解决这类问题的最好方法就是利用贝叶斯统计方法及在此基础上发展起来的信度理论。

在数理统计中,一般假设随机变量 X 的分布为 $F_X(x,\theta)$,其中 θ 是未知参数。贝叶斯统计与频率统计最大的区别是对待 θ 的观点不同。在频率学派中,一般认为 θ 是一个固定的未知参数,从而可以根据样本数据 $x_1,x_2,\cdots,x_n$ 进行估计并做统计推断。而贝叶斯学派认为 θ 是一个未知的随机变量,在以往的经验和数据资料中已经对 θ 有一定的认识,这些认识将形成 θ 的某个概率分布 $\pi(\theta)$。由于这个分布是根据经验或以往历史资料形成并假定出来的,因此被称为先验分布或结构分布。在综合样本数据 $x_1,x_2,\cdots,x_n$ 及先验分布 $\pi(\theta)$ 的基础上对 θ 进行估计并做统计推断。由于风险的非齐次性,导致保单发生损失的概率受到多方面因素的影响,这些因素的综合用随机参数 θ 刻画。根据经验资料和专家观点,将形成 θ 的先验分布 $\pi(\theta)$,而该保单在过去时间内的索赔恰可以看成风险 X 的样本。这些特征与贝叶斯统计的假设相当吻合,因此,非寿险精算中风险概率等相关问题用贝叶斯统计来建立模型是较为妥当的。

§1.1 保费定价及相关统计问题

在非寿险精算中,精算师最重要的职责就是如何为一份保单制定合适的保费。由于风险是随机变量,而制定的保费必须是一个固定的金额。在厘定保费时,保险公司有两个最为关心的问题:一是如何使征收的保费足够理赔;二是在保费足够理赔的基础上,如何增强保险产品的竞争力。第一个问题要求保费尽量高,以使得总的保费收入减去索赔及相关费用后有剩余,保证保险公司的正常利润。第二个问题要求保费尽量低,以使得保险公司有充足的竞争力,在市场竞争中赢得更多的保单。因此,合理的保费定价显得非常关键。保险公司在厘定费率时,既要考虑到总的保费收入,又要考虑到投保人的预期保费,使得保费在投保人之间公平分摊。

定义 1.1.1 设 X 是取值非负的风险随机变量,其分布函数为 $F_X(x)$,保费原理就是给风险X分配一个实值泛函数H(·),记为X→H(X),或$F_X \to H(F_X)$。

保费原理作为风险 X 的一种度量,在理论上和实际中都要求 H(X)满足一些条件。

(1)非负安全负荷性(Non-negative loading):$H(X) \geqslant E(X)$。一般来说,收取的保费至少要大于风险 X 的数学期望 E(X),否则根据大数定律,保险公司将处于亏损状态,并最终导致破产的发生。

(2)极大损失(Maximal loss):$H[X] \leqslant \text{esssup}[X]$,其中 esssup[X]表示 X 的本性上确界。

(3)转移不变性(Translation invariance):$H[X+C]=H[X]+C$,其中 C 为任意常数。

(4)对独立风险的可加性(Additivity):若 $X, Y \in \chi$,且相互独立,则$H[X+Y]=H[X]+H[Y]$。若两个风险是相互独立的,则合起来承保与单独承保缴纳的保费相同。

(5)累次性(Iterativity):对任意的风险 X,Y,有 $H(X)=H[H(X|Y)]$。即 X 的保费可以分两步进行,首先给定 Y=y 的条件下,计算 X 的条件保费,记为 g(y),即 $g(y)=H(X|Y=y)$,则 $H(X)=H[g(Y)]$。

(6)合理风险附加(No unjustified risk loading):若 X=C,a. s. ,其中 C 为大于零的常数,则 $H[C]=C$。如果已经知道(以概率 1)某个风险取值为常数 C,则收取保费 C 是合理的,因为这时没有风险的波动性。

(7)单调性(Monotoni city):若 $X, Y \in \chi$,且 $X(\omega) \leqslant Y(\omega)$对任意 $\omega \in \Omega$ 成立,则 $H[X] \leqslant H[Y]$。

(8)保留一阶随机控制序(First stochastic order):若$X, Y \in \chi$,且$S_X(t) \leqslant S_Y(t)$,对任意 $t \geqslant 0$ 成立,则 $H[X] \leqslant H[Y]$。

(9)保留停止损失序(Stop loss order):若 $X, Y\in\mathcal{X}$,且 $E[X-d]_+\leqslant E[Y-d]_+$,对任意 $d\geqslant 0$ 成立,则 $H[X]\leqslant H[Y]$。

(10)连续性(Continuity):$\lim\limits_{a\to 0^+}H[\max(X-a, 0)]=H[X]$ 以及 $\lim\limits_{a\to\infty}H[\min(X, a)]=H[X]$。

在实际运用中,常用的保费原理有:

(1)净保费原理:$H(X)=E(X)$。

(2)期望值原理:$H(X)=(1+\alpha)E(X)$,其中 $\alpha>0$ 为常数。

(3)方差原理:$H(X)=E(X)+\alpha Var(X)$,其中 $\alpha>0$ 为常数。

(4)修改方差原理:$H(X)=E(X)+\alpha\dfrac{Var(X)}{EX}$,其中 $\alpha>0$ 为常数。

(5)标准差原理:$H(X)=E(X)+\alpha\sqrt{Var(X)}$,其中 $\alpha>0$ 为常数。

(6)指数原理:$H(X)=\dfrac{1}{\alpha}\log E[\exp(\alpha X)]$,其中 $\alpha>0$ 为常数。

(7)Esscher 原理:$H(X)=\dfrac{E(Xe^{\alpha X})}{E(e^{\alpha X})}$,其中 $\alpha>0$ 为常数。

(8)Kamp 保费:$H(X)=\dfrac{E[X(1-e^{-\alpha X})]}{E(1-e^{-\alpha X})}$,其中 $\alpha>0$ 为常数。

(9)条件尾期望原理:$H(X)=E(X|X>q)=\dfrac{E[XI(X>q)]}{P(X>q)}$,其中 $q>0$ 为常数。

(10)修正条件尾期望原理:$H(X)=E(X|X>q)+\alpha\dfrac{Var(X|X>q)}{E(X|X>q)}$,其中 $q>0, \alpha>0$ 为常数。

(11)失真保费原理:$H(X)=\int_0^\infty g[S_X(x)]dx$,其中函数 $g(\cdot)$ 为非降失真函数,满足:$g(0)=0, g(1)=1$。

(12)风险调整保费原理:$H(X)=\int_0^\infty(SX(x))^{\frac{1}{p}}dx$,其中 $p>1$ 为常数。

(13)零效用保费原理:保费 H 为方程 $U(0)=E[U(H-X)]$ 的解,其中 $U(x)$ 为效用函数。

(14)分位数保费原理:$H(X)=\min\{p, F_X(p)\geqslant 1-\varepsilon\}$,其中 ε 为给定的小概率。

(15)绝对偏差保费原理:$H(X)=E(X)+\alpha\kappa_x$,其中 $\kappa_x=E|X-F_X^{-1}(\frac{1}{2})|$ 为

X 的绝对中位数离差,$\alpha>0$ 为常数。

显然,并不是每一种保费原理都满足上述十条性质,但满足更多的性质的保费原理在实际中得到更广泛的运用。不同的保险公司可以根据公司自身的情况选取合适的保费原理。然而,保费原理的选取只是保险公司的第一步工作,更重要的是如何利用已有的信息(先验信息和样本信息)对给定的保费进行估计,并制订合适的保费厘定方案。这种结合了先验信息和样本信息得到的保费估计方法,在非寿险精算中称为经验厘定。

经验厘定方法最早起源于 20 世纪初,现已发展成为非寿险精算定价保费的最基本方法。由于大部分经验厘定的保费估计都可以表达为样本信息和先验信息的加权和,并且权重依赖于样本容量的大小,反映了样本的可信度,因此经验厘定方法也称为信度理论。根据保费厘定的方法不同,可以将其分为两个主要分支:第一个分支是建立在频率方法上的有限扰动理论(Li mited Fluctuation);第二个分支是以贝叶斯理论为基础的最精确可信度理论(Greatest Accuracy Credibility)。这两种方法都是希望通过已有的历史数据来合理地制定保费。

有限扰动信度理论是 Mowbray(1914)在对工伤补偿保险的保费厘定时提出的,而 Slellwayer(1925)将有限扰动理论应用于汽车保险,Perryman(1932)对有限扰动理论进行了解释。

最大精确度信度理论也称为欧式经验厘定理论。最早提出最大精确度信度理论方法的是 Whitney(1918),他在研究工伤补偿保险的保费厘定时,假设一个雇主拥有 P 个雇员,总索赔服从二项分布 B(P, M),而索赔概率 M 本身也是正态分布随机变量,事实上这正是贝叶斯框架下的二项—正态模型。根据贝叶斯定理可以估计参数 M,得到下一期的保费估计为信度加权的形式。Keffer(1929)将最大精确度信度原理运用到群体寿险。Bailey(1945)运用最小二乘法对最大精确信度理论建立数学模型,得到正态—正 态、贝塔—二项等分布模型下的信度估计。而真正无分布(任意分布)的最大精确度信度模型是 Bühlmann(1967)提出的。他仍然用最小二乘法,在贝叶斯框架下,将估计限定在样本的线性函数类中,得到的最优保费估计恰好为信度加权形式,并建立了无分布信度理论。由于最大精确度信度理论不依赖于先验分布的具体形式,使得这种方法在非寿险精算中得到广泛的运用,在后来的研究和运用中逐步替代了有限扰动信度理论,因此现代的信度理论或经验厘定一般指最大精确度信度理论。

Bühlmann 信度估计是建立在净保费原理之上的。由于净保费原理的安全负荷系数为零,研究表明,如果保险公司收取的保费仅仅为净保费,则保险公司必将破产。Bühlmann(1970)首次讨论了方差保费原理的信度估计问题。Gerber(1980)通过将平方损失函数修改为指数加权损失函数的方法建立了Esscher保费原理下的信度理论。Pan等(2008)证明了Gerber(1980)的信度估计不满足相合性,从而提出Esscher保费原理中新的信度估计形式。Wen等(2009)将这一结果推广到广义加权保费原理,Wen和Wu(2011)建立了指数保费原理中的信度估计问题。本书的第二部分将围绕保费原理中的信度理论展开,进一步研究零效用保费原理、广义加权保费原理经验厘定问题。

§1.2 风险度量的统计及推断

众所周知,高收益总是伴随高风险,风险的本质就是不确定性。由于投资组合的回报率是不确定的,因此任何投资都有风险。概率论与数理统计就是处理这种不确定性(风险)的学科。在概率统计中,一般用随机变量描述风险(不确定性)。风险度量是从风险的集合空间到R上的一个实函数。常用的风险度量有方差度量、在险价值度量、条件尾期望度量、失真风险度量等。在保险精算中,保单的保费即为这份保单风险的价格,因此保费定价问题也是风险度量的问题之一。在金融风险管理中,对风险的度量和评估是投资者、决策者最为关心的问题,也是保险精算师最为关心的问题之一。

Markowitz(1952)利用方差度量风险,建立了马科维茨(Markowitz)投资组合理论,并因此获得了1990年的诺贝尔经济学奖。但是,研究者发现利用方差度量风险有很大的局限性,即追加或减少一定数量的固定现金于一个资产组合并不影响该资产组合的风险大小,这与人们对风险的直观判断是不吻合的。因此,研究者提出许多其他度量风险的方法,例如半方差、在险价值度量、尾在险价值度量、条件在险价值度量、期望短缺、失真风险度量,等等。Artzner(1999)从公理化的角度探讨一种合理的风险测度方法应该满足什么样的性质这一问题,并首次提出了一致风险度量的概念,将风险度量建立在公理化体系下。自此,几乎所有的风险度量的研究都基于一致性度量之上。

在金融风险管理的运用中,一个现实的问题是,如何根据已有信息对相关的风险度量进行估计?注意到风险度量是风险X的某个实函数,与风险的分布有关,而风险随机变量的分布一般是未知的。通过了解风险的信息(一般指样本信息)去估计风险的分布,进而估计风险 X 的度量。在经典的统计学中,常利用样本数据来估计风险 X 的大小。假定风险随机变量 X 具有某个概率分布 F(x, θ),这里 θ 为未知参数,表示 X 的未知风险特征,称为风险参数。设 $X_1, \cdots, X_n$ 为该风险的 n 个观察值。根据贝叶斯决策理论,评估风险 X 的大小不仅利用样本数据信息(观察值),而且利用到参数 θ 的先验分布信息,即:

风险度量的估计=θ 的先验信息 ⊕ X 的样本信息

但是,上述估计的过程中有两个问题:①如何为风险参数选择合适的先验分布;②如何为风险选取合适的样本分布。对第一个问题,贝叶斯理论中有一些选取先验分布的方法,例如共轭先验、无信息先验等。但是,大部分的先验分布选取的方法或者是基于数学上的考虑(例如共轭先验分布),或者只是在某些特定条件下适用(例如无信息先验),至今未找到一种普遍适用的确定先验分布的方法。对第二个问题,目前大多数运用的方法是根据样本来拟合一个理论分布。但是,这样拟合出来的理论分布只是近似分布,而不一定是风险的真实分布。本书的第三部分将研究各种风险模型中风险度量的统计推断问题,分别建立帕累托风险模型、指数—伽马模型以及随机效应风险模型,利用信度理论以及经验贝叶斯理论研究风险参数及风险度量的估计及其统计推断。

§1.3　责任准备金的评估模型

索赔准备金又称赔款准备金,是衡量保险人某一时期内已经发生的保险事故应负的赔款责任及理赔费用的估计金额。其计提的原因在于:在保险公司会计年度内发生的赔案中,总有一部分未能在当年决算结案。根据审慎经营的原则,保险公司对于这些已发生赔案应提取赔款准备金,以正确核算损益,并为预期索赔支付保险金做好资金准备。非寿险责任准备金是保险公司最主要的负债项目。责任准备金评估的充足性和准确性,分别构成了保险公司履行保险赔付责任的能力和经营成本的重要基础,成为保险监管部门的重点监管目标之一。

在众多责任准备金评估模型中,应用最广泛、影响最大的当属链梯法。在早期的保险公司中,精算师将索赔按事故发生的年份进行分类。若以纵轴为事故发生年,横轴为事故发生后的进展年,则索赔数据将形成一个上三角形。

并且精算师假设每个进展年的索赔都有一个相对稳定的进展因子。根据这个上三角形数据,容易估计出每个事故年发生的索赔在未来的进展情况,从而得到准备金的估计。这种方法被称为“链梯法”。由于这种方法操作简便,并能得到较为准确的预测结果,因此在保险公司得到广泛应用。

早期的链梯法是以非随机形式出现的,我们称之为“非随机链梯法”。然而,人们开始质疑该“非随机性链梯法”没有相关的理论支撑,无法给出一个好的解释。这个问题在 Mack(1993) 的文章中得到了很好的解决。他给出了链梯法的一个随机模型,不仅可以得到与“非随机链梯法”相同的索赔准备金估计,而且能得到该估计的误差,从此链梯法得到迅速发展。到目前为止,链梯法仍然是准备金估计一种主流方法。

然而,由于风险的非齐次性,每个保单的索赔有自己的风险特征,导致索赔进展因子也是随机变量。若把索赔进展因子看成随机变量,则对准备金的估计问题就落入了贝叶斯框架。但贝叶斯统计的一个重要的缺点是如何选取先验分布的问题。如果先验分布选取合适,则得到的估计比一般的链梯法的准备金估计更加准确;反之,如果先验分布选取错误,则可能得到相反的结论。为了解决这个问题,我们将利用信度理论的思想。在责任准备金的评估中,信度理论的方法得到广泛运用。

另外,注意到传统的责任准备金聚合模型具有如下两个明显不足:一是信息的损失。由于聚合模型使用的数据是单个时间周期(通常为一年)内的所有索赔数据(下称个体数据)的加总,从统计学的观点看,个体数据的简单加总并不总是能够保证原始数据所包含的信息完好保存,因而必然会部分地丢失单个索赔事件中包含的有用信息(特别是个体索赔波动如方差的信息),从而使得历史数据所提供的信息在未决准备金的预测中没有被充分地使用,导致准备金评估中出现较大偏差。也正是由于聚合数据不包含(或者很少包含)原始数据的波动信息,使得传统准备金评估方法对准备金评估的精度缺乏客观的处理手段。二是模型假定过于严格。为了便于数学上处理的方便,基于聚合数据的随机模型都假设流量三角形中的增量在各年之间是相互独立的。现实情况往往与之不符,例如,在保额固定的责任险中,各年的索赔额之间就有很强的相关性(各年索赔的总和小于或等于一个定值)。显然,基于个体数据的责任准备金评估方法克服了这两个缺点,因此,基于个体数据的准备金模型对于准备金评估方法的研究具有非常重要的意义。

在准备金评估的实际操作中,评估者往往会根据赔付数据,结合自己的经验进行评估。而这些经验主要体现在参数的选取上,如链梯法中的进展因子,

B-F 法中的终损，以及其他有关参数选取等。若利用贝叶斯方法，将这些经验看作一些先验信息，引入到建模过程中，比单纯修改现有参数的方法更科学合理，且易于解释。传统的参数贝叶斯方法在 20 世纪 90 年代被引入准备金评估的研究中。通行的做法是，假设增量赔付数据服从某一参数型的分布，并且把参数看作是具有某个先验分布的随机变量，从而通过计算参数的后验分布得到参数的估计。但是，在许多情况下，对实际的数据给出一个参数模型的过程具有很大的主观性，解决方法是利用非参数贝叶斯统计模型。相对于参数贝叶斯模型而言，非参数贝叶斯统计模型不需假定损失数据的分布来自于某一具体的参数分布，因此模型假设更弱，一定程度上更符合实际背景，得出的结论更为稳健。

本书的第四部分内容中将分别建立聚合数据的随机 B-F 责任准备金模型和个体数据的广义线性模型，利用频率统计推断和贝叶斯统计推断方法，研究责任准备金估计及其统计推断。

第2章　本书的内容及安排

本书拟建立风险保费、风险度量和责任准备金的贝叶斯统计模型，研究它们的贝叶斯估计及其统计性质。全文共包括以下四部分：

第一部分为非寿险精算中的贝叶斯统计问题，包括第1章和第2章。

第二部分研究了风险保费的贝叶斯推断方法，包括第3章至第6章。第3章讨论了零期望效用原理下风险保费的贝叶斯估计，在线性效用、Esscher效用和指数效用函数下研究了风险保费估计的性质；第4章建立了广义Esscher保费原理的多样本贝叶斯模型，讨论了广义Esscher保费的贝叶斯估计和经验贝叶斯估计；第5章从随机变量的矩母函数出发，利用信度理论的思想得到了矩母函数的线性贝叶斯估计，从而得到大部分保费原理的贝叶斯估计，进而与传统的研究进行了数值比较；第6章建立了方差相关保费原理的聚合风险模型，并研究了索赔次数和索赔额相依时的贝叶斯保费。

第三部分研究了风险度量的贝叶斯统计分析方法，包括第7章至第9章。第7章建立帕累托索赔额分布的贝叶斯模型，研究了风险参数的极大似然估计、贝叶斯估计及信度估计，证明经验贝叶斯估计的渐近最优性；第8章建立了在险价值度量的指数—伽马贝叶斯模型，从损失函数的角度提出在险价值度量的贝叶斯估计，并证明和模拟验证了估计的大样本性质；第9章建立分层效应的线性贝叶斯模型，得到了随机效应的线性贝叶斯估计，并证明了相关统计性质。

第四部分研究了责任准备金的评估模型，包括第10章至第11章。第10章研究了聚合数据下随机B-F责任准备金的经验贝叶斯估计问题；第11章讨论了个体数据假设下的责任准备金广义线性模型及其相应的统计推断。

第12章，对全书进行了总结。

第二部分
风险保费的贝叶斯统计推断

第3章　零期望效用原理下的贝叶斯保费

§3.1　引言

在风险管理中,保费定价过程是指精算师对保险产品制定一个合理的价格的过程。从风险决策理论和实践两个方面看,合理的保费收取不仅仅取决于对外在环境不确定性的把握,而且还与决策者对自身价值结构的判断有重大关系。在保费的厘定过程中,保险公司最关心的问题是:①如何使征收的保费足够理赔;②在保费足够理赔的基础上,如何增强保险产品的竞争力。在对保险产品定价过程中,精算师必须对风险 X 进行科学的分析和评价,以使得制定的保费能确保保险公司正常的赔付并获取一定的利润。显然,若征收的保费过高,会使得投保人数量减少,流失保单;相反,若制定的保费过低,使得征收的保费不够赔付正常的理赔额及公司的日常开销,保险公司将面临亏损,严重情况下将导致公司破产。因此,保费定价是保险公司最为关注的重要问题之一。保险公司在保费的厘定过程中,既要考虑到总的保费收入与投保人的预期保费之间的差异,也要考虑到投保人的预期保费与实际风险之间的差异,使得保费在投保人之间公平分摊。更多有关保费定价方法的综述可参考 Young(2004)。

通常情况下,精算师制定保费的依据是保险产品的历史索赔数据。在精算学中,把一份保单可能导致的索赔定义为一个风险,用随机变量 X 表示。这时该保单的历史索赔数据可以看作是该随机变量 X 的随机样本的实现值。通过分析和拟合这些数据信息,得到随机变量 X 的分布函数,进而为该保单制定合理价格 P(X),即为保费。

定义 3.1.1　设 X 是取值为非负的风险随机变量,其分布函数为 $F_X(x)$,保费原理就是给风险 X 分配一个实值函数 P(·),记为:$X \to P(X)$,或 $F_X \to P(F_X)$。

在保险精算中,期望效用保费原理是一种重要的保费定价原理类。期望效用原理的主要思想是在保险人和被保险人购买保险的过程中,通过制定合理的保费使得双方的效用都不降低。假定保险人的初始财富值为 w,其效用以 u(w)表示,这里函数 u(·)被称为保险人的效用函数。假定保险人承保了一份保单且收取的保费为 P,此时保险人将承担一个潜在的损失(或风险)X,他的效用将转变为 u(w+P-X)。由于风险 X 是随机变量,那么在平均的意义下,保险人承保后的效用较原效用来说不应该减少,即应满足:

$$U(w)=E[U(w+P-X)] \tag{3.1}$$

由式(3.1)所确定的保费 P 称为期望效用保费。由式(3.1)定价保费的方法称为期望效用保费原理。取不同的效用函数 u(·),可以得到一些常用的保费原理,如净保费原理、方差保费原理、指数保费原理、Esscher 保费原理等。期望效用保费原理的经济理论依据是著名的效用理论(Von Neumann,1944)。Trowbridge(1989)指出,期望效用理论是精算学的基石,是决策者进行决策方案选择时常采用的一种方法。关于期望效用保费原理的文献可参考 Schmid(1998)、Panjer(1998)、Kaas(2001)、Chateauneuf 和 Tallon(2002)、Goovaerts 等(2004)、Goovaerts 等(2010)、Kaluszka 和 Krzeszowiec(2013)等。

人们为了更好地做出决策,总是想方设法从自然界或社会挖掘各种有用信息,如先验信息、样本信息等。贝叶斯方法是在贝叶斯定理的基础上发展起来的,用以系统地阐述、解决统计问题的一种方法,其基本思想是将未知参数的先验信息和样本信息结合起来,根据贝叶斯定理,得出参数的后验分布。事实上,后验分布概括了先验分布和样本分布的全部信息。贝叶斯决策理论的主要思想是将所有的统计推断都建立在参数的后验分布之上。通过下式更能形象地表示贝叶斯方法:

先验信息+样本信息→贝叶斯定理→后验信息→统计分析 (3.2)

关于贝叶斯方法的详细介绍可参阅 Berger(1985)或 Heilmann(1989)。

本章从效用理论出发,讨论零期望效用原理下风险保费和贝叶斯保费,并讨论贝叶斯保费的大样本性质。后面的章节安排如下:3.2 节介绍零期望保费原理及相关的性质。3.3 节建立零期望原理的贝叶斯模型,讨论零期望原理下的风险保费和贝叶斯保费。3.4 节在不同效用函数下计算风险保费和贝叶斯保费,并证明贝叶斯保费的大样本性质。3.5 节用数值模拟的方法验证零效用保费原理下各贝叶斯保费的相合性及其收敛速度。3.6 节给出本章的结论以及未来研究的方向。

§3.2 零期望效用原理

设初始财富为 u_0 的决策者，面临某个风险（可能发生的意外损失）X。这里 X 一般为非负随机变量，具有分布函数 $F_X(x)$。定义该决策者的期望效用函数为

$$E[U(u_0-X)]=\int U(u_0-x)dF_X(x). \tag{3.3}$$

若有

$$E[U(u_0-X)]\geqslant E[U(u_0-Y)], \tag{3.4}$$

则称风险 X 优于风险 Y。

若令 $Z=u_0-X$，则 Z 为决策者的财富，显然 Z 越大给决策者带来的效用越大，因此效用函数 U(x) 是 x 的增函数，若 U(x) 可导，则 $U'(x)>0$。

在效用函数理论中，度量决策者的风险厌恶程度的一个重要的概念是风险厌恶指数。风险厌恶指数是指人们为躲避风险或得到收益的主观愿望或态度，定义为

$$A(x)=-\frac{u''(x)}{u'(x)}. \tag{3.5}$$

根据 A(x) 是否大于零可将风险分为风险规避型或风险偏好型[若 $A(x)>0$ 则为风险规避型，而 $A(x)<0$ 为风险偏好型]，关于风险厌恶度的研究可参考 Rabin(2000)。

在非寿险精算中，我们把决策者分为两类，一类是保险人，另一类是被保险人。一般地，被保险人是风险规避型。而保险人可以假定为风险中性或稍微风险规避型。正因如此，被保险人有购买保险的欲望实现风险规避，而保险人对风险的态度是相对中立的，事实上保险人通过出售大量不同类型的保单也可以降低风险。本章均假设 $A(x)>0$，此时有 $u''(x)<0$。

对效用函数 U(x)，还满足下面的性质：

引理 3.2.1 任一决策者的效用函数满足正线性变换，即对效用函数 U(·)，令

$$U^*(x)=aU(x)+b,\ x\in R,$$

其中 $a>0$、b 为常数，则 U^* 与 U 有相同的偏好。

对效用函数 U(x)，由于 $U'(x)>0$，由引理 3.2.1，可令

$$U^*(x)=\frac{U(x)-U(0)}{U'(0)}, \tag{3.6}$$

则 $U^*(0)=0$, $U^{*\prime}(0)=1$,且 U^* 和 U 有等价的效用偏好,即是等价的效应函数。称 U^* 为效用函数 U 的标准化。

假设某家保险公司的效用函数为 $U(x)$,根据引理 3.2.1,不妨设

$$U(0)=0, U'(0)=1. \tag{3.7}$$

下面不特别说明的情况下都指标准化后的效用函数。

设保险公司的初始资产为 w。设该保险公司出售保单 X 后收取的保费为 P。我们的目标就是为 X 制定一个合理的保费价格 P。注意到保险公司在承保该保单之前效用为 $U(w)$,承保后的效用变为 $U(w+P-X)$。显然 P 越大,则保险公司的效用越大。但由于保险市场的竞争性,保费 P 越小才能吸引越多的保单,保险公司才越有竞争力。由于 X 是随机变量,在平均的意义下,保费 P 至少应使得保险人承保后效用不减少。考虑承保前后效用相等,即

$$U(w)=E[U(w+P-X)]. \tag{3.8}$$

由式(3.8)确定的保费 P 称为期望效用保费,这种确定保费的方法称为期望效用保费原理。

当 $w=0$,式(3.8)退化为:

$$E[U(P-X)]=0. \tag{3.9}$$

称式(3.9)为零期望效用方程,得到的解 P_X 称为零期望效用保费(在后面的章节中,零效用保费均记为 P_X,表示保费 P 依赖于风险 X)。容易验证,零期望效用保费 P_X 满足下面的性质:

(1)客观性。效用函数给定下,零期望效用保费原理 P_X 只依赖于风险 X 的分布函数。

(2)非负的安全负荷。由于 $u''(x)<0$,根据 Jensen 不等式,有

$$0=E[U(P_X-X)]<U(P_X-EX). \tag{3.10}$$

根据 $U(x)$ 的单调性,有 $P_X \geqslant E(X)$。

(3)平移不变性。若风险 X 加上一个常数,则零期望效用保费相应的加上这个常数,即有 $P_{X+c}=P_X+c$,这里 c 是非负常数。

(4)无过度负荷。对零期望效用保费原理 $P_X<\max[X]$,这里 $\max[X]$ 表示 X 的取值上界。

§3.3　零期望效用保费原理下风险保费与贝叶斯保费

假定风险 X 为非负随机变量，服从某个分布 $F_X(x|\theta)$。这里 θ 为风险参数，反映了保单合同的风险情况，例如在汽车第三者责任保险中，θ 为驾驶人的年龄、性别、喝酒习惯以及汽车的型号、性能等风险特征。由于风险的非齐次性，一般假设 θ 为随机变量，见 Kaas 等（2001）。为了叙述的方便，我们对风险作下面的假设。

假设 3.3.1　设在 θ 给定下，风险序列 $X_1, X_2, \cdots, X_n$ 相互独立并具有共同的分布，其条件分布函数记为 $F(x|\theta)$。记 $\underline{X_n}=(X_1, X_2, \cdots, X_n)'$为观测到的样本信息。

假设 3.3.2　风险参数 θ 是一个随机变量，具有密度函数 $\pi(\theta)$。

我们的目标是通过这些样本信息 $\underline{X_n}=(X_1, X_2, \cdots, X_n)'$以及先验信息 $\pi(\theta)$ 来估计未来的损失 X_{n+1}。设用某个 a 估计 X_{n+1}时的损失为 $L(X_{n+1},a)$，则估计的好坏取决于期望损失 $E[L(X_{n+1},a)]$的大小。但是，由于 X_{n+1}的分布与 θ 有关。首先，我们在给定 θ 下求解下面的最小化问题：

$$\min_h E[L(X_{n+1},h)|\theta]. \tag{3.11}$$

定义 3.3.1　若取损失函数为 $L(X_{n+1},a)$，在 θ 给定下，求解最小化式（3.11）得到的解 $h-h(\theta)$ 称为风险 X 的风险保费。

由定义 3.3.1 知，风险保费 $h(\theta)$与风险参数 θ 有关。若风险参数 θ 已知，则风险保费 $h(\theta)$是未来年索赔 X_{n+1}在损失函数 $L(X,a)$下的最优估计。

- 若取平方损失 $L(x, a)=(x-a)^2$，则风险保费为 $h(\theta)=E(X_{n+1}|\theta)$，即为净保费原理。

- 当取损失函数为 $L(x, a)=(e^{\alpha x}-e^{\alpha a})^2$ 时，得到指数保费原理：

$$h(\theta)=\frac{1}{\alpha}\ln E(e^{\alpha X_{n+1}}|\theta).$$

- 当取损失函数为 $L(x, a)=(x-a)^2e^{\lambda x}$，得到 Esscher 保费原理：

$$h(\theta)=\frac{E[X_{n+1}e^{\lambda X_{n+1}}|\theta]}{E[e^{\lambda X_{n+1}}|\theta]}.$$

在风险参数 θ 给定下,零期望效用保费原理式(3.8)为

$$E[U(P-X)|\theta]=\int U(P-x)dF(x|\theta)=0. \tag{3.12}$$

由式(3.12)得到的风险保费记为 P(θ)。

注意:当取不同的效用函数时,也可以得到这些保费原理。

命题 3.3.1　在零期望效用保费原理下,若:

(1)取效用函数为一次函数 $U(x)=x$ 时,得到净保费原理:

$$P(\theta)=E(X_{n+1}|\theta).$$

(2)取效用函数为指数效用函数 $U(x)=\frac{1}{\alpha}(1-e^{-\alpha x})$ 时,得到指数保费原理:

$$P(\theta)=\frac{1}{\alpha}\ln E(e^{\alpha X_{n+1}}|\theta).$$

(3)取效用函数为 Esscher 效用函数 $U(x)=xe^{-\lambda x}$ 时,得到 Esscher 保费原理:

$$P(\theta)=\frac{E[X_{n+1}e^{\lambda X_{n+1}}|\theta]}{E[e^{\lambda X_{n+1}}|\theta]}.$$

由命题 3.3.1 可以看出,零期望效用保费原理事实上是对应某些损失函数下的最优保费。

一般地,在保险实际中,风险参数 θ 是未知的不可观测的随机变量。例如在汽车第三者责任险中,风险参数 θ 是驾驶人的性别、年龄、喝酒习惯、职业、性格等与风险有关的因素的综合。但是我们对这些因素可能已经有某些经验资料,假设这些资料形成了先验分布 π(θ)。我们将结合先验分布和样本观测值 $X_1, X_2, \cdots, X_n$ 的信息,对风险保费 h(θ)进行估计。

定义3.3.2　设在θ给定的条件下,$X_1, X_2, \cdots, X_n, X_{n+1}$ 独立同分布于 $F_X(x|\theta)$,且 θ 为随机变量,先验分布为 π(θ)。若取损失函数为 L(X, a),则求解最小化问题:

$$\min_g E[L(X_{n+1}, g(\underline{X_n}))],$$

得到的解为 $g=g(\underline{X_n})$ 称为风险 X_{n+1} 的贝叶斯保费(或称贝叶斯预测或贝叶斯估计)。其中 $\underline{X_n}=(X_1, X_2, \cdots, X_n)$。

定理 3.3.1　在损失函数 L(X, a)下,风险 X_{n+1} 的贝叶斯保费为:

$$g(\underline{X_n})=[h(\theta)]_{\theta=\underline{X_n}}. \tag{3.13}$$

式中,h(θ)是风险 X_{n+1} 的风险保费。

证明：首先，记 $\Phi=E[L(X_{n+1},g(\underline{X_n}))]$，则由条件期望公式有

$$\Phi=E[E[L(X_{n+1},g(\underline{X_n}))|\underline{X_n}]].$$

贝叶斯保费是使 Φ 达到最小。根据贝叶斯定理，等价于

$$\phi=E[L(X_{n+1},g(\underline{X_n}))|\underline{X_n}] \tag{3.14}$$

达到最小。将式(3.14)与定义 3.3.1 中最小化问题式(3.11)进行对比，可得到

$$g(\underline{X_n})=[h(\theta)]\Big|_{\theta=\underline{X_n}}.$$

定理得证。

由于在大多数情况下，零期望效用保费原理与损失函数是一一对应的，因此在零期望效用保费原理下，给出相应的风险保费与贝叶斯保费的定义如下：

定义 3.3.3 设在 θ 给定的条件下，$X_1,X_2,\cdots,X_n$ 独立同分布于 $F_X(x|\theta)$，且 θ 为随机变量，先验分布为 $\pi(\theta)$。称

$$E[U(P(\theta)-X_{n+1})|\theta]=\int_0^{\infty}U(P(\theta)-x)dF_X(x|\theta)=0 \tag{3.15}$$

的解 $P(\theta)$ 为风险在零效用保费原理下的风险保费。

定义 3.3.4 设在 θ 给定条件下，$X_1,X_2,\cdots,X_n$ 独立同分布于 $F_X(x|\theta)$，且 θ 为随机变量，先验分布为 $\pi(\theta)$。定义下面方程

$$E[U(g(\underline{X_n})-X_{n+1})|\underline{X_n}]=\int_0^{\infty}U(g(\underline{X_n})-x)dF_{X_{n+1}|X_n}(x|\underline{X_n})=0 \tag{3.16}$$

的解 $g(\underline{X_n})$ 称为风险在零期望效用保费原理下的贝叶斯保费。

由上面的定义可以看出，在净保费原理、Esscher 保费原理以及指数保费原理下，根据损失函数定义的风险保费和贝叶斯保费与根据零期望效用保费原理定义的风险保费和贝叶斯保费是一致的。容易得到下面的结论：

定理 3.3.2 在零期望效用保费原理下，风险 X_{n+1} 的贝叶斯保费为：

$$g(\underline{X_n})=[P(\theta)]\Big|_{\theta=\underline{X_n}}. \tag{3.17}$$

式中，$P(\theta)$ 是零期望效用保费原理下的风险保费。

§3.4 贝叶斯保费及其大样本性质

在本节中，我们将取定效用函数 $U(x)$，并在某些特殊效用函数下得到风险 X_{n+1} 的风险保费以及贝叶斯保费。进而证明贝叶斯保费的大样本性质。

§3.4.1 线性效用函数

取效用函数为一次函数 $U(x)=x$ 时，由定义 3.3.3 易求得在零效用保费原理下风险 X_{n+1} 的风险保费为：

$$P_1(\theta)=E(X_{n+1}\mid\theta). \tag{3.18}$$

由定理 3.3.2 易求得在零效用保费原理下风险 X_{n+1} 的贝叶斯保费为：

$$P_1(\underline{X_n})=E(X_{n+1}\mid\underline{X_n}). \tag{3.19}$$

注记 3.4.1　注意到

$$\begin{aligned}P_1(\underline{X_n})&=E(X_{n+1}\mid\underline{X_n})\\&=E[E(X_{n+1}\mid\underline{X_n},\ \theta)\mid\underline{X_n}]\\&=E[E(X_{n+1}\mid\theta)\mid\underline{X_n}].\end{aligned}$$

由此可知零效用保费原理下线性效用函数的贝叶斯保费也可表述为：

$$P_1(\underline{X_n})=E(P_1(\theta)\mid\underline{X_n}). \tag{3.20}$$

由 Schmidt(1991) 可知此时贝叶斯保费 $P_1(\underline{X_n})$ 是风险保费 $P_1(\theta)$ 的强相合估计。

§3.4.2 Esscher 效用函数

取效用函数为 $U(x)=xe^{-\lambda x}$ 时，由定义 3.3.3 易求得，在零效用保费原理下风险 X_{n+1} 的风险保费为：

$$P_2(\theta)=\frac{E[X_{n+1}e^{\lambda X_{n+1}}\mid\theta]}{E[e^{\lambda X_{n+1}}\mid\theta]}. \tag{3.21}$$

此保费即为 Esscher 保费原理。由定理 3.3.1 可得，到在该效用函数下，零效用保费原理下风险 X_{n+1} 的贝叶斯保费为：

$$P_2(\underline{X_n})=\frac{E[X_{n+1}e^{\lambda X_{n+1}}\mid\underline{X_n}]}{E[e^{\lambda X_{n+1}}\mid\underline{X_n}]}. \tag{3.22}$$

注记 3.4.2　由条件期望的性质，通过计算可得贝叶斯保费 $P_2(\underline{X_n})$ 的另一种表述为：

$$P_2(\underline{X_n})=\frac{E[E(X_{n+1}e^{\lambda X_{n+1}}\mid\theta)\mid\underline{X_n}]}{E[E(e^{\lambda X_{n+1}}\mid\theta)\mid\underline{X_n}]}. \tag{3.23}$$

定理 3.4.1　若对风险 X，有 $E[X^2e^{2\lambda X}]<\infty$，则风险 X_{n+1} 的贝叶斯保费 $P_2(\underline{X_n})$ 是风险保费 $P_2(\theta)$ 的强相合估计。

证明：令 $Y_i=X_ie^{\lambda X_i}$，$Z_i=e^{\lambda X_i}$，$i=1,\ 2,\cdots,\ n,\ n+1$，用 Schmidt(1991) 类似的方法可证得

$$E[E(Z_{n+1}\mid\theta)\mid\underline{Z_n}]\to E(Z_{n+1}\mid\theta),\ \text{a. s.}$$

以及

$$E[E(Y_{n+1}|\theta)|\underline{Y_n}]\to E(Y_{n+1}|\theta),\ a.s.$$

因此

$$P_2(\underline{X_n})=\frac{E[E(Y_{n+1}|\theta)|\underline{Y_n}]}{E[E(Z_{n+1}|\theta)|\underline{Z_n}]}\to P_2(\theta),\ a.s.$$

§3.4.3　指数效用函数

效用函数取 $U(x)=\frac{1}{\alpha}(1-e^{-\alpha x})$ 时，由定义 3.3.3 易求得，在零效用保费原理下风险 X_{n+1} 的风险保费为：

$$P_3(\theta)=\frac{1}{\alpha}\ln E(e^{\alpha X_{n+1}}|\theta) \tag{3.24}$$

即为指数保费原理。由定理 3.3.1，此时零效用保费原理下风险 X_{n+1} 的贝叶斯保费为 $P_3(\underline{X_n})=\frac{1}{\alpha}\ln E(e^{\alpha X_{n+1}}|\underline{X_n})$。

注记 3.4.3　考虑到

$$\begin{aligned}P_3(\underline{X_n})&=\frac{1}{\alpha}\ln E(e^{\alpha X_{n+1}}|\underline{X_n})\\&=\frac{1}{\alpha}\ln E[E(e^{\alpha X_{n+1}}|\underline{X_n},\theta)|\underline{X_n}]\\&=\frac{1}{\alpha}\ln E[E(e^{\alpha X_{n+1}}|\theta)|\underline{X_n}],\end{aligned}$$

故指数效用函数下的贝叶斯保费还可以表述为：

$$P_3(\underline{X_n})=\frac{1}{\alpha}\ln E[e^{\alpha P_3(\theta)}|\underline{X_n}]. \tag{3.25}$$

定理 3.4.2　若 $E(e^{2\alpha X})<\infty$，则在指数效用函数下，风险 X_{n+1} 的贝叶斯保费 $P_3(\underline{X_n})$ 是风险保费 $P_3(\theta)$ 的强相合估计。

证明：令 $Y_i=e^{\alpha X_i}$，由于 $X_i(i=1,2,\cdots,n)$ 在风险参数 θ 给定的条件下独立同分布，则 $Y_i(i=1,2,\cdots,n)$ 在风险参数 θ 给定的条件下也独立同分布。因为 Y_i 是 X_i 的单调函数，则对任意 $x\geq 0$，有

$$\sigma(X_1,X_2,\cdots,X_n)=\sigma(Y_1,Y_2,\cdots,Y_n), \tag{3.26}$$

即由 $(X_1,X_2,\cdots,X_n)$ 生成的 σ 代数域与由 $(Y_1,Y_2,\cdots,Y_n)$ 生成的 σ 代数域相同。又 Y 是平方可积的，由 Schmidt(1991)，可证得

$$E[Y_{n+1}|Y_1, Y_2,\cdots, Y_n]\xrightarrow{a.s}E[Y_{n+1}|\theta],$$

故由式(3.26)可知

$$E[e^{\alpha X_{n+1}}|\underline{X_n}]\xrightarrow{a.s}E[e^{\alpha X_{n+1}}|\theta]. \tag{3.27}$$

综上可知 $P_3(\underline{X_n})\xrightarrow{a.s}P_3(\theta)$,定理得证。

§3.5 数值模拟

上节得到了风险 X_{n+1} 在各效用函数下的贝叶斯估计,并从理论上证明了这些贝叶斯保费都渐近收敛到各自的风险保费,本节我们通过数值模拟的方法验证贝叶斯保费的相合性并验证其收敛速度。

假设在 θ 给定条件下,风险 X 服从 Piosson(θ)分布,X 的条件概率分布律为 $f(x|\theta)=\frac{\theta^x}{x!}e^{-\theta}$。假设风险参数 θ 的先验分布为 Pareto 分布,其密度函数为 $\pi(\theta)=\frac{at^a}{\theta^{a+1}}(\theta>t)$,其中 t、a 均为参数。根据贝叶斯定理,易知 θ 的后验分布为 Gamma$(n\bar{X}-a,n)$,经过数学计算,容易得到下面的结论:

(1)当效用函数为线性效用函数时,风险保费 $P_1(\theta)=\theta$,且贝叶斯保费为

$$P_1(\underline{X_n})=\frac{n\bar{X}-a}{n}. \tag{3.28}$$

(2)当效用函数为 Esscher 效用函数时,风险保费为 $P_2(\theta)=\theta e^{\lambda}$,相应的贝叶斯保费为

$$P_2(\underline{X_n})=\frac{e^{\lambda}(n\bar{X}-a)}{n-e^{\lambda}+1}. \tag{3.29}$$

(3)当效用函数为指数效用函数时,风险保费为 $P_3(\theta)=\frac{\theta(e^{\alpha}-1)}{\alpha}$,相应的贝叶斯保费为

$$P_3(\underline{X_n})=\frac{n\bar{X}-a}{\alpha}\ln\left(\frac{n}{n-e^{\alpha}+1}\right). \tag{3.30}$$

在数值模拟中,取 a=1.2,t=0.2, α=0.6,λ=0.8。另外,取 8 个不同的 θ

值:0.3,0.4,…,1.0;在不同的样本容量n=20,n=60,n=200下,分别模拟K=5000次并计算出各自的风险保费、贝叶斯保费及其均方误差的平均值,所得结果列于表3.1~表3.3中。

表3.1　样本容量n=20时各效用函数下风险保费及其贝叶斯保费的模拟结果

Utility function		θ=0.3	θ=0.4	θ=0.5	θ=0.6	θ=0.7	θ=0.8	θ=0.9	θ=1.0
Linear	$P_1(\theta)$	0.3000	0.4000	0.5000	0.6000	0.7000	0.8000	0.9000	1.000
	$\overline{P_1(\underline{X}_n)}$	0.2401	0.3413	0.4433	0.5390	0.6390	0.7398	0.8428	0.9382
	$MSE(P_1)$	0.0185	0.0227	0.0280	0.0341	0.0384	0.0431	0.0482	0.0545
Esscher	$P_2(\theta)$	0.6677	0.8902	1.1128	1.3353	1.5579	1.7804	2.0030	2.2255
	$\overline{P_2(\underline{X}_n)}$	0.5692	0.8092	1.0510	1.2780	1.5151	1.7539	1.9982	2.2243
	$MSE(P_2)$	0.0934	0.1145	0.1415	0.1744	0.1965	0.2220	0.2496	0.2849
Exponential	$P_3(\theta)$	0.4111	0.5481	0.6851	0.8221	0.9591	1.0962	1.2332	1.3702
	$\overline{P_3(\underline{X}_n)}$	0.3359	0.4775	0.6202	0.7542	0.8941	1.0351	1.1793	1.3127
	$MSE(P_3)$	0.0348	0.0427	0.0527	0.0642	0.0720	0.0811	0.0905	0.1025

表3.2　样本容量n=60时各效用函数下风险保费及其贝叶斯保费的模拟结果

Utility function		θ=0.3	θ=0.4	θ=0.5	θ=0.6	θ=0.7	θ=0.8	θ=0.9	θ=1.0
Linear	$P_1(\theta)$	0.3000	0.4000	0.5000	0.6000	0.7000	0.8000	0.9000	1.0000
	$\overline{P_1(\underline{X}_n)}$	0.2792	0.3799	0.4803	0.5787	0.6805	0.7830	0.8763	0.9786
	$MSE(P_1)$	0.0052	0.0070	0.0087	0.0104	0.0118	0.0133	0.0154	0.0175
Esscher	$P_2(\theta)$	0.6677	0.8902	1.1128	1.3353	1.5579	1.7804	2.0030	2.2255
	$\overline{P_2(\underline{X}_n)}$	0.6343	0.8631	1.0913	1.3147	1.5460	1.7788	1.9910	2.2233
	$MSE(P_2)$	0.0259	0.0347	0.0432	0.0513	0.0593	0.0670	0.0775	0.0878
Exponential	$P_3(\theta)$	0.4111	0.5481	0.6851	0.8221	0.9591	1.0962	1.2332	1.3702
	$\overline{P_3(\underline{X}_n)}$	0.3852	0.5241	0.6627	0.7984	0.9388	1.0802	1.2091	1.3501
	$MSE(P_3)$	0.0098	0.0131	0.0163	0.0194	0.0222	0.0250	0.0290	0.0328

表 3.3 样本容量 n = 200 时各效用函数下风险保费及其贝叶斯保费的模拟结果

Utility function		θ=0.3	θ=0.4	θ=0.5	θ=0.6	θ=0.7	θ=0.8	θ=0.9	θ=1.0
Linear	$P_1(\theta)$	0.3000	0.4000	0.5000	0.6000	0.7000	0.8000	0.9000	1.0000
	$\overline{P_1(\underline{X_n})}$	0.2940	0.3945	0.4955	0.5934	0.6935	0.7953	0.8933	0.9945
	$MSE(P_1)$	0.0015	0.0020	0.0025	0.0030	0.0035	0.0041	0.0045	0.0049
Esscher	$P_2(\theta)$	0.6677	0.8902	1.1128	1.3353	1.5579	1.7804	2.0030	2.2255
	$\overline{P_2(\underline{X_n})}$	0.6584	0.8834	1.1096	1.3289	1.5529	1.7808	2.0004	2.2270
	$MSE(P_2)$	0.0075	0.0100	0.0122	0.0150	0.0172	0.0203	0.0223	0.0242
Exponential	$P_3(\theta)$	0.4111	0.5481	0.6851	0.8221	0.9591	1.0962	1.2332	1.3702
	$\overline{P_3(\underline{X_n})}$	0.4037	0.5416	0.6803	0.8148	0.9522	1.0919	1.2266	1.3655
	$MSE(P_3)$	0.0029	0.0038	0.0046	0.0057	0.0065	0.0076	0.0084	0.0091

在上述表格中，$\overline{P_i(\underline{X_n})}$ (i = 1, 2, 3) 表示模拟 K = 5000 次的均值。我们可以看到，当样本容量 n 固定时，贝叶斯保费与风险保费的均方误差随着风险参数 θ 的增大而增大；当风险参数 θ 固定时，贝叶斯保费与风险保费的均方误差随着样本容量 n 的增大而减小。从整体上看，即使在小样本容量下，贝叶斯保费的均方误差较小（例如当 n = 20，θ = 0.5，效用函数为 Esscher 效用时均方误差仅为 0.1415，均方标准差为 0.3762），能满足实际运用的要求。

§ 3.6 结论与未来的研究

本章在贝叶斯框架下基于零效用保费原理定义了索赔随机变量的风险保费和贝叶斯保费。通过贝叶斯定理的中间桥梁，建立了零效用保费原理和贝叶斯决策理论的关系，基于此得到了零效用保费原理下风险保费的贝叶斯保费。进而，在线性效用、Esscher 效用以及指数效用原理下得到了风险保费及其贝叶斯保费，并证明了贝叶斯保费的大样本性质。然而，在实际运用中，涉及先验分布的选择问题。显然，先验分布的选取将对结果产生较大的影响。在保费厘定的过程中，一般对先验分布有一定的认识，这种认识在贝叶斯统计的意义下将形成一个特定的先验分布，但这种先验分布的选取具有一定的主观性。目前常用的先验分布包括共轭先验分布、指数族先验分布、Jeffrey 先验分布等。但如果有多样本数据,即假设有 K 个独立的保单,第 i 份保单的风险参数为 θ_i,在 θ_i 给定下,对第 i 份保单有索赔样本 $X_{i1},\cdots, X_{in_i}$,此时可以根据这种多样本数据 $\{X_{ij}, i=1, 2,\cdots, K; j=1, 2,\cdots, n_i\}$ 对先验分布 $\pi(\theta)$ 进行估计,得到 $\widehat{\pi(\theta)}$,将估计再次代入贝叶斯保费中,这种贝叶斯保费称为经验贝叶斯估计,可参考 Mashayekhi(2002)、Wen 和 Wu(2011)等。在零效用保费原理下先验分布及经验贝叶斯估计超出本章研究范围,是我们未来将考虑的研究。

第4章 广义加权保费的经验贝叶斯估计

§4.1 引言

从统计决策的观点来看,经典 Bühlmann 信度估计是在样本$\{X_1, X_2,\cdots, X_n\}$的所有线性组合中使得期望平方损失函数达到最小的估计。由于所选取的损失函数是平方损失,因而得到风险保费的信度估计是净保费。但是,净保费不能满足保费的正的安全负荷性。在破产理论中已经证明,保险公司仅收取纯保费则将注定发生破产,可参考 Asmussen(2000)或 Gerber(1979)。当然,一种办法是通过设定安全负荷系数并运用期望值保费原理制定保费,但这样制定的保费没有竞争力(Young,2004)。解决这个问题的办法之一是通过修改损失函数,我们将平方损失修改为更广义的加权损失,从而使得到的信度估计具有正的安全负荷。这种想法最早是由 Gerber(1980)提出(后面称为 Gerber-型信度保费)的,Heilmann(1989)、Kamps(1998)、Schmidt 和 Timpel(1995)都曾考虑过这个问题。在这些文献中,运用较多的是指数加权损失,从而得到著名的 Esscher 保费原理,该保费原理在精算学中有广泛的运用,可参考 Gómez-Déniz 等(1999)、Van Heerwaarden(1989)、Zehnwirth(1981),等等。Gerber(1980)限定 Esscher 保费原理下风险保费的估计为样本观察值的线性函数,从而得到该保费原理下的信度保费。然而,Pan 等(2008)指出,Gerber-型信度在大多数情况下不满足统计中的相合性,尽管样本容量趋向于无穷大,但仍可能得不到真实风险保费。因此,他们提出 Esscher 保费原理下的另一种信度保费:聚合保费与风险保费的经验形式的加权和,得到了 Esscher 保费原理下具有相合性的信度保费估计。

在损失函数的范围中,Furman 和 Zitikis(2008)提出了一种更为广泛的损失函数:广义加权损失函数。在该损失函数下得到了一类广泛的保费原理:广义加权保费原理。Wen 等(2009)在广义加权保费原理中得到了风险保费的信度估计,并证明了估计的相合性。Wen 等(2009)给出的信度估计中仍然含有未知的结构参数,即使有多合同数据也无法得到结构参数的估计。本章将对广义加权保费提出一种新的信度估计形式,并在多合同下给出结构参数的估计,因此得到风险保费的经验贝叶斯估计。与已有的估计比较,本章得到的信度估计的相合性容易证明,且易于理解,因此在实际中能得到更好的应用。

§4.2 广义加权保费的贝叶斯模型

在经典的信度理论中,Bühlmann(1967)给出了下面的假设:

假设 4.2.1 风险 X 由风险参数 Θ 决定,而 Θ 本身是随机变量,具有先验分布 $\pi(\theta)$。在给定 $\Theta=\theta$ 条件下,随机变量序列 $X_1, X_2, \cdots, X_{n+1}$ 是风险 X 的独立同分布复制,服从共同的分布 $F(x, \theta)$。

然而,经典的信度理论中,仅仅考虑了净保费原理的信度估计。在保险实际中,有一类很重要的保费原理——广义加权保费原理,定义为

$$P \equiv H(X)=\frac{E[v(X)h(X)]}{E[h(X)]}, \tag{4.1}$$

其中,$v(\cdot)$与$h(\cdot)$是两个已知的函数。通过给定$v(\cdot)$与$h(\cdot)$的不同形式,得到许多经典的保费原理。

这种保费原理首次由 Furman 和 Zitikis(2008a)提出,进而得到广泛的研究,参考 Furman 和 Zitikis(2008b,2009)、Wen 等(2009)等。注意到,广义加权保费原理可使得下面的期望损失函数达到最小的估计:

$$E[L(X, P)]=E[(v(X)-P)^2h(X)], \tag{4.2}$$

在贝叶斯假设下,给定风险参数 $\Theta=\theta$,未来损失 X_{n+1} 的最优估计为

$$P(\theta)=\frac{E[v(X_{n+1})h(X_{n+1})\mid\Theta=\theta]}{E[h(X_{n+1})\mid\Theta=\theta]}, \tag{4.3}$$

正是 Esscher 保费原理中的风险保费。由于风险保费 $P(\theta)$ 依赖于未知的风险参数 θ,因而也是未知的,需要由样本 $\underline{X_n}=(X_1, X_2, \cdots, X_n)$ 来估计。记 M 表示 $\underline{X_n}$ 的可测函数,则 X_{n+1} 的最佳预测 $H_B(\underline{X_n})$ 为下面的最小化问题的解:

$$\min_{P\in M}E[(v(X_{n+1})-P)^2h(X_{n+1})]. \tag{4.4}$$

$H_B(\underline{X}_n)$的具体表达式可根据标准的贝叶斯决策得到：

$$H_B(\underline{X}_n)=\frac{E[v(X_{n+1})h(X_{n+1})|\underline{X}_n]}{E[h(X_{n+1})|X_n]}. \tag{4.5}$$

因此，贝叶斯保费 $H_B(\underline{X}_n)$是风险保费 $P(\Theta)$在所有可测函数类 M 中的最优估计。并且容易证明：$H_B(\underline{X}_n)\to P(\Theta)$，a.s.。然而，在实际运用中，由于 $H_B(\underline{X}_n)$的计算需要所有样本和风险参数的具体分布形式，并且在大多数情况下没有显示表达式。解决这个问题的一个可行的办法是将最优化问题(4.4)中把估计类 M 限定在某些特殊的函数类中，使得在该函数类中得到的估计不依赖于具体的分布形式，而只依赖于某些矩。Wen 等(2009)在估计类：

$$M_g=\{a+bg(\underline{X}_n),\ a,\ b\in R \text{ 且 } g(\underline{X}_n) \text{ 为样本 } \underline{X}_n \text{ 的可测函数}\}. \tag{4.6}$$

中求解，其中式(4.4)得到风险保费的最优估计为

$$Hg(\underline{X}_n)=Zg(\underline{X}_n)+\left[1-Z\frac{E_*[g_n(\Theta)]}{H(X)}\right]H(X), \tag{4.7}$$

其中

$$Z=\frac{Cov_*(P(\Theta),\ g_n(\Theta))}{Var_*[g_n(\Theta)]+E_*[Var(g(\underline{X}_n)|\Theta)]} \tag{4.8}$$

为信度因子，而 $g_n(\Theta)=E[g(\underline{X}_n)|\Theta]$，这里 Θ 的新的分布“Pr_*”定义为

$$Pr_*(\Theta\in A)=\frac{E[I_A(\Theta)E(h(X)|\Theta)]}{E[h(X)]}. \tag{4.9}$$

类似于 Gerber(1980)给出的 Esscher 保费原理的信度保费估计，取 $g(\underline{X}_n)=\bar{X}$，可以得到

$$H_G(\underline{X}_n)=Z_G\bar{X}+\left[1-Z_G\frac{E_*[\mu(\Theta)]}{H(X)}\right]H(X). \tag{4.10}$$

这里 Z_G 为

$$Z_G=\frac{Cov_*(P(\Theta),\ \mu(\Theta))}{Var_*[\mu(\Theta)]+\frac{1}{n}E_*[Var(X|\Theta)]}, \tag{4.11}$$

其中

$$\mu(\Theta)=E(X|\Theta) \text{ 以及 } Var(g(\underline{X}_n)|\Theta)=Var(\bar{X}|\Theta)=\frac{1}{n}Var(X|\Theta).$$

进而，若取 $g(\underline{X}_n)=\frac{\sum_{i=1}^{n}v(X_i)h(X_i)}{\sum_{i=1}^{n}h(X_i)}=W(\underline{X}_n)$，则得到 Pan-型信度保费(Pan et al.,2008)为

$$H_P(\underline{X_n})=Z_P W(\underline{X_n})+\left(1-Z_P\frac{E_*[W_n(\Theta)]}{H(X)}\right)H(X), \qquad (4.12)$$

其中

$$Z_P=\frac{Cov_*(P(\Theta),\ W_n(\Theta))}{Var_*[W_n(\Theta)]+E_*[Var(W(\underline{X_n})\mid\Theta)]}, W_n(\Theta)=E(W(\underline{X_n})\mid\Theta). \qquad (4.13)$$

并且证明了 $H_P(\underline{X_n})$ 收敛到风险保费 $P(\Theta)$,但 $H_G(\underline{X_n})$ 一般不满足相合性。

在信度保费 $H_P(\underline{X_n})$ 中,由于函数统计量g的表达式的复杂性,统计量 $H_g(\underline{X_n})$ 的计算是一个具有挑战的任务, 结构参数 $Cov_*(P(\Theta),\ W_n(\Theta))$、$Var_*[W_n(\Theta)]$、$E_*[Var(W(\underline{X_n})\mid\Theta)]$ 以及 $E_*[W_n(\Theta)]$ 很难估计,参考 Wen 等(2009)。本章尝试对广义加权保费 $P(\Theta)$ 提供一种新的估计,在这种方法中用传统的矩估计来估计结构参数。我们的想法是分别利用信度理论估计 $E[v(X)h(X)\mid\Theta]$ 以及 $E[h(X)\mid\Theta]$,并利用数值模拟与 Wen 等(2009)的结果进行比较。

§4.3 新的信度估计

记 $u_i=v(X_i)h(X_i)$, $m_i=h(X_i)$, 以及 $\bar{u}_n=\frac{1}{n}\sum_{i=1}^n u_i$, $\bar{m}_n=\frac{1}{n}\sum_{i=1}^n m_i$, $W(\underline{X_n})=\frac{\sum_{i=1}^n v(X_i)h(X_i)}{\sum_{i=1}^n h(X_i)}=\frac{\bar{u}_n}{\bar{m}_n}$。另外,记 $u(\Theta)=E[v(X_i)h(X_i)\mid\Theta]$, $m(\Theta)=E[h(X_i)\mid\Theta]$,则风险保费为

$$P(\Theta)=\frac{u(\Theta)}{m(\Theta)}.$$

为了估计风险保费 $P(\Theta)$,我们的想法是利用信度理论分别估计分母 $m(\Theta)$ 和分子 $u(\Theta)$。

分子 $u(\Theta)$ 的估计限定在样本 $u_1,u_2,\cdots,u_n$ 的线性函数中。根据信度理论,即有

$$\widehat{u(\Theta)^*}=\underset{a_0+\sum_{i=1}^n a_i u_i}{\arg\min} E[(u(\Theta)-a_0-\sum_{i=1}^n a_i u_i)^2]. \qquad (4.14)$$

记

$Var(u_i|\Theta)=\sigma_u^2(\Theta)$，$E[u(\Theta)]=u_0$，$Var[u(\Theta)]=\tau_u^2$ 以及 $E[\sigma_u^2(\Theta)]=\sigma_u^2$.

根据经典的信度理论,得到下面的定理。

定理 4.3.1　在假设 4.2.1 条件下,求解最小化问题(4.14)得到

$$\widehat{u(\Theta)^*}=Z_u\bar{u}_n+(1-Z_u)u_0, \tag{4.15}$$

其中 $Z_u=\dfrac{n\tau_u^2}{n\tau_u^2+\sigma_u^2}$为信度因子。

证明:记 $\Psi_u=E[(u_{n+1}-a_0-\sum_{i=1}^n a_iu_i)^2]$,$E(u_i)=u_0$，$i=1,2,\cdots,n+1$，则关于 Ψ_u 对 a_0求导并令导数为零,得到:

$$a_0=(1-\sum_{i=1}^n a_i)u_0. \tag{4.16}$$

将式(4.16)代入 Ψ_u，则有 $\Psi_u=E[((u_{n+1}-u_0)-\sum_{i=1}^n a_i(u_i-u_0))^2]$,进一步对 Ψ_u关于 a_j 求导得到下面的正规方程

$$\frac{\partial_\Psi}{\partial a_j}=E[(u(\Theta)-u_0)-\sum_{i=1}^n a_i(u_i-u_0)(u_j-u_0)]=0,j=1,2,\cdots,n. \tag{4.17}$$

注意到

$$E[(u_i-u_0)(u_j-u_0)]=Cov(u_i,u_j)=\begin{cases}\sigma_u^2+\tau_u^2,i=j\\ \tau_u^2,i\neq j\end{cases}$$

以及

$$E[(u(\Theta)-u_0)(u_j-u_0)]=\tau_u^2.$$

因此正规方程(4.17)可以简化为

$$\sum_{i=1}^n a_i\tau_u^2+a_j\sigma_u^2-\tau_u^2=0,j=1,2,\cdots,n. \tag{4.18}$$

则求解正规方程(4.18)可以得到 a_j 的解为

$$a_j=\frac{\tau_u^2}{n\tau_u^2+\sigma_u^2},j=1,2,\cdots,n. \tag{4.19}$$

因此 $u(\Theta)$的信度估计为

$$\widehat{u(\Theta)^*}=a_0+\sum_{i=1}^n a_iu_i=Z_u\bar{u}_n+(1-Z_u)u_0.$$

则完成了定理的证明。

类似地,求解最小化问题

$$\min_{b_0,b_i\in R}E[(m(\Theta)-b_0-\sum_{i=1}^n b_im_i)^2], \tag{4.20}$$

得到

$$\widehat{m(\Theta)^*}=Z_m\overline{m}_n+(1-Z_m)m_0, \tag{4.21}$$

其中$Z_m=\dfrac{n\tau_m^2}{n\tau_m^2+\sigma_m^2}$为信度因子,且

$$Var(m_i|\Theta)=\sigma_m^2(\Theta),\ E[m(\Theta)]=m_0,\ Var[m(\Theta)]=\tau_m^2,\ E[\sigma_m^2(\Theta)]=\sigma_m^2.$$

代入u(Θ)和m(Θ)的信度估计$\widehat{u(\Theta)^*}$和$\widehat{m(\Theta)^*}$得到P(Θ)的新的信度估计

$$H_{new}(\underline{X_n})=Z_1W(\underline{X_n})+Z_2H(X) \tag{4.22}$$

其中

$$Z_1=\frac{Z_u\overline{m}_n}{Z_m\overline{m}_n+(1-Z_m)m_0},Z_2=\frac{(1-Z_u)m_0}{Z_mm_n+(1-Z_m)m_0},H(X)=\frac{E[v(X)h(X)]}{E[h(X)]}.$$

注记 4.3.1 如果取$h(x)=1$, $v(x)=x$, 则$W(\underline{X_n})=\overline{X}$, $H(X)=E(X)$以及$Z_1=\dfrac{nVar[E(X|\Theta)]}{nVar[E(X|\Theta)]+E[Var(X|\Theta)]}$, $Z_2=1-Z_1$, 则式(4.22)与经典的Bühlmann信度估计有相同的形式

$$H_{new}(\underline{X_n})=Z_1\overline{X}+(1-Z_1)E(X).$$

注记 4.3.2 显然有$0\leq Z_u$, $Z_m\leq 1$,以及$\overline{m}_n\to m(\Theta)$,则根据强大数定律,有$\overline{u}_n\to u(\Theta)$。容易验证下面的结论:

当$n\to\infty$时有Z_u, $Z_m\to 1$,当$n\to 0$时有Z_u, $Z_m\to 0$. (4.23)

当$n\to\infty$时有$Z_1\to 1, Z_2\to 0$;当$n\to 0$时$Z_1\to 0, Z_2\to 1$. (4.24)

这正符合传统信度估计的解释:越多的数据,则在经验版本上分配越多的权重。

下面的定理说明新的信度估计$H_{new}(\underline{X_n})$关于风险保费P(Θ)是强相合的。

定理 4.3.2 信度估计$H_{new}(\underline{X_n})$几乎处处收敛到风险保费P(Θ),即$H_{new}(\underline{X_n})\xrightarrow{n\to\infty}P(\Theta)$ a.s.。

证明:根据强大数定律有

$$W(\underline{X_n})\xrightarrow{n\to\infty}P(\Theta),\ a.s. \tag{4.25}$$

因此根据式(4.24)、式(4.25)有

$$H_{new}(\underline{X_n})=Z_1W(\underline{X_n})+Z_2H(X)\xrightarrow{n\to\infty}P(\Theta),\ a.s.$$

§ 4.4 数值模拟和比较

本节将给出新的信度估计与已有估计的比较。取损失函数

$$L(a, X)=(X-a)^2e^{hX},$$

即取 $v(x)=x$, $h(x)=e^{hx}$,则广义加权保费原理退化到 Esscher 保费原理。进一步,假设 X, $X_i \overset{i.i.d}{\sim} \text{Poisson}(\Theta)$, $i=1, 2, \cdots, n+1$,且假设风险参数 $\Theta \sim \text{Gamma}(\alpha, \beta)$,则有

$$E(Xe^{hX}|\Theta)=\Theta e^h\exp(\Theta(e^h-1)),\ \text{以及}\ m_h(\Theta)=\exp(\Theta(e^h-1)). \tag{4.26}$$

因此风险保费为

$$P(\Theta)=\frac{E(Xe^{hX}|\Theta)}{E(e^{hX}|\Theta)}=\Theta e^h. \tag{4.27}$$

由于

$$u_0=E(Xe^{hX})=\frac{\alpha e^h\beta^\alpha}{(\beta-e^h+1)^{\alpha+1}}\text{以及}\ m_0=E(e^{hX})=\frac{\beta^\alpha}{(\beta-e^h+1)^\alpha}, \tag{4.28}$$

则聚合保费为

$$H(X)=\frac{E(Xe^{hX})}{E(e^{hX})}=\frac{\alpha e^h}{\beta-e^h+1}. \tag{4.29}$$

下面我们将比较 Wen 等(2009)给出的信度保费与新的信度估计(4.22)的均方误差,这里不考虑 Gerber(1980)的信度保费,因为 Gerber(1980)的信度保费只有在某些特殊情况下才满足相合性,参考 Wen 等(2009)。

§ 4.4.1 保费估计的计算

(1)贝叶斯保费。由于后验分布为 $(\Theta|\underline{X}_n) \sim \text{Gamma}(\alpha+n\bar{X}, \beta+n)$,则贝叶斯保费为

$$H_B(\underline{X}_n)=\frac{E(Xe^{hX}|\underline{X}_n)}{E(e^{hX}|\underline{X}_n)}=\frac{(\alpha+n\bar{X})e^h}{\beta+n-e^h+1}. \tag{4.30}$$

(2)Pan-型信度保费。首先注意到

$$\pi_*(\theta)=\frac{\pi(\theta)m_h(\theta)}{m_h}\propto\theta^{\alpha-1}\exp(-\theta(\beta-e^h+1)).$$

因此在新的概率分布 Pr_* 下,风险参数 Θ 服从 $\text{Gamma}(\alpha, \beta-e^h+1)$。然而,

由于 $W_n(\Theta)=E(W(\underline{X_n})\mid\Theta)$ 没有显示表达式,则也很难得到信度因子 Z_p 以及 $E_*[W_n(\Theta)]$ 的表达式,其中 $W(\underline{X_n})=\frac{\sum_{i=1}^{n}X_ie^{hX_i}}{\sum_{i=1}^{n}e^{hX_i}}$。为了计算 Z_P,必须用蒙特卡洛模拟的方法,分为下面的三个步骤:

步骤一: 根据下面的概率分布

$$\pi_*(\theta)\sim Gamma(\alpha,\beta-e^h+1)$$

随机抽取 m 个风险参数值 θ_i, $i=1, 2,\cdots, m$。

步骤二: 对每个 θ_i, 产生 r 重复的样本,每个样本由 n 个独立同分布的 $Poisson(\theta_i)$ 分布构成。因此有 r 个数据集 $\{x_{ij1},x_{ij2},\cdots, x_{ijn}\}$, $j=1, 2,\cdots, r$ 对每个 j,计算。

$$W_{ij}=\frac{\sum_{s=1}^{n}x_{ijs}e^{hx_{ijs}}}{\sum_{s=1}^{n}e_{js}^{hxi}},\ j=1, 2,\cdots, r$$

令

$$u_i=\overline{W}_i=\frac{1}{r}\sum_{j=1}^{r}W_{ij},V_i=\frac{1}{r-1}\sum_{j=1}^{r}(W_{ij}-\overline{W}_i)^2,Y_i=\frac{\sum_{j=1}^{r}\sum_{s=1}^{n}x_{ijs}e^{hx_{ijs}}}{\sum_{j=1}^{r}\sum_{s=1}^{n}e^{hx_{ijs}}}.$$

步骤三: 令 $a=\frac{1}{m-1}\sum_{i=1}^{m}(u_i-\bar{u})(Y_i-\bar{Y})$, $b=\frac{1}{m-1}\sum_{i=1}^{m}(u_i-\bar{u})^2$, $c=\frac{1}{m}\sum_{i=1}^{m}V_i$, $d=\frac{1}{m}\sum_{i=1}^{m}u_i$,则有

$$Z_P\approx\frac{a}{b+c},E_*[W_n(\Theta)]\approx d.$$

最后,信度估计 $H_P(\underline{X_n})$ 为

$$H_P(\underline{X_n})=Z_PW(\underline{X_n})+\left[1-Z_P\frac{E_*[W_n(\Theta)]}{H(X)}\right]H(X)\approx$$

$$\frac{a}{b+c}\cdot\frac{\sum_{i=1}^{n}X_ie^{\lambda x_i}}{\sum_{i=1}^{n}e^{\lambda x_i}}+\frac{\alpha e^h}{\beta-e^h+1}-\frac{ad}{b+c}.$$

(3)新的信度估计(4.22):首先,有 $\bar{u}_n=\frac{1}{n}\sum_{i=1}^{n}X_ie^{x_i}$, $\bar{m}_n=\frac{1}{n}\sum_{i=1}^{n}e^{x_i}$, $u_0=\frac{\alpha e^h\beta^\alpha}{(\beta-e^h+1)^{\alpha+1}}$,以及 $m_0=\frac{\beta^\alpha}{(\beta-e^h+1)^\alpha}$。其次,可得

$$\tau_u^2=\frac{\alpha(\alpha+1)\beta^\alpha e^{2h}}{(\beta-2e^h+2)^{\alpha+2}}-\frac{\alpha^2\beta^{2\alpha}e^{2h}}{(\beta-e^h+1)^{2\alpha+2}},$$

$$\sigma_u^2=\alpha\beta^\alpha e^{2h}\frac{(\alpha e^{2h}+\beta+1)}{(\beta-e^{2h}+1)^{\alpha+2}}-\frac{\alpha(\alpha+1)\beta^\alpha e^{2h}}{(\beta-2e^h+2)^{\alpha+2}}$$

以及

$$\tau_m^2=\frac{\beta^\alpha}{(\beta-2e^h+2)^\alpha}-\frac{-\beta^{2\alpha}}{(\beta-e^h+1)^{2\alpha}},\sigma_m^2=\frac{\beta^\alpha}{(\beta-e^{2h}+1)^\alpha}-\frac{\beta^\alpha}{(\beta-2e^h+2)^\alpha}.$$

则新的信度因子为 $Z_j=\frac{n\tau_j^2}{n\tau_j^2+\sigma_j^2}$, $j=u$, m, 新的信度估计为

$$H_{new}(\underline{X_n})=Z_1W(\underline{X_n})+Z_2H(X), \tag{4.31}$$

其中

$$Z_1=\frac{Z_u\overline{m}_n}{Z_m\overline{m}_n+(1-Z_m)m_0},Z_2=\frac{(1-Z_u)m_0}{Z_m\overline{m}_n+(1-Z_m)m_0}.$$

§4.4.2　模拟结果

在模拟中,取 $h=0.3$, $\alpha=4$, $\beta=2$,另外,取 5 个不同的风险参数值 $\theta=0.8$, $\theta=1.2$, $\theta=1.6$, $\theta=20$, $\theta=2.4$, 考虑三个不同样本容量 $n=30$, $n=200$, $n=1000$, 对每个风险参数 θ 和样本容量 n 的组合值,运行 5000 次模拟,将相应的模拟结果列入表 4.1~表 4.3 中, 其中 $H_B(\underline{X_n})$、$H_P(\underline{X_n})$,以及 $\overline{H_{new}(\underline{X_n})}$ 分别为 5000 次模拟平均值,而 Al_B、Al_P 和 Al_{new} 分别为平均损失 $(H_\&(\underline{X_n})-X_{n+1})^2e^{hx_{n+1}}$,这里 $\&=B,P,nwe$ 表示贝叶斯估计、Pan-型信度估计和新的信度估计。

表 4.1　当 n=30 的模拟结果

$n=30$	$P(\theta)$	$\overline{H_B(\underline{X_n})}$	Al_B	$\overline{H_P(\underline{X_n})}$	Al_P	$\overline{H_{new}(\underline{X_n})}$	Al_{new}
$\theta=0.8$	0.9771	1.0763	42.6261	1.1401	45.0716	0.9603	42.6602
$\theta=1.2$	1.4657	1.5330	72.8774	1.6143	76.7415	1.4363	73.6585
$\theta=1.6$	1.9542	2.0034	88.6430	2.0929	90.3256	1.9170	89.1717
$\theta=2.0$	2.4428	2.4549	123.0307	2.5548	128.6728	2.3813	125.1542
$\theta=2.4$	2.9314	2.9131	188.0712	3.0288	199.1891	2.8580	191.7238

表 4.2　当 n=200 的模拟结果

$n=200$	$P(\theta)$	$\overline{H_B(\underline{X_n})}$	Al_B	$\overline{H_P(\underline{X_n})}$	Al_P	$H_{new}(X_n)$	Al_{new}
$\theta=0.5$	0.9771	0.9930	6.0643	1.0155	6.7672	0.9741	6.0819
$\theta=1.0$	1.4657	1.4768	9.1664	1.4996	9.8074	1.4594	9.2121

续表

n=200	$P(\theta)$	$\overline{H_B(\underline{X_n})}$	Al_B	$\overline{H_P(\underline{X_n})}$	Al_P	$\overline{H_{new}(X_n)}$	Al_{new}
θ=1.5	1.9542	1.9668	14.4559	1.9926	15.4993	1.9537	14.4574
θ=2.0	2.4428	2.4507	15.5117	2.4775	17.5407	2.4398	15.5049
θ=2.5	2.9314	2.9300	23.8146	2.9570	26.8203	2.9205	23.8439

表 4.3　当 n=1000 的模拟结果

n=1000	$P(\theta)$	$\overline{H_B(\underline{X_n})}$	Al_B	$\overline{H_P(\underline{X_n})}$	Al_P	$\overline{H_{new}(\underline{X_n})}$	Al_{new}
θ=0.5	0.9771	0.9802	1.1682	0.9837	1.2690	0.9760	1.1689
θ=1.0	1.4657	1.4672	1.9593	1.4707	1.9911	1.4632	1.9674
θ=1.5	1.9542	1.9568	2.5573	1.9624	2.5876	1.9552	2.5576
θ=2.0	2.4428	2.4414	3.5558	2.4466	3.6598	2.4397	3.5598
θ=2.5	2.9314	2.9316	5.1640	2.9356	5.1695	2.9288	5.1688

模拟结果表明$H_B(\underline{X_n})$、$H_P(\underline{X_n})$以及$H_{new}(\underline{X_n})$都能收敛于风险保费$P(\theta)$，即使在中等样本容量 $n=200$，近似程度还是非常好的，其收敛程度的优势为

$$H_P(\underline{X_n})<H_{new}(\underline{X_n})<H_B(\underline{X_n})$$

§4.5　结构参数的估计

§4.5.1　多合同的信度模型

在实际运用中，先验分布 $\pi(\theta)$ 通常是未知的，因此聚合保费也是未知的。这时需要多合同的观测值。通过经验贝叶斯方法估计先验分布或者结构参数。具体来说，令 X_1, X_2, …, X_K 表示 K 个风险，每个 X_i 的分布与其风险参数 Θ_i 有关。在 Θ_i 给定条件下，$X_i=(X_{i1}, X_{i2}, \cdots X_{in})$ 构成 n 个独立同分布的样本。通过这些观测值来估计先验分布 $\pi(\theta)$，进而预测风险 X_i 的未来损失。因此，这些数据实际上是两维的，一维表示时间效应，另一维则表示合同个数。

将多合同模型的假设叙述如下：

假设 4.5.1　给定 $\Theta_i=\theta$ 条件下，随机变量 $X_{ij}(j=1, 2, \cdots, n)$ 相互独立且

有共同的分布 $F(x|\theta)$。

假设 4.5.2　风险参数 $\Theta_1, \Theta_2, \cdots, \Theta_K$ 相互独立且有共同的先验分布 $\pi(\theta)$，记 $\Theta=(\Theta_1, \cdots, \Theta_K)$。

假设 4.5.3　随机向量 (Θ_i, X_i) 对 $i=1, 2, \cdots, K$ 是相互独立的。

我们的目标是根据多合同数据 $X=(X_1', X_2', \ldots, X_K')'$ 估计或预测风险保费 $P(\Theta_i)$，其中 $\underline{X}_i=(X_{i1}, X_{i2}, \cdots, X_{in})'$，$i=1, 2, \cdots, K$，显然，对每个保险合同 i，贝叶斯保费为

$$H_{B(i)}(\underline{X})=\frac{E[v(X_{i,n+1})h(X_{i,n+1})|X_i]}{E[h(X_{i,n+1})|X_i]} \tag{4.32}$$

根据第 4.3 节的记号，类似地记 $u_{ij}=v(X_{ij})h(X_{ij})$，$m_{ij}=h(X_{ij})$ 以及 $u(\Theta_i)=E[u_{ij}|\Theta_i]$，$m(\Theta_i)=E[h(X_{ij})|\Theta_i]$。因此 $P(\Theta_i)=\dfrac{u(\Theta_i)}{m(\Theta_i)}$，进一步记

$$\bar{u}_i=\frac{1}{n}\sum_{i=1}^{n}u_i, \bar{m}_i=\frac{1}{n}\sum_{i=1}^{n}h(X_i)$$

以及

$$\begin{gathered}Var(u_{ij}|\Theta_i)=\sigma_u^2(\Theta_i), Var(m_{ij}|\Theta_i)=\sigma_m^2(\Theta_i),\\ E[u(\Theta_i)]=u_0,\ E[m(\Theta_i)]=m_0,\\ Var[u(\Theta_i)]=\tau_u^2,\ Var[m(\Theta_i)]=\tau_m^2,\\ E[\sigma_u^2(\Theta_i)]=\sigma_u^2, E[\sigma_m^2(\Theta_i)]=\sigma_m^2.\end{gathered}$$

首先求解下面的最小化问题：

$$\min_{a_0, a_{st}\in R} E[(u(\Theta_i)-a_0-\sum_{s=1}^{K}\sum_{t=1}^{n}a_{st}u_{st})^2] \tag{4.33}$$

以及

$$\min_{b_0, b_{st}\in R} E[(m(\Theta_i)-b_0-\sum_{s=1}^{K}\sum_{t=1}^{n}b_{st}m_{st})^2] \tag{4.34}$$

得到 $u(\Theta_i)$ 及 $m(\Theta_i)$ 的线性贝叶斯估计，表述为下面的定理。

定理 4.5.1　在假设 4.5.1、假设 4.5.2、假设 4.5.3 条件下，最小化问题式(4.33)和式(4.34)的解分别为

$$\widehat{u(\Theta_i)^*}=Z_u\bar{u}_i+(1-Z_u)u_0, \widehat{m(\Theta_i)^*}=Z_m\bar{m}_i+(1-Z_m)m_0, \tag{4.35}$$

其中 $Z_j=\dfrac{n\tau_j^2}{n\tau_j^2+\sigma_j^2}$，$j=u, m$ 为信度因子。因此，个体风险保费 $P(\Theta_i)$ 的新型非齐次信度估计为

$$H_{new(i)}(\underline{X}_n)=Z_{i1}W_i+Z_{i2}H(X), \tag{4.36}$$

其中

$$Z_{i1}=\frac{Z_u\overline{m}_i}{Z_m\overline{m}_i+(1-Z_m)m_0},\ Z_{i2}=\frac{(1-Z_u)m_0}{Z_m\overline{m}_i+(1-Z_m)m_0},\ W_i=\frac{\overline{u}_i}{\overline{m}_i}.$$

证明: 记 $\Psi_u=E[(u_i-a_0-\sum_{s=1}^K\sum_{t=1}^n a_{st}u_{st})^2]$,注意到

$$E[(u(\Theta_i)-a_0-\sum_{s=1}^K\sum_{t=1}^n a_{st}u_{st})^2]=Var[u(\Theta_i)-\sum_{s=1}^K\sum_{t=1}^n a_{st}u_{st}]+$$
$$(E(u(\Theta_i))-a_0-\sum_{s=1}^K\sum_{t=1}^n a_{st}E(u_{st}))^2\geqslant Var[u(\Theta_i)-\sum_{s=1}^K\sum_{t=1}^n a_{st}u_{st}],$$

且"≥"中"="成立的充要条件为

$$E(u(\Theta_i))-a_0-\sum_{s=1}^K\sum_{t=1}^n a_{st}E(u_{st})=0.$$

由于 $E[u_{st}]=u_0$ 以及 $E(u(\Theta_i))=u_0$,则 a_0 的最优选择为

$$\widehat{a_0}=(1-\sum_{s=1}^K\sum_{t=1}^n a_{st})u_0. \tag{4.37}$$

将式(4.37)代入 Ψ_u,得到 $\Psi_u=E[((u(\Theta_i)-u_0)-\sum_{s=1}^K\sum_{t=1}^n a_{st}(u_{st}-u_0))^2]$,关于 Ψ_u 对 a_{rj} 求导,$r=1,\cdots,K$, $j=1,\cdots,n$。令导数为零,得到下面的正规方程:

$$E[(u(\Theta_i)-u_0)(u_{rj}-u_0)]=\sum_{s=1}^K\sum_{t=1}^n a_{st}E[(u_{st}-u_0)(u_{rj}-u_0)]. \tag{4.38}$$

由于

$$E[(u_{st}-u_0)(u_{rj}-u_0)]=Cov(u_{st},u_{rj})=\begin{cases}0, & r\neq s\\ \tau_u^2, & r=s,\ t\neq j\\ \sigma_u^2+\tau_u^2, & r=s,\ t=j\end{cases}, \tag{4.39}$$

以及

$$E[(u(\Theta_i)-u_0)(u_{rj}-u_0)]=\begin{cases}0, & r\neq i\\ \tau_u^2, & r=i\end{cases}. \tag{4.40}$$

则得到下面的方程

$$\begin{cases}0=a_{rj}\sigma_u^2+\sum_{t=1}^n a_{rt}\tau_u^2, & r\neq i\\ \tau_u^2=a_{rj}\sigma_u^2+\sum_{t=1}^n a_{rt}\tau_u^2, & r=i\end{cases}. \tag{4.41}$$

因此通过求解方程(4.41)得到 a_{rj} 的解为

$$\begin{cases}\widehat{a_{rj}}=0,\ r\neq i,\ r=1,\cdots,K,\ j=1,2,\cdots,n\\ \widehat{a_{rj}}=\dfrac{\tau_u^2}{n\tau_u^2+\sigma_u^2},\ j=1,2,\cdots,n\end{cases}. \tag{4.42}$$

则 $u(\Theta_i)$ 的信度估计为

$$\widehat{u(\Theta_i)^*} = \widehat{a_0} + \sum_{s=1}^{K}\sum_{t=1}^{n}\widehat{a_{st}}\ u_{st} = Z_u\,\overline{u_i} + (1-Z_u)u_0.$$

对 $m(\Theta)$ 运用类似的方法可得

$$\widehat{m(\Theta)^*} = Z_m\,\overline{m_i} + (1-Z_m)m_0.$$

因此 $P(\Theta_i)$ 的新型信度估计为

$$H_{new(i)}(\underline{X}) = \frac{\widehat{u(\Theta_i)^*}}{\widehat{m(\Theta)^*}} = \frac{Z_u\,\overline{u_i} + (1-Z_u)u_0}{Z_m\overline{m}_i + (1-Z_m)m_0} = Z_{i1}W_i + Z_{i2}H(X).$$

这里 $i=1, \cdots, K$,则完成了定理 4.5.1 的证明。

注记 4.5.1 显然,信度估计 $H_{new(i)}(\underline{X})$ 关于风险保费 $P(\Theta_i)$ 是相合的,即 $H_{new(i)}(\underline{X}) \xrightarrow{n\to\infty} P(\Theta_i)$, a.s.。

§4.5.2 结构参数的估计

由于 u_0 和 m_0 一般是未知的,一种办法就是将 $u(\Theta_i)$ 和 $m(\Theta_i)$ 的估计限定在无偏齐次估计类中,通过求解

$$\min_{a_{st}\in R} E\Big[\Big(u(\Theta_i) - \sum_{s=1}^{K}\sum_{t=1}^{n}a_{st}u_{st}\Big)^2\Big], \text{其中 } E[u(\Theta_i)] = E\Big[\sum_{s=1}^{K}\sum_{t=1}^{n}a_{st}u_{st}\Big] \tag{4.43}$$

和

$$\min_{b_{st}\in R} E\Big[\Big(m(\Theta_i) - \sum_{s=1}^{K}\sum_{t=1}^{n}b_{st}m_{st}\Big)^2\Big], \text{其中 } E[m(\Theta_i)] = E\Big[\sum_{s=1}^{K}\sum_{t=1}^{n}b_{st}m_{st}\Big] \tag{4.44}$$

得到下面的结论:

定 理4.5.2 通过求解式(4.43)和式(4.44),得到个体风险 $u(\Theta_i)$ 和 $m(\Theta)$ 的最优线性齐次无偏估计为

$$\widehat{u(\Theta_i)}^{hom} = Z_u\,u_i + (1-Z_u)\overline{\overline{u}}, \quad \widehat{m(\Theta)}^{hom} = Z_m\,m_i + (1-Z_m)\overline{m},$$

因此,得到 $P(\Theta_i)$ 的齐次信度估计为

$$H_{new(i)}(\underline{X})^{hom} = \frac{\widehat{u(\Theta_i)}^{hom}}{\widehat{m(\Theta_i)}^{hom}} = Z_{i1}W_i + Z_{i2}\widehat{H(X)} \tag{4.45}$$

其中 $\widehat{H(X)} = \frac{\overline{\overline{u}}}{\overline{\overline{m}}}$, $\overline{\overline{u}} = \frac{1}{K}\sum_{s=1}^{K}\overline{u_s}$, $\overline{\overline{m}} = \frac{1}{K}\sum_{s=1}^{K}\overline{m_s}$, 这里信度因子 Z_{i1} 和 Z_{i2} 与定理 4.5.1 中相同。

证明:注意到式(4.43)等价丁下面的最小化问题

$$\min_{a_{st}\in R} E\Big[\Big((u(\Theta_i) - u_0) - \sum_{s=1}^{K}\sum_{t=1}^{n}a_{st}(u_{st} - u_0)\Big)^2\Big], \text{且} \sum_{s=1}^{K}\sum_{t=1}^{n}a_{st} = 1. \tag{4.46}$$

令 $\Phi = E\big[\big((u(\Theta_i) - u_0) - \sum_{s=1}^{K}\sum_{t=1}^{n}a_{st}(u_{st} - u_0)\big)^2\big] - \lambda\big(\sum_{s=1}^{K}\sum_{t=1}^{n}a_{st} - 1\big)$,关

于 Φ 对 a_{rj} 和 λ 求导,令导数为 0,得到下面的正规方程

$$\begin{cases}0=a_{rj}\sigma_u^2+\sum_{t=1}^{n}a_{rt}\tau_u^2+\lambda,\ r\neq i\\ \tau_u^2=a_{rj}\sigma_u^2+\sum_{t=1}^{n}a_{rt}\tau_u^2+\lambda,\ r=i.\\ \sum_{s=1}^{K}\sum_{t=1}^{n}a_{st}-1=0\end{cases}\tag{4.47}$$

因此有

$$\begin{cases}\widehat{\lambda}=-\dfrac{\sigma_u^2}{nK}\\ \widehat{a_{rj}}=\dfrac{\sigma_u^2}{nK(n\tau_u^2+\sigma_u^2)},r\neq i,\ r=1,\cdots,K,\ j=1,\ 2,\cdots,\ n.\\ \widehat{a_{ij}}=\dfrac{\sigma_u^2}{nK(n\tau_u^2+\sigma_u^2)}+\dfrac{\tau_u^2}{n\tau_u^2+\sigma_u^2},j=1,\ 2,\ \cdots,\ n\end{cases}\tag{4.48}$$

则 $u(\Theta_i)$ 的齐次线性估计为

$$\widehat{u(\Theta_i)}^{hom}=\sum_{s=1}^{K}\sum_{t=1}^{n}\widehat{a_{st}}\ u_{st}=Z_u\overline{u}_i+(1-Z_u)\overline{\overline{u}}.$$

类似地,得到 $m(\Theta_i)$ 的齐次线性估计为

$$\widehat{m(\Theta_i)}^{hom}=Z_m\overline{m_i}+(1-Z_m)\overline{\overline{m}}.$$

则完成了定理 4.5.2 的证明。

通过比较齐次信度估计和非齐次信度估计,容易得到结构参数 u_0 和 m_0 的估计: $\widehat{u_0}=\overline{\overline{u}}$ 与 $\widehat{m_0}=\overline{\overline{m}}$。这两个估计都是在所有线性函数类中最优的估计。大数定律保证了当 $K\to\infty$ 时 $\overline{\overline{u}}\xrightarrow{a.s}u_0$ 以及 $\overline{\overline{m}}\xrightarrow{a.s}m_0$。因此 $\widehat{H(X)}=\dfrac{\overline{\overline{u}}}{\overline{\overline{m}}}\xrightarrow{a.s}H(X)$。即 $\widehat{H(X)}$ 是聚合保费 $H(X)$ 的强相合估计。

对于结构参数 σ_u^2、τ_u^2 和 σ_m^2, τ_m^2 的无偏估计,我们叙述为如下的命题:

命题 4.5.1 结构参数 σ_u^2 以及 σ_m^2 的一个无偏估计为

$$\widehat{\sigma_u^2}=\frac{1}{K}\sum_{i=1}^{K}\left[\frac{1}{n-1}\sum_{j=1}^{n}(u_{ij}-\overline{u_i})^2\right],\quad \widehat{\sigma_m^2}=\frac{1}{K}\sum_{i=1}^{K}\left[\frac{1}{n-1}\sum_{j=1}^{n}(m_{ij}-\overline{m}_i)^2\right],\tag{4.49}$$

进而,当 $K\to\infty$ 有 $\widehat{\sigma_u^2}\xrightarrow{a.s}\sigma_u^2$, $\widehat{\sigma_m^2}\xrightarrow{a.s}\sigma_m^2$。

证明:仅仅证明估计 $\widehat{\sigma_u^2}$ 的无偏性,类似的方法可以运用于估计 $\widehat{\sigma_m^2}$ 的无偏性。记 $\Theta=(\Theta_1,\cdots,\ \Theta_K)'$,令

$$\Delta_i^2=\frac{1}{n-1}\sum_{j=1}^{n}[u_{ij}-\overline{u_i}]^2.\tag{4.50}$$

得到

$$\Delta_i^2=\frac{1}{n-1}\left[\sum_{j=1}^{n}(u_i-u(\Theta_i))^2-n(u(\Theta_i)-\overline{u_i})^2\right].$$

因此有

$$E(\Delta_i^2|\Theta)=\frac{1}{n-1}E\left[\sum_{j=1}^{n}(u_i-u(\Theta_i))^2-n(u(\Theta_i)-\overline{u}_i)^2|\Theta\right]=\sigma_u^2(\Theta_i)$$

则

$$E(\Delta_i^2)=E[E(\Delta_i^2|\Theta)]=E[\sigma_u^2(\Theta_i)]=\sigma_u^2. \tag{4.51}$$

因此得到

$$E[\widehat{\sigma_u^2}]=E[\frac{1}{K}\sum_{i=1}^{K}\Delta_i^2]=\sigma_u^2. \tag{4.52}$$

进而,通过风险参数 Θ_i 的独立同分布假设,有 $\widehat{\sigma_u^2}=\frac{1}{K}\sum_{i=1}^{K}\Delta_i^2\xrightarrow{a.s}\sigma_u^2$。

命题 4.5.2　结构参数 τ_u^2 和 τ_m^2 的无偏估计为

$$\widehat{\tau_u^2}=\frac{1}{K-1}\sum_{i=1}^{K}(\overline{u_i}-\overline{\overline{u}})^2-\frac{1}{n}\widehat{\sigma_u^2},\quad \widehat{\tau_m^2}=\frac{1}{K-1}\sum_{i=1}^{K}(\overline{m_i}-\overline{\overline{m}})^2-\frac{1}{n}\widehat{\sigma_m^2} \tag{4.53}$$

并且当 $K\to\infty$ 时有 $\widehat{\tau_u^2}\xrightarrow{a.s}\tau_u^2$, $\widehat{\tau_m^2}\xrightarrow{a.s}\tau_m^2$.

证明:考虑

$$T=\frac{1}{K-1}\sum_{i=1}^{K}(\overline{u_i}-\overline{\overline{u}})^2. \tag{4.54}$$

由于 $E(T)=\frac{1}{K-1}\sum_{i=1}^{K}E[(\overline{u}_i-\overline{\overline{u}})^2]$, 以及 $E(\overline{u}_i)=E(\overline{\overline{u}})=u_u$, 则

$$E[(\overline{u}_i-\overline{\overline{u}})^2]=Var[\overline{u_i}-\overline{\overline{u}}]=Var(\overline{u_i})+Var(\overline{\overline{u}})-2Cov(\overline{u_i},\overline{\overline{u}}). \tag{4.55}$$

运用条件期望定理得到

$$Var(\overline{u_i})=E[Var(\frac{1}{n}\sum_{j=1}^{n}u_i|\Theta)]+Var[E(\frac{1}{n}\sum_{j=1}^{n}u_i|\Theta)]=\frac{\sigma_u^2}{n}+\tau_u^2 \tag{4.56}$$

以及

$$Var(\overline{\overline{u}})=E[Var(\overline{\overline{u}}|\Theta)]+Var[E(\overline{\overline{u}}|\Theta)]=\frac{\sigma_u^2}{Kn}+\frac{1}{K}\tau_u^2. \tag{4.57}$$

对于式(4.55)的第三项,有

$$Cov(\overline{u_i},\overline{\overline{u}})=Cov(\overline{u_i},\frac{1}{K}\sum_{i=1}^{K}\overline{u_i})=\frac{1}{K}Cov(\overline{u_i},\overline{u_i})=\frac{\sigma_u^2}{K_n}+\frac{1}{K}\tau_u^2. \tag{4.58}$$

因此将式(4.56)、式(4.57)和式(4.58) 代入式(4.55),有

$$E(T)=\frac{1}{K-1}\sum_{i=1}^{K}\left[\mathrm{Var}(\overline{u_i})+\mathrm{Var}(\overline{\overline{u}})-2\mathrm{Cov}(\overline{u_i},\overline{\overline{u}})\right]=\frac{1}{n}\sigma_u^2+\tau_u^2. \tag{4.59}$$

则

$$E\left[\widehat{\tau_u^2}\right]=E\left[T-\frac{1}{n}\widehat{\sigma_u^2}\right]=\tau_u^2.$$

另外

$$T=\frac{1}{K-1}\sum_{i=1}^{K}(\overline{u}_i-\overline{\overline{u}})^2=\frac{1}{K-1}\sum_{i=1}^{K}\overline{u_i}^2-\frac{K}{K-1}=\overline{\overline{u}}^2. \tag{4.60}$$

根据 $\overline{\overline{u}}$ 的相合性，有 $\frac{K}{K-1}\overline{\overline{u}}^2\xrightarrow{a.s}u_u^2$，另外，由于

$$\frac{1}{K-1}\sum_{i=1}^{K}\overline{u_i}^2\xrightarrow{a.s}\tau_u^2+u_u^2, \tag{4.61}$$

因此当 $K\to\infty$ 时有 $\widehat{\tau_u^2}\xrightarrow{a.s}\tau_u^2$，类似地，可以证明 $\widehat{\tau_m^2}\xrightarrow{a.s}\tau_m^2$。

第5章 基于矩母函数的风险保费的信度估计

§5.1 引言

基于 Bühlmann(1967)发展起来的信度理论方法给出的经验厘定保费都出于净保费原理。从决策理论看,这主要是 Bühlmann(1967)使用了平方损失函数的原因。近年来,基于其他损失函数的保费经验厘定问题引起了研究者的兴趣,并得到了很多好的结果。例如 Gerber(1980)在指数加权损失函数下得到了 Esscher 保费原理的经验厘定,Wen 等(2009)在广义加权损失函数下得到了广义加权保费原理的经验厘定,Wen 等(2011)在指数损失函数下得到了指数保费原理的经验厘定,等等。然而,正如 Wen 等(2009)中提到的这种修改损失函数的方法并不能运用于一般的保费原理。在保险精算中,有很多运用广泛的保费原理并不能对应某类损失函数,例如标准差保费原理、方差原理、修改方差保费原理等。

本章提出一种新的经验厘定方法,首先建立矩母函数的贝叶斯模型,将信度技巧运用于风险随机变量的矩母函数,得到矩母函数的线性贝叶斯估计;其次利用矩母函数保费原理的关系得到许多常用的保费原理中风险保费的经验厘定;最后讨论风险保费估计的统计性质,并与已有的经验厘定保费进行比较。

§5.2 矩母函数的线性贝叶斯估计

假设风险 X 具有某个风险参数 θ,其中风险参数 θ 反映了风险 X 的特征。例如在汽车保险中,风险参数 θ 代表汽车的型号、性能,驾驶人的风险状况、职业、性别以及酗酒习惯等与风险相关的因素的综合。由于风险的非齐次性,所有 θ 的可能取值形成某个概率分布 $\pi(\theta)$。在贝叶斯统计中,称该分布为先验分布或结构分布。为了预测风险 X 的未来情况,或者估计与风险 X 相关的某些数字特征,我们一般对风险 X 有一系列的索赔观测值 $\{X_1,\cdots,X_n\}$,称其为索赔样本。因此,对风险 X 的统计推断就落入了贝叶斯框架。风险随机变量 X 的条件分布函数和条件矩母函数分别记为 $F_X(x,\theta)$ 以及 $\Phi(t,\theta)$。

我们主要的任务是估计(或称为预测)X 的某个保费。记 H(X) 表示风险 X 的保费原理。由于风险 X 的分布依赖于风险参数 θ,因此保费也依赖于 θ,一般称之为风险保费,并记为 $R(\theta)$。下面是非寿险精算中一些常用的保费原理。

(1)期望值原理:$R_1(\theta)=(1+\alpha)E(X|\theta)$, $\alpha>0$,当 $\alpha=0$ 时称为净保费原理。

(2)方差原理:$R_2(\theta)=E(X|\theta)+\alpha Var(X|\theta)$, $\alpha>0$。

(3)修正方差原理:$R_3(\theta)=E(X|\theta)+\alpha\dfrac{Var(X|\theta)}{E(X|\theta)}$, $\alpha>0$。

(4)标准差原理:$R_4(\theta)=E(X|\theta)+\alpha\sqrt{Var(X|\theta)}$, $\alpha>0$。

(5)Esscher 保费原理:$R_5(\theta)=\dfrac{E(Xe^{hX}|\theta)}{E(e^{hX}|\theta)}$, $h>0$。

(6)指数保费原理:$R_6(\theta)=\dfrac{1}{\beta}\log E(e^{\beta X}|\theta)$, $\beta>0$。

(7)Kamp 保费原理:$R_7(\theta)=\dfrac{E[X(1-e^{-hX})|\theta]}{E[(1-e^{-hX})|\theta]}$, $h>0$。

其中 α, β 以及 h 都称为安全负荷系数,关于保费原理的详细论述可参考 Young(2004)。

一般地,风险参数 θ 在实际中是不可观测的随机变量,因此风险保费 $R(\theta)$ 也是未知的,需要根据已有信息进行估计。为了估计风险保费 $R(\theta)$,我们

可能需要先估计风险X的某些数字特征，例如条件期望$E(X|\theta)$，条件方差$Var(X|\theta)$或者条件指数矩$E(e^{hX}|\theta)$、$E(Xe^{tX}|\theta)$等。注意到这些数字特征都能用X的矩母函数来给出，即

$$E(X|\theta)=\frac{\partial\Phi(t,\theta)}{\partial t}\Big|_{t=0},$$

$$Var(X|\theta)=\frac{\partial^2\Phi(t,\theta)}{\partial t^2}\Big|_{t=0}-\left(\frac{\partial\Phi(t,\theta)}{\partial t}\Big|_{t=0}\right)^2 \tag{5.1}$$

以及

$$E(Xe^{hX}\mid\theta)=\frac{\partial\Phi(t,\theta)}{\partial t}\Big|_{t=h},E(Xe^{-hX}\mid\theta)=\frac{\partial\Phi(t,\theta)}{\partial t}\Big|_{t=-h}. \tag{5.2}$$

事实上，矩母函数完全刻画了随机变量X，是概率统计及保险精算中研究随机变量的重要工具，相关的描述可参考Kaas等（2001），根据式（5.1）和式（5.2），我们仅仅需要估计条件矩母函数$\Phi(t,\theta)$，并通过代入的方法则可得到上述七种风险保费的估计。我们给出下面的模型。

假设5.2.1　给定风险参数θ条件下，随机变量$X,X_i,i=1,2,3,\cdots,n$相互独立且具有相同的分布，其共同的条件矩母函数为

$$\Phi(t,\theta)=E(e^{tX}|\theta)=\int_{-\infty}^{\infty}e^{tx}f_x(x,\theta)dx. \tag{5.3}$$

其中$f_x(x,\theta)$是风险X的条件密度函数。

假设5.2.2　风险参数θ本身是随机变量，且具有先验密度函数$\pi(\theta)$。

为了方便，引入下面的记号。

$$\Phi_0(t)=E_\theta[\Phi(t,\theta)],\Psi(t)=Var_\theta[\Phi(t,\theta)],$$
$$\Omega(t,\theta)-Var(c^{Xt}|\theta),\Omega(t)=E_\theta[\Omega(t,\theta)]. \tag{5.4}$$

显然，假设5.2.1和假设5.2.2给出了贝叶斯统计的一般假设。我们感兴趣的是条件矩母函数$\Phi(t,\theta)$的估计。根据贝叶斯定理，在平方损失函数下，基于样本$X_1,X_2,\cdots,X_n$的条件矩母函数的最优估计为后验期望$E[\Phi(t,\theta)|X_1,X_2,\cdots,X_n]$。记为$\widehat{\Phi(t,\theta)}^B$并称之为贝叶斯估计。根据条件概率公式，有

$$\widehat{\Phi(t,\theta)}^B=\frac{\int_{-\infty}^{\infty}\Phi(t,\theta)\pi(\theta)\Pi_{i=1}^n f(x_i,\theta)d\theta}{\int_{-\infty}^{\infty}\pi(\theta)\Pi_{i=1}^n f(x_i,\theta)d\theta} \tag{5.5}$$

因此，为了得到$\widehat{\Phi(t,\theta)}^B$，需要已知风险随机变量的分布和风险参数的先验分布的所有信息。而这些信息，特别风险参数的具体先验分布信息，在实

际中很难完全识别。在实际运用中，往往容易获得随机变量的一些矩的信息。在这种情况下，类似于 Bühlmann(1967)的信息理论思想，我们将 $\Phi(t,\theta)$ 的估计限定在样本的某些函数类中。与信度理论不同的是，我们将采用加权 L_2 损失函数，在这种损失函数下寻找条件矩母函数的最优估计。

对给定的 $t\in R$，首先定义函数类

$$L(X,1)=\{\alpha_0+\sum_{i=1}^{n}\alpha_i e^{X_i t},a_i\in R,i=1,2,\cdots,n\} \tag{5.6}$$

并在该函数类中求解下面的最优化问题

$$\min_{g\in L(X,1)} E\left[\int_{-\infty}^{\infty}\omega(t)(\Phi(t,\theta)-g)^2dt\right]=$$

$$\min_{\alpha_0,\alpha_1,\alpha_2,\cdots,\alpha_n} E\left[\int_{-\infty}^{\infty}\omega(t)(\Phi(t,\theta)-\alpha_0-\sum_{i=1}^{n}\alpha_i e^{X_i t})^2dt\right], \tag{5.7}$$

其中 $\alpha_0,\alpha_1,\cdots,\alpha_n$ 为未知的非随机决策变量，而 $\omega(t)\geqslant 0$ 是已知的权函数。

通过求解最优化问题(5.7)，得到下面的定理。

定理 5.2.1 通过求解式(5.7)得到 $\Phi(t,\theta)$ 的最优估计为

$$\widehat{\Phi(t,\theta)}=Z\Phi_n(t)+(1-Z)\Phi_0(t), \tag{5.8}$$

其中 $\Phi_n(t)=\frac{1}{n}\sum_{i=1}^{n}e^{tX_i}$ 为经验矩母函数，而 $Z=\frac{na}{na+b}$，其中

$$a=\int_{-\infty}^{\infty}\omega(t)\Psi(t)dt,b=\int_{-\infty}^{\infty}\omega(t)\Omega(t)dt. \tag{5.9}$$

证明：令 $Y_i=e^{tX_i},i=1,2,\cdots,n$ 且注意到

$$E[\omega(t)(\Phi(t,\theta)-\alpha_0-\sum_{i=1}^{n}\alpha_i e^{X_i t})^2]$$

$$=\omega(t)\mathrm{Var}(\Phi(t,\theta)-\sum_{i=1}^{n}\alpha_i Y_i)+\omega(t)[(1-\sum_{i=1}^{n}\alpha_i)\Phi_0(t)-\alpha_0]^2$$

两边关于 α_0 求导并令导数为零得到

$$\hat{a}_0=(1-\sum_{i=1}^{n}\alpha_i)\Phi_0(t) \tag{5.10}$$

将式(5.10)代入式(5.7)则等价于

$$\min_{\alpha_1,\alpha_2,\cdots,\alpha_n\in R} E\left\{\int_{-\infty}^{\infty}\omega(t)[\sum_{i=1}^{n}\alpha_i(Y_i-\Phi_0(t))-(\Phi(t,\theta)-\Phi_0(t))]^2dt\right\}. \tag{5.11}$$

我们记

$$\Delta=\int_{-\infty}^{\infty}\omega(t)E[\sum_{i=1}^{n}\alpha_i(Y_i-\Phi_0(t))-(\Phi(t,\theta)-\Phi_0(t))]^2dt \tag{5.12}$$

则有

$$\mathrm{Cov}(Y_i,Y_j)=E[\mathrm{Cov}(Y_i,Y_j|\theta)]+\mathrm{Cov}(E(Y_i|\theta),E(Y_j|\theta))$$

$$=\begin{cases}\Psi(t)+\Omega(t), i=j\\ \Psi(t), i\neq j\end{cases} \tag{5.13}$$

以及

$$\mathrm{Cov}(\Phi(t,\theta), Y_j)=\Psi(t). \tag{5.14}$$

对 Δ 关于 α_j 求微分,并令导数为零,得到

$$\sum_{i=1}^{n}\alpha_i a+\alpha_j b-a=0, j=1,2,\cdots,n. \tag{5.15}$$

通过求解式(5.15)得到 α_i 的估计为

$$\hat{\alpha}_i=\frac{a}{na+b}, i=1,2,\cdots,n. \tag{5.16}$$

因此 $\Phi(t,\theta)$ 的最优估计为

$$\widehat{\Phi(t,\theta)}=(1-\sum_{i=1}^{n}\hat{\alpha}_i)\Phi_0(t)+\sum_{i=1}^{n}\hat{\alpha}_i Y_i=(1-Z)\Phi_0(t)+Z\Phi_n(t) \tag{5.17}$$

则证明了定理 5.2.1。

根据定理 5.2.1,则估计 n $\widehat{\Phi(t,\theta)}$ 是经验矩母函数 $\Phi_n(t)$ 和聚合矩母函数 $\Phi_0(t)$ 的加权和。这类似于经典的 Bühlmann 信度理论。因此,$\widehat{\Phi(t,\theta)}$ 也称为信度估计。由于求解信度估计是将估计限定在某些线性函数类中得到的,因此得到的估计 $\widehat{\Phi(t,\theta)}$ 又称为线性贝叶斯估计。注意到信度因子 Z 满足:当 $n\to\infty$ 时 $Z\to1$,以及 $n\to0$ 时 $Z\to0$,这与传统的信度理论的解释是一致的,越多的样本数据则在经验矩母函数 $\Phi_n(t)$ 上分配越大的权重,反之亦然。

注记 5.2.1 信度估计 $\widehat{\Phi(t,\theta)}$ 的积分均方误差为

$$\begin{aligned}&\int_{-\infty}^{\infty}E[\omega(t)(\widehat{\Phi(t,\theta)}-\Phi(t,\theta))^2]dt\\&=\int_{-\infty}^{\infty}\omega(t)\left\{\mathrm{Var}[(1-Z)(\Phi_0(t)-\Phi(t,\theta))]+E\left[\frac{Z^2}{n}\Omega(t,\theta)\right]\right\}dt\\&=\int_{-\infty}^{\infty}\omega(t)\left[(1-Z)^2\Psi(t)+\frac{Z^2}{n}\Omega(t)\right]dt\\&=\frac{ab}{b+na}.\end{aligned}$$

注记 5.2.2 在最优化问题式(5.7)中,我们选取加权 L_2 损失函数而不选取一般的平方损失函数主要基于下面两方面原因:首先,这保证了定理 5.2.1 中的信度因子 Z 不依赖于 t,由于 $\Phi_n(t)$ 和 $\Phi_0(t)$ 都是矩母函数,而 Z 不依赖于 t,则容易验证 $\widehat{\Phi(t,\theta)}$ 仍然是一个矩母函数。其次,若 $\omega(t)\equiv1$,则当 X 为重尾

分布时结构参数 a 或 b 可能为无穷使得信度估计无法使用。因此,权函数 $\omega(t)$ 是事先选取的已知函数,主要是保证结构参数 a、b 为有限值。

对固定的 t,经验矩母函数 $\Phi_n(t)$ 是 $\Phi(t,\theta)$ 的无偏估计,即有 $E[\Phi_n(t)]=E[\Phi(t,\theta)]$,因此

$$E[\widehat{\Phi(t,\theta)}]=E[\Phi(t,\theta)]=\Phi_0(t). \tag{5.18}$$

另外,根据强大数定律,有

$$\Phi_n(t)\longrightarrow\Phi(t,\theta),\text{a.s.} \tag{5.19}$$

由于 $Z\to1$,则容易验证估计式(5.8)的强相合性,即当 $n\to\infty$ 时 $\widehat{\Phi(t,\theta)}\to\Phi(t,\theta)$,a.s.,关于 $\Phi_n(t)$ 更多的统计性质的讨论,可参考 Csörgö(1980)、Feuerverger 和 McDunnough(1984)、Feuerverger(1989)等。

§5.3 基于矩母函数信度估计的保费定价

为了方便,记 $\overline{X^k}=\frac{1}{n}\sum_{i=1}^{n}X_i^k$, $\mu_k(\theta)=E(X^k|\theta)$, $\mu_k=E[\mu_k(\theta)]$, $k=1,2,3,\cdots$。注意到

$$\mu_k(\theta)=\Phi^{(k)}(0,\theta)=\frac{\partial^k(\Phi(t,\theta))}{\partial t^k}\bigg|_{t=0},k=1,2,\cdots. \tag{5.20}$$

$$\begin{aligned}\sigma^2(\theta)=\mathrm{Var}(X|\theta)=\mu_2(\theta)-[\mu_1(\theta)]^2,v^2(\theta)\\=\mathrm{Var}(X^2|\theta)=\mu_4(\theta)-[\mu^2(\theta)]^2\end{aligned}$$

以及

$$\gamma(\theta)=\mathrm{Cov}(X,X^2|\theta).$$

则我们可以根据矩母函数的信度估计得到大部分保费原理下风险保费的估计。

命题 5.3.1 在期望值原理下,风险保费 $R_1(\theta)=(1+\alpha)\mu_1(\theta)$ 的线性贝叶斯估计为

$$\widehat{R_1(\theta)}=(1+\alpha)(Z\overline{X}+(1-Z)\mu_1), \tag{5.21}$$

其中 $\overline{X}$ 为样本均值。进一步地,若 $n\to\infty$,则 $\widehat{R_1(\theta)}$ 是 $R_1(\theta)$ 的强相合估计,且

$$\sqrt{n}\left[\widehat{R_1(\theta)}-R_1(\theta)\right]\xrightarrow{L}N(0,\tau_1^2(\theta)),\tag{5.22}$$

其中 $\tau_1^2(\theta)=(1+\alpha)^2\sigma^2(\theta)$。

证明：容易验证 $\left.\frac{\partial\Phi_n(t)}{\partial t}\right|_{t=0}=\frac{1}{n}\sum_{i=1}^n X_i=\bar{X}$，$\left.\frac{\partial\Phi_0(t)}{\partial t}\right|_{t=0}=\mu_1$，关于 $\widehat{\Phi(t,\theta)}=Z\Phi_n(t)+(1-Z)\Phi_0(t)$ 对 t 求微分并令 t=0 则得到 $\mu_1(\theta)$ 的估计为

$$\widehat{\mu_1(\theta)}=Z\bar{X}+(1-Z)\mu_1.$$

因此，风险保费 $R_1(\theta)=(1+\alpha)\mu_1(\theta)$ 的估计为(5.21)，根据强大数定律，有 $\bar{X}\xrightarrow{a.s.}\mu_1(\theta)$，由于 $n\to\infty$ 时 $Z\xrightarrow{a.s.}1$，根据Slutsky定理(Ferguson(1996))则 $\bar{X}\xrightarrow{a.s.}\mu_1(\theta)$ 以及 $\widehat{R_1(\theta)}\xrightarrow{a.s.}R_1(\theta)$，根据中心极限定理，有

$$\sqrt{n}(\bar{X}-\mu_1(\theta))\xrightarrow{L}N(0,\sigma^2(\theta)).\tag{5.23}$$

令 $g_1(x)=(1+\alpha)x$，它是 x 的连续函数。根据 Cramér 定理得到

$$\sqrt{n}\left[(1+\alpha)\bar{X}-R_1(\theta)\right]\xrightarrow{L}N(0,(1+\alpha)^2\sigma^2(\theta)).\tag{5.24}$$

另外，有

$$\sqrt{n}\left[(1+\alpha)\bar{X}-\widehat{R_1(\theta)}\right]=\frac{\sqrt{n}(1+\alpha)b}{na+b}(\bar{X}-\mu_1)\xrightarrow{P}0.\tag{5.25}$$

即 $\sqrt{n}(1+\alpha)\bar{X}$ 与 $\sqrt{n}\ \widehat{R_1(\theta)}$ 渐近等价，再次根据 Slutsky 定理得到

$$\sqrt{n}\left[\widehat{R_1(\theta)}-R_1(\theta)\right]\xrightarrow{L}N(0,\tau_1^2(\theta)).\tag{5.26}$$

由于估计(5.21)与 Bühlmann(1967)的信度保费有类似的加权和形式，因此我们也称(5.21)为风险保费 $R_1(\theta)$ 的信度估计。令 $\alpha=0$，则得到净保费原理下风险保费 $\mu_1(\theta)$ 的信度估计

$$\widehat{\mu_1(\theta)}=Z\bar{X}+(1-Z)\mu_1.\tag{5.27}$$

而经典的 Bühlmann 信度估计为

$$\widehat{\mu_1(\theta)}^c=Z^c\bar{X}+(1-Z^c)\mu_1,\tag{5.28}$$

其中 $Z^c=\frac{n\tau^2}{n\tau^2+\sigma^2}$ 为 Bühlmann 信度因子，且 $\tau^2=Var[\mu_1(\theta)]$，$\sigma^2=E[Var(X|\theta)]$。将式(5.27)与式(5.28)相比，我们发现这两个估计基本上是相同的，差别仅仅体现在信度因子之上。

命题 5.3.2　信度估计 $\widehat{\mu_1(\theta)}$ 和 $\widehat{\mu_1(\theta)}^c$ 的均方误差分别为

$$E[(\widehat{\mu_1(\theta)}-\mu_1(\theta))^2]=Z^2\frac{\sigma^2}{n}+(1-Z)^2\tau^2,$$

$$E[(\widehat{\mu_1(\theta)}^c-\mu_1(\theta))^2]=(1-Z^c)\tau^2=Z^c\frac{\sigma^2}{n}. \tag{5.29}$$

因此有

$$\lim_{n\to\infty}\frac{E[(\widehat{\mu_1(\theta)}-\mu_1(\theta))]^2}{E[(\widehat{\mu_1(\theta)}^c-\mu_1(\theta))]^2}=1. \tag{5.30}$$

证明:根据式(5.27)得到

$$\begin{aligned}E[(\widehat{\mu_1(\theta)}-\mu_1(\theta))^2]&=E[(Z\overline{X}+(1-Z)\mu_1-\mu_1(\theta))^2]\\&=E[(Z(\overline{X}-\mu_1(\theta))+(1-Z)(\mu_1-\mu_1(\theta))^2]\\&=Z^2\frac{\sigma^2}{n}+(1-Z)^2\tau^2.\end{aligned}$$

类似地,有

$$E[(\widehat{\mu_1(\theta)}^c-\mu_1(\theta))^2]=(Z^c)^2\frac{\sigma^2}{n}+(1-Z^c)^2\tau^2=(1-Z^c)\tau^2=Z^c\frac{\sigma^2}{n}.$$

容易验证(5.30),则完成了证明。

在净保费原理下,根据 Bühlmann 信度估计的定义,$\widehat{\mu_1(\theta)}^c$是所有样本函数类中最优的估计,因此在原理上比$\widehat{\mu_1(\theta)}$有更小的均方误差。但是(5.30)表明这两者是渐近等价的。另外,我们的方法还可以直接运用于其他保费原理。

命题 5.3.3　在方差原理、修正方差原理和标准差原理下,风险保费 $R_k(\theta)$, $k=2,3,4$ 的信度估计分别为

$$\widehat{R_2(\theta)}=\widehat{\mu_1(\theta)}+\alpha(\widehat{\mu_2(\theta)}-(\widehat{\mu_1(\theta)})^2), \tag{5.31}$$

$$\widehat{R_3(\theta)}=(1-\alpha)\widehat{\mu_1(\theta)}+\alpha\frac{\widehat{\mu_2(\theta)}}{\widehat{\mu_1(\theta)}} \tag{5.32}$$

以及

$$\widehat{R_4(\theta)}=\widehat{\mu_1(\theta)}+\alpha\sqrt{\widehat{\mu_2(\theta)}-\widehat{\mu_1(\theta)}^2} \tag{5.33}$$

其中$\widehat{\mu_k(\theta)}=Z\overline{X^k}+(1-Z)\mu_k$, $k=1,2$,若 $n\to\infty$,则$\widehat{R_k(\theta)}$是 $R_k(\theta)$ 的强相合估计,且

$$\sqrt{n}[\widehat{R_k(\theta)}-R_k(\theta)]\xrightarrow{L}N(0,\tau_k^2(\theta)), \tag{5.34}$$

其中

$$\tau_2^2(\theta)=[1-2\alpha\mu_1(\theta)]^2\sigma^2(\theta)+2\alpha\gamma(\theta)[1-2\alpha\mu_1(\theta)]+\alpha^2v^2(\theta), \tag{5.35}$$

$$\tau_3^2(\theta)=\frac{[(1-\alpha)(\mu_1(\theta))^2-\alpha\mu_2(\theta)]^2\sigma^2(\theta)}{[\mu_1(\theta)]^4}+\frac{\alpha^2v^2(\theta)}{[\mu_1(\theta)]^2}+\frac{2[(1-\alpha)(\mu_1(\theta))^2-\alpha\mu_2(\theta)]\alpha\gamma(\theta)}{[\mu_1(\theta)]^3} \tag{5.36}$$

以及

$$\tau_4^2(\theta)=[\sigma(\theta)-\alpha\mu_1(\theta)]^2+\frac{\alpha[\sigma(\theta)-\alpha\mu_1(\theta)]\gamma(\theta)}{\sigma^2(\theta)}+\frac{\alpha^2v^2(\theta)}{4\sigma^2(\theta)}. \tag{5.37}$$

证明:关于 $\widehat{\Phi(t,\theta)}=Z\Phi_n(t)+(1-Z)\Phi_0(t)$ 对 t 求导 k 次,得到 $\mu_k(\theta)$ 的估计

$$\widehat{\mu_k(\theta)}=Z\overline{X^k}+(1-Z)\mu_k,k=1,2.$$

通过代入的方法,容易验证式(5.31)、式(5.32)和式(5.33)。我们仅仅证明 k=2 的情形。对 k=3、4 类似证明。根据强大数定律,有 $\overline{X^k}\xrightarrow{a.s}\mu_k(\theta)$,k=1,2。由于 $Z\xrightarrow{a.s}1$,根据 Slutsky 定理,则得到 $\widehat{R_2(\theta)}$ 的强相合性。为了证明 $\widehat{R_2(\theta)}$ 的渐近正态性,根据中心极限定理,有

$$\sqrt{n}\left(\begin{pmatrix}\overline{X}\\ \overline{X^2}\end{pmatrix}-\begin{pmatrix}\mu_1(\theta)\\ \mu_1(\theta)\end{pmatrix}\right)\xrightarrow{L}N\left(0,\begin{pmatrix}\sigma^2(\theta) & \gamma(\theta)\\ \gamma(\theta) & v^2(\theta)\end{pmatrix}\right) \tag{5.38}$$

首先,令 $g_2(x,y)=x-\alpha x^2+\alpha y$,则 $\frac{\partial g_2}{\partial x}=1-2\alpha x$,以及 $\frac{\partial g_2}{\partial y}=\alpha$,根据 Cramér 定理,得到

$$\sqrt{n}[\overline{X}+\alpha(\overline{X^2}-\overline{X})^2-R_2(\theta)]=\sqrt{n}[g_2(\overline{X},\overline{X^2})-g_2(\mu_1(\theta),\mu_2(\theta))]\xrightarrow{L}N(0,\tau_2^2(\theta)) \tag{5.39}$$

其中

$$\tau_2^2(\theta)=\left(\frac{\partial g}{\partial x}\bigg|_{x=\mu_1(\theta),y=\mu_2(\theta)},\frac{\partial g}{\partial y}\bigg|_{x=\mu_1(\theta),y=\mu_2(\theta)}\right)\begin{pmatrix}\sigma^2(\theta) & \gamma(\theta)\\ \gamma(\theta) & v^2(\theta)\end{pmatrix}$$

$$\begin{pmatrix}\frac{\partial g}{\partial x}\bigg|_{x=\mu_1(\theta),y=\mu_2(\theta)}\\ \frac{\partial g}{\partial y}\bigg|_{x=\mu_1(\theta),y=\mu_2(\theta)}\end{pmatrix}=(1-2\alpha\mu_1(\theta),\alpha)$$

$$\begin{pmatrix}\sigma_2(\theta) & \gamma(\theta)\\ \gamma(\theta) & v^2(\theta)\end{pmatrix}\begin{pmatrix}1-2\alpha\mu_1(\theta)\\ \alpha\end{pmatrix}=$$
$$[1-2\alpha\mu_1(\theta)]^2\sigma^2(\theta)+2\alpha\gamma(\theta)[1-2\alpha\mu_1(\theta)]+\alpha^2v^2(\theta)$$

另外,

$$\overline{X}-[Z\overline{X}+(1-Z)\mu_1]=(1-Z)(\overline{X}-\mu_1)=\frac{b(\overline{X}-\mu_1)}{na+b}, \tag{5.40}$$

$$\overline{X}^2-[\overline{ZX}+(1-Z)\mu_1]^2=\frac{b(\overline{X}-\mu_1)}{na+b}[\overline{X}+Z\overline{X}+(1-Z)\mu_1] \tag{5.41}$$

以及

$$\overline{X^2}-[Z\overline{X^2}+(1-Z)\mu_2]=\frac{b(\overline{X^2}-\mu_2)}{na+b}, \tag{5.42}$$

我们得到

$$\sqrt{n}(\overline{X}+\alpha(\overline{X^2}-\overline{X})^2-\widehat{R_2(\theta)})$$
$$=\frac{\sqrt{n}b}{na+b}[(\overline{X}-\mu_1)+\alpha(\overline{X^2}-\mu_2)-\alpha(\overline{X}-\mu_1)[\overline{X}+\overline{ZX}+(1-Z)\mu_1]]\xrightarrow{P}0 \tag{5.43}$$

即$\sqrt{n}[\overline{X}+\alpha(\overline{X^2}-\overline{X})^2-R_2(\theta)]$和$\sqrt{n}[\widehat{R_2(\theta)}-R_2(\theta)]$是渐近等价的。因此再次根据 Slustky 定理有

$$\sqrt{n}[\widehat{R_2(\theta)}-R_2(\theta)]\xrightarrow{L}N(0,\tau_2^2(\theta)) \tag{5.44}$$

则完成了命题 5.3.3 的证明。

作为非寿险精算中运用最为广泛的保费原理,期望值原理、方差原理、修正方差原理和标准差原理都仅仅依赖于风险 X 的前两阶矩(即期望和方差),因此可以将这几个保费原理统称为方差相关保费原理。在方差相关保费原理下的研究可参考 Guerra 和 Centeno(2010)、Chi(2012)等。可是,在信度理论中很少讨论方差相关保费的经验厘定问题,主要是这种保费原理不依赖于任何损失函数。

下面我们将讨论 Esscher 保费原理、指数保费原理以及 Kamps 保费原理的经验厘定。注意到这几个保费原理都依赖于某些指数矩$E(e^{tX}\mid\theta)$和$E(Xe^{tX}\mid\theta)$。

命题 5.3.4 在 Esscher 保费原理下,风险保费 $R_5(\theta)$的信度估计为

$$\widehat{R_5(\theta)}=\frac{Z\overline{V}+(1-Z)E[V(\theta)]}{Z\overline{W}+(1-Z)E[W(\theta)]},\tag{5.45}$$

其中 $\overline{V}=\frac{1}{n}\sum_{i=1}^{n}X_ie^{hX_i}$，$\overline{W}=\frac{1}{n}\sum_{i=1}^{n}e^{hX_i}$，以及 $V(\theta)=E(Xe^{tX}\mid\theta)$，$W(\theta)=E(e^{tX}\mid\theta)$，进而，若 $n\to\infty$，则 $\widehat{R_5(\theta)}$ 是 $R_5(\theta)$ 的强相合估计，且

$$\sqrt{n}\left(\widehat{R_5(\theta)}-R_5(\theta)\right)\xrightarrow{L}N(0,\tau_5^2(\theta)),\tag{5.46}$$

其中

$$\tau_5^2(\theta)=\frac{\lambda_{11}(\theta)}{W^2(\theta)}-\frac{2V(\theta)\lambda_{12}(\theta)}{W^3(\theta)}+\frac{V^2(\theta)\lambda_{22}(\theta)}{W^4(\theta)},$$

以及

$$\lambda_{11}(\theta)=Var(Xe^{tX}\mid\theta),\lambda_{12}(\theta)=Cov(e^{tX},Xe^{tX}\mid\theta),\lambda_{22}(\theta)=Var(e^{tX}\mid\theta).$$

证明：显然 $\frac{\partial\Phi_n(t)}{\partial t}\Big|_{t=h}=\overline{V}$，$\Phi_n(h)=\overline{W}$ 以及 $\frac{\partial\Phi_0(t)}{\partial t}\Big|_{t=h}=E(Xe^{tX})=E[V(\theta)]$，$\Phi_0(h)=E(e^{tX})=E[W(\theta)]$，关于 $\widehat{\Phi(t,\theta)}$ 对 t 求导并令 t=h 得到

$$\widehat{V(\theta)}=Z\overline{V}+(1-Z)E[V(\theta)]$$

以及

$$\widehat{W(\theta)}=Z\overline{W}+(1-Z)E[W(\theta)].$$

通过代入的方法得到

$$\widehat{R_5(\theta)}=\frac{\widehat{V(\theta)}}{\widehat{W(\theta)}}=\frac{Z\overline{V}+(1-Z)E[V(\theta)]}{Z\overline{W}+(1-Z)E[W(\theta)]}\tag{5.47}$$

根据强大数定律有 $\overline{V}\xrightarrow{a.s.}V(\theta)$，以及 $\overline{W}\xrightarrow{a.s.}W(\theta)$，容易验证 $R_5(\theta)\xrightarrow{a.s.}\widehat{R_5(\theta)}$，另外，根据中心极限定理，有

$$\sqrt{n}\left(\begin{pmatrix}\overline{V}\\\overline{W}\end{pmatrix}-\begin{pmatrix}V(\theta)\\W(\theta)\end{pmatrix}\right)\xrightarrow{L}N\left(0,\begin{pmatrix}\lambda_{11}(\theta)&\lambda_{12}(\theta)\\\lambda_{12}(\theta)&\lambda_{22}(\theta)\end{pmatrix}\right)\tag{5.48}$$

令 $g_5(x,y)=\frac{x}{y}$，则根据 Cramér 定理得到

$$\sqrt{n}\left(\frac{\overline{V}}{\overline{W}}-R_5(\theta)\right)\xrightarrow{L}N(0,\tau_5^2(\theta))$$

其中

$$\tau_5^2(\theta)=\begin{pmatrix}\left.\frac{\partial g}{\partial x}\right|_{x=V(\theta),y=W(\theta)} & \left.\frac{\partial g}{\partial y}\right|_{x=V(\theta),y=W(\theta)}\end{pmatrix}\begin{pmatrix}\lambda_{11}(\theta) & \lambda_{12}(\theta)\\ \lambda_{12}(\theta) & \lambda_{22}(\theta)\end{pmatrix}$$

$$\begin{pmatrix}\left.\frac{\partial g}{\partial x}\right|_{x=V(\theta),y=W(\theta)}\\ \left.\frac{\partial g}{\partial y}\right|_{x=V(\theta),y=W(\theta)}\end{pmatrix}$$

$$=\frac{\lambda_{11}(\theta)}{W^2(\theta)}-\frac{2V(\theta)\lambda_{12}(\theta)}{W^3(\theta)}+\frac{V^2(\theta)\lambda_{22}(\theta)}{W^4(\theta)} \tag{5.49}$$

进而,

$$\sqrt{n}\left(\frac{\overline{V}}{\overline{W}}-\widehat{R_5(\theta)}\right)=\frac{\sqrt{n}\,b}{na+b}\cdot\frac{\overline{V}E[W(\theta)]-\overline{W}E[V(\theta)]}{\overline{W}[Z\overline{W}+(1-Z)E[W(\theta)]]}\xrightarrow{P}0$$

即$\sqrt{n}\left(\frac{\overline{V}}{\overline{W}}-R_5(\theta)\right)$与$\sqrt{n}\left[\widehat{R_5(\theta)}-R_5(\theta)\right]$是渐近等价的。根据 Slutsky 定理,得到

$$\sqrt{n}\left(\widehat{R_5(\theta)}-R_5(\theta)\right)\xrightarrow{L}N(0,\tau_5^2(\theta)) \tag{5.50}$$

命题 5.3.5 在指数保费原理下,风险保费 $R_6(\theta)$的信度估计为

$$\widehat{R_6(\theta)}=\frac{1}{\beta}\log(Z\Phi_n(\beta)+(1-Z)\Phi_0(\beta)). \tag{5.51}$$

当 $n\to\infty$ 时$\widehat{R_6(\theta)}$是 $R_6(\theta)$的强相合估计,且有

$$\sqrt{n}\left(\widehat{R_6(\theta)}-R_6(\theta)\right)\xrightarrow{L}N(0,\tau_6^2(\theta)), \tag{5.52}$$

其中

$$\tau_6^2(\theta)=\frac{Var(e^{\beta X}|\theta)}{\beta^2[E(e^{\beta X}|\theta)]^2}.$$

证明:类似于命题 5.3.4 的证明,这里从略。

对 Kamps 保费原理,我们引入下面的记号

$$M(\theta)=E(Xe^{-hX}|\theta),M(\theta)=E(e^{-hX}|\theta),\overline{M}=\frac{1}{n}\sum_{i=1}^{n}X_ie^{-hX_i},\overline{N}=\frac{1}{n}\sum_{i=1}^{n}e_i^{-hX},$$

$$b_{12}=Cov(X,Xe^{-hX}|\theta),b_{22}=Var(Xe^{-hX}|\theta)$$

以及

$$b_{13}=Cov(X,e^{-hX}|\theta),b_{23}=Cov(Xe^{-hX},e^{-hX}|\theta),b_{33}=Var(e^{-hX}|\theta).$$

则有

$$R_7(\theta)=\frac{\mu_1(\theta)-M(\theta)}{1-N(\theta)}.$$

命题 5.3.6　在 Kamps 保费原理下，风险保费 $R_7(\theta)$ 的信度估计为

$$\widehat{R_7(\theta)}=\frac{\widehat{\mu_1(\theta)}-\widehat{M(\theta)}}{1-\widehat{N(\theta)}} \tag{5.53}$$

其中 $\widehat{M(\theta)}=Z\overline{M}+(1-Z)E[M(\theta)]$，$\widehat{N(\theta)}=Z\overline{N}+(1-Z)E[N(\theta)]$，进而，若 $n\to\infty$，则 $\widehat{R_7(\theta)}$ 是风险保费 $R_7(\theta)$ 的强相合估计，且有

$$\sqrt{n}\left(\widehat{R_7(\theta)}-R_7(\theta)\right)\xrightarrow{L}N(0,\tau_7^2(\theta)), \tag{5.54}$$

其中

$$\tau_7^2(\theta)=\frac{\sigma^2(\theta)+b_{22}+[\mu_1(\theta)-M(\theta)]b_{33}-2b_{12}}{[1-N(\theta)]^2}+\frac{2[\mu_1(\theta)-M(\theta)](b_{13}-b_{22})}{[1-N(\theta)]^3}. \tag{5.55}$$

证明：通过代入的方法，显然风险保费 $R_7(\theta)$ 的估计为(5.53)。根据 Slutsky 定理容易验证估计的强相合性。对于 $\widehat{R_7(\theta)}$ 的渐近正态性，根据中心极限定理有

$$\sqrt{n}\left(\begin{pmatrix}\overline{X}\\ \overline{M}\\ \overline{N}\end{pmatrix}-\begin{pmatrix}\mu_1(\theta)\\ M(\theta)\\ N(\theta)\end{pmatrix}\right)\xrightarrow{L}N\left(0,\begin{pmatrix}\sigma^2(\theta) & b_{12} & b_{13}\\ b_{12} & b_{22} & b_{23}\\ b_{13} & b_{23} & b_{33}\end{pmatrix}\right) \tag{5.56}$$

令 $g_7(x,y,z)=\frac{x-y}{1-z}$ 并运用 Cramér 定理得到

$$\sqrt{n}\left(\widehat{R_7(\theta)}-R_7(\theta)\right)\xrightarrow{L}N(0,\tau_7^2(\theta)), \tag{5.57}$$

其中

$$\tau_7^2(\theta)=\frac{\sigma^2(\theta)+b_{22}+[\mu_1(\theta)-M(\theta)]b_{33}-2b_{12}}{[1-N(\theta)]^2}+\frac{2[\mu_1(\theta)-M(\theta)](b_{13}-b_{22})}{[1-N(\theta)]^3}.$$

因此，我们得到了期望值保费原理、方差原理、修正方差原理、标准差原理、Esscher 原理、指数原理和 Kamps 原理的经验厘定。并证明了估计的强相

合性和渐近正态性。与已有的结果相比,我们的方法能得到这些保费原理的统一厘定,且大样本性质容易证明。

§5.4 数值比较

在我们讨论的这些保费下,已经有一些经验厘定的方法,例如 Gerber(1980)提出的 Esscher 保费原理的经验厘定,在此基础上的研究包括 Pan 等(2008)、Wen 等(2009)、Wen 等(2013)。而 Wen 等(2011)建立了指数保费原理的经验厘定。但是,本章提出的方法建立了一种经验厘定的统一方法。为了进一步说明本方法的优势,我们将在平方损失函数下比较这些估计的好坏。

在数值模拟中,假设风险X为Bernoulli风险变量,具有分布 $\Pr(X=1)=1-\Pr(X=0)=\theta$,且假定风险参数 $\theta\sim U(0,1)$。因此有 $\mu_1(\theta)=\theta$,$\mathrm{Var}(X|\theta)=\theta(1-\theta)$,以及 $E(Xe^{Xt}|\theta)=\theta e^t$,$\Phi(t,\theta)=E(e^{Xt}|\theta)=\theta e^t+1-\theta$,而权函数取为 $w(t)=1, t\in(0,1)$。

本节包括两部分:第一部分在 Esscher 保费原理下比较本章的结果与 Esscher(1980)和 Wen 等(2013)以及聚合保费的均方误差。第二部分在指数保费原理下比较本章的结果与 Wen 等(2011)的均方误差。

首先,在 Esscher 保费原理下,我们取安全负荷系数为 $h=0.3$,则风险保费为

$$R_5(\theta)=\frac{E(Xe^{Xh}|\theta)}{E(e^{Xh}|\theta)}=\frac{\theta e^h}{\theta e^h+1-\theta}=\frac{\theta e^h}{\theta(e^h-1)+1}. \tag{5.58}$$

(1) Gerber 保费(Gerber, 1980)。为了得到 Gerber 保费,首先定义下面的新的概率分布

$$\Pr_*(\theta\in A)=\frac{E[I_A(\theta)\Phi(h,\theta)]}{\Phi_0(h)},$$

则新的密度函数为

$$\pi_*(\theta)=\frac{2(e^h-1)\theta}{e^h+1}+\frac{2}{e^h+1}, \theta\in(0,1).$$

进而,$\mathrm{Var}_*(\mu_1(\theta))=\dfrac{e^{2h}+4e^h+1}{18(e^h+1)}$,$E_*[\sigma^2(\theta)]=\dfrac{1}{6}$,$H(X)=\dfrac{E(Xe^{Xh})}{E(e^{Xh})}=\dfrac{e^h}{e^h+1}$,$E_*$

$(\mu_1(\theta))=\dfrac{2e^h+1}{3(e^h+1)}$，$Cov_*(R_5(\theta),\mu_1(\theta))=\dfrac{e^h}{3(e^h+1)^2}$，则

$$Z^G=\frac{Cov_*(R_5(\theta),\mu_1(\theta))}{Var_*(\mu_1(\theta))+\frac{1}{n}E_*[\sigma^2(\theta)]}=\frac{6ne^h}{n(e^h+1)(e^{2h}+4e^h+1)+3(e^h+1)^2},$$

因此得到 Gerber 保费为

$$H_G=Z^G\left(\overline{X}-\frac{2e^h+1}{3(e^h+1)}\right)+\frac{e^h}{e^h+1}. \tag{5.59}$$

（2）Wen 保费（Wen 等，2013）。经过一些数学计算，得到

$$Z^{W_1}=\frac{n}{n+2},Z^{W_2}=\frac{n(e^h-1)^2}{n(e^h-1)^2+2(e^{2h}+10e^h+1)},$$

因此 Wen 保费为 $H_W=\dfrac{2Z^{W_1}\overline{V}+(1-Z^{W_1})e^h}{2Z^{W_2}\overline{W}+(1-Z^{W_2})(e^h+1)}$. (5.60)

（3）本章的保费 $\widehat{R_5(\theta)}$。在公式（5.26）中，本节将 $\widehat{R_5(\theta)}$ 记为 H_{cu} 并且把信度因子 Z 记为 Z^{cu}，容易得到 $E[V(\theta)]=\dfrac{1}{2}e^h$，$E[W(\theta)]=\dfrac{1}{2}(e^h+1)$，另外，

$$a=\int_{-\infty}^{\infty}\omega(t)\Psi(t)dt=\frac{e^2}{24}-\frac{e}{6}+\frac{5}{24},b=\int_{-\infty}^{\infty}\omega(t)\Omega(t)dt=\frac{e^2}{12}-\frac{e}{3}+\frac{5}{12},$$

因此得到

$$Z^{cu}=\frac{na}{na+b}=\frac{n}{n+2} \tag{5.61}$$

则信度保费为

$$H_{cu}=\frac{2Z^{cu}\overline{V}+(1-Z^{cu})e^h}{2Z^{cu}\overline{W}+(1-Z^{cu})(e^h+1)}. \tag{5.62}$$

（4）聚合保费。若无任何样本信息，则保费估计记为 H_C，即有

$$H_C=\frac{E(Xe^{hX})}{E(e^{hX})}=\frac{e^h}{e^h+1}. \tag{5.63}$$

定义估计 H_k 对 $k=G,W,cu,C$ 的均方误差为

$$V_k=E[(H_k-R_5(\theta))^2]，其中 k=G,W,cu,C.$$

对不同的样本容量计算 V_k，经过 10000 次重复得到下面的模拟结果（见表 5.1）。

表 5.1　在 Esscher 保费原理下保费的 1000×MSE 的模拟结果

n	10	30	50	100	200	500	1000	2000	5000
V_G	33.20	30.23	29.06	28.56	28.09	28.08	27.93	28.07	27.96
V_W	16.38	7.464	5.182	3.259	1.761	0.668	0.289	0.119	0.039
V_{cu}	13.87	5.230	3.132	1.684	0.828	0.340	0.168	0.083	0.033
V_C	82.71	82.30	82.59	82.03	82.58	82.93	82.77	82.26	82.91

根据表 5.1 我们可以看出，H_{cu}是这些估计中最优的估计，即 H_{cu}有最小的均方误差。另外，还可以看出随着样本容量的增大，保费 H_W 和 H_{cu}的均方误差都随着样本容量的增大有显著下降，然而 H_G 的均方误差却随样本容量的增大没有显著减少，这说明 H_W 和 H_{cu}都是相合估计，而 H_G 不是相合的。事实上，在本例中 H_G 不满足相合性条件（关于 H_G 的相合性的详细叙述可参考 Pan 等（2008）、Wen 等（2009））。当然，H_C 是最差的估计，因为它没有利用任何样本的信息。

下面我们比较指数保费原理下的信度估计。由于 $E[e^{\beta X}|\theta]=\theta(e^{\beta}-1)+1$ 以及 $E[e^{\beta X}]=\frac{1}{2}(e^{\beta}+1)$，则指数保费原理下的风险保费为

$$R_6(\theta)=\frac{1}{\beta}\log E[e^{\beta X}|\theta]=\frac{1}{\beta}\log[\theta(e^{\beta}-1)+1],\beta>0. \tag{5.64}$$

因此 Wen 等（2011）的信度估计为

$$H_W=\frac{1}{\beta}\log\left[\frac{Z_W}{n}\sum_{i=1}^{n}e^{\beta X_i}+\frac{(1-Z_W)}{2}(e^{\beta}+1)\right], \tag{5.65}$$

其中

$$Z_W=\frac{n\mathrm{Var}[E(e^{\beta X}|\theta)]}{n\mathrm{Var}[E(e^{\beta X}|\theta)]+E[\mathrm{Var}(e^{\beta X}|\theta)]}=\frac{n}{n+2}.$$

由于在式（5.61）中有 $Z_{cu}=\frac{n}{n+2}$，则

$$\begin{aligned}\widehat{R_6(\theta)}&=\frac{1}{\beta}\log[Z_{cu}\Phi_n(\beta)+(1-Z_{cu})\Phi_0(\beta)]\\&=\frac{1}{\beta}\log\left[\frac{Z_W}{n}\sum_{i=1}^{n}e^{\beta X_i}+\frac{(1-ZW)}{2}(e^{\beta}+1)\right],\end{aligned} \tag{5.66}$$

令人吃惊的是，式（5.65）与式（5.66）完全相同，相应的数值模拟结果如表 5.2 所示。

表 5.2 指数保费原理下 100×MSE 的模拟结果

n	10	20	30	50	80	100	200	500	800
V_{cu}	1.382	0.752	0.519	0.317	0.199	0.160	0.082	0.032	0.021
V_C	8.081	8.179	8.161	8.241	8.222	8.242	8.255	8.201	8.112

显然,估计 $\widehat{R_6(\theta)}$ 是 $R_6(\theta)$ 的相合估计,其均方误差随着样本容量的增大而迅速减少。

最后,我们将利用正态概率图验证估计 $\widehat{R_6(\theta)}$ 的渐近正态性。取 $\theta=0.3$ 以及两个样本容量 $n=50$ 和 $n=300$,得到正态概率图。图 5.1 说明随着样本容量的增加,估计 $\widehat{R_6(\theta)}$ 是渐近正态的,且有较好的效果。

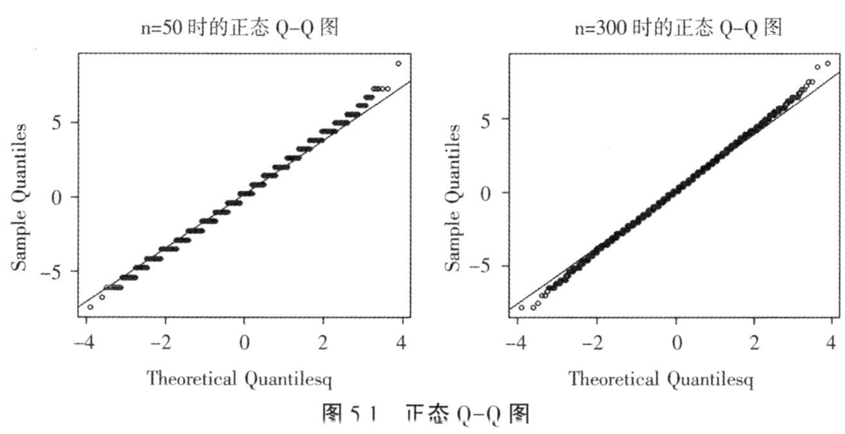

图 5.1 正态 Q-Q 图

在实际运用中,我们可以根据估计 $\widehat{R_6(\theta)}$ 的渐近正态性得到风险保费 $R_i(\theta)$ 的近似置信区间。

第 6 章 方差相关原理下相依聚合风险模型的贝叶斯保费

§6.1 引言

在风险理论中,有两类风险模型值得关注:一类是个体风险模型,另一类是聚合风险模型。个别风险模型是以每张保单为基本对象,考虑某保单组合在一定时期内可能发生的理赔总量,进而考虑全部保单组合在某段时期的理赔总量。设有 n 张保单(称为一个保单组合),在一定时期内(比如一年)第 i 张保单发生的索赔为 Y_i,则这个时期内的总索赔额为:

$$Z=\sum_{i=1}^{n} Y_i.$$

这就是个体风险模型的总索赔额。注意:当 n 很大时,所有索赔 Y_i 中可能有多个取值为 0。若记这个保单组合中取值非零的总索赔次数为 N,这些非零索赔记为 X_i, $i=1,2,\cdots$则总索赔可表示为

$$S=\sum_{i=1}^{N} X_i. \tag{6.1}$$

式(6.1)称为聚合风险模型的总索赔。因此,聚合风险模型是将所有的保单看成一个整体,以每一次理赔为基本对象来考虑,按照理赔发生的时间顺序将所有理赔量累加得到。在风险理论中,特别是破产概率模型,聚合风险模型有重要的应用。关于聚合风险模型与个体风险模型关系的进一步讨论可参考 Yang 等(2005)。

一般地,在经典的风险理论中,对聚合风险模型(6.1)作如下假设:

(1)索赔次数 N 是 Poisson 分布的随机变量,即 $P(N=k)=\dfrac{\lambda^k}{k!}e^{-\lambda}$, $k=0,1,2,3,\cdots$。

(2)索赔额$\{X_i, i\geqslant 1\}$是相互独立并同分布的随机变量序列,服从某个共

同的概率分布 $F_X(x,\theta)$。

(3) N 与 $\{X_i, i\geq 1\}$ 相互独立。

这里参数 λ 和 θ 分别反映了索赔次数和索赔额的特征,称为风险参数。由于风险的非齐次性,一般假设 λ 和 θ 都是随机变量,因此对聚合风险模型(6.1)的研究就落入了贝叶斯框架,称这个模型为贝叶斯聚合风险模型。由 N 与 $\{X_i, i\geq 1\}$ 的独立性假设可知,风险参数 λ 和 θ 也是相互独立的,相关的文献有 Fishburn(1996)、Pai(1997)等。

然而在实际运用中,索赔次数 N 与索赔额序列 $\{X_i, i\geq 1\}$ 相互独立的假设有时是不成立的,与复杂的风险实际是不相符的。事实上,存在许多保险场合,索赔次数和索赔额之间呈现某种相依性。例如,汽车保险中的多次索赔可能来自同一次交通事故,并且大的交通事故往往使得索赔次数多的同时索赔额也较大。地域邻近的两栋房屋面临着共同的火灾风险,索赔次数和索赔额之间呈现某种正的相依性。在精算学中,已经有许多著名的文献研究了相依风险在各种保险定价中的应用,例如 Dhaene 等(2002a,2002b)、Lu 和 Zhang(2004)、Müller(1997)、Wang 等(1997),等等。

在贝叶斯聚合风险模型中,一种特殊的相依风险模型是假设风险参数 λ 和 θ 服从某种联合分布,然后对总索赔进行相应的统计推断。假设风险参数(λ,θ)的联合分布为:

$$\pi_0^{(\omega)}(\lambda,\theta)=\pi_0^{(0)}(\lambda,\theta)\left[1+\omega(e^{-\lambda}-t_1)(e^{-\theta}-t_2)\right] \tag{6.2}$$

其中参数 λ 和 θ 的边际分布分别为 $\pi_{10}(\lambda)$ 和 $\pi_{01}(\theta)$ 且 $\pi_0^{(0)}(\lambda,\theta)=\pi_{10}(\lambda)\pi_{01}(\theta)$ 表示参数 λ 和 θ 相互独立时的联合分布部分。而 $[1+\omega(e^{-\lambda}-t_1)(e^{-\theta}-t_2)]$ 是风险参数之间相依部分。这种联合分布首次由 Sarmanov(1966)提出,故称为 Sarmanov-Lee 分布族。在 Sarmanov-Lee 分布族的构造过程中要求函数 $\Phi_1(\lambda)=e^{-\lambda}-t_1$,$\Phi_2(\lambda)=e^{-\lambda}-t_2$ 必须满足 $\int(e^{-\lambda}-t_1)\pi_{10}(\lambda)d\lambda=0$,$\int(e^{-\theta}-t_2)\pi_{01}(\theta)d\theta=0$ 的条件,此时可求出 t_1 与 t_2,从而得到(λ,θ)的联合分布的确切形式。在该分布族中,参数 ω 度量了风险参数 λ 和 θ 之间的相依程度。进而,Hernandez-Bastida(2009)在该分布族下研究了聚合风险模型的贝叶斯净保费。

但是,在保险实际中,净保费不能满足保费的正的安全负荷性。在破产理论中已经证明,保险公司仅收取纯保费则将注定发生破产,可参考 Gerber(1979)。当然,一种办法是通过设定安全负荷系数并运用期望值保费原理来制定保费,但这样制定的保费没有竞争力(Young,2000)。事实上,方差保费原理与标准差保费原理在精算学中应用非常广泛。Guerra 和 Centeno(2010)首次引进了方差相关保费原理,并在方差保费原理下讨论了最优再保险策略。进而,对方差相关保费原理的研究有 Chi(2011)等。事实上,除净保费原理以外,方差保费原理和标准差保费原理是保险实际中运用最为广泛的保费原理。

本章主要讨论方差相关原理下的贝叶斯聚合风险模型,在 Sarmanov-Lee 相依分布族下讨论保费的估计问题。

§6.2　Sarmanov-Lee 分布族下的贝叶斯聚合风险模型

考虑有多份保单的保险组合,在一定时期(例如一年)内的总索赔为 $S=\sum_{i=1}^{N}X_i$ 的聚合风险模型,其中索赔次数 N 和非零索赔额 $\{X_i, i\geq 1\}$ 满足下面的假设:

[A1]索赔次数 N 服从参数为 λ 的泊松分布,即:

$$\Pr(N=k)=\frac{\lambda^k}{k!}e^{-\lambda}, k=0,1,2,\cdots.$$

[A2]索赔额 $\{X_i, i\geq 1\}$ 是独立同分布的,具有共同的指数分布,其密度函数为:

$$f_{X_i}(x)=\theta e^{-\theta x}, x>0. \tag{6.3}$$

[A3]风险参数 λ 与 θ 均为随机变量,分别具有 Γ(a,b) 和 Γ(c,d) 先验分布,密度函数分别为:

$$\pi_{10}(\lambda)=\frac{b^a}{\Gamma(a)}\lambda^{a-1}e^{-b\lambda},\text{其中 } a>0,b>0. \tag{6.4}$$

以及

$$\pi_{01}(\theta)=\frac{d^c}{\Gamma(c)}\theta^{c-1}e^{-d\theta},\text{其中 } c>0,d>0. \tag{6.5}$$

[A4]风险参数 λ 与 θ 的联合分布服从 Sarmanov-Lee 分布族,即

$$\pi_0^{(\omega)}(\lambda,\theta)=\pi_0^{(0)}(\lambda,\theta)\left[1+\omega(e^{-\lambda}-t_1)(e^{-\theta}-t_2)\right] \tag{6.6}$$

这里 $\pi_0^{(0)}(\lambda,\theta)=\pi_{10}(\lambda)\pi_{01}(\theta)$,且 $\int(e^{-\lambda}-t_1)\pi_{10}(\lambda)d\lambda=0$ 以及 $\int(e^{-\theta}-t_2)\pi_{01}(\theta)d\theta=0$。

注记 6.2.1　在假设[A4]中,显然当 ω=0 时,λ 与 θ 相互独立,此时 N 与 $\{X_i, i\geq 1\}$ 相互独立。当 ω≠0 时,λ 和 θ 是相依的。由于 $1+\omega(e^{-\lambda}-t_1)(e^{-\theta}-t_2)>$

0,参数 ω 的变化范围为 $\omega\in[\omega_1,\omega_2]$,其中 $\omega_1=\dfrac{-1}{\max\{t_1t_2;(1-t_1)(1-t_2)\}}<0$, $\omega_2=\dfrac{1}{\max\{(1-t_1)t_2;t_1(1-t_2)\}}>0$,且 $t_1=(\dfrac{b}{b+1})^a$, $t_2=(\dfrac{d}{d+1})^c$。

为方便,记 $\Theta=(\lambda,\theta)$。在风险参数 Θ 给定条件下,总索赔 S 的期望和方差分别为:

$$E[S|\Theta]=\lambda/\theta,\ Var(S|\Theta)=2\lambda/\theta^2.$$

§6.3 方差相关保费原理及本章相关记号

通常情况下,精算师制定保费的依据是保险产品的历史索赔数据。在精算学中,把一份保单的可能导致的索赔定义为一个风险,用随机变量 S 表示。这时该保险的历史索赔数据可以看作是该随机变量的随机样本的实现值。通过分析和了解这些数据信息,得到风险随机变量的分布特征,进而为该风险(保单)制定合理的价格 H(S),即为保费。

令 χ 表示概率空间(Ω,F,P)上非负随机变量集,表示所考虑的保险风险。设 S 为 χ 中的元素,记 $S\in\chi$ 的分布函数为 $F_S(x)$。

定义 6.3.1 保费原理 H 是一个从空间 χ 到空间[0,+∞]上的映射,即为

$$P\equiv H(S),S\in\chi. \tag{6.7}$$

通俗地讲,保费原理就是对取值随机的风险变量,制定一个非随机的价格。事实上,保费原理就是一种风险度量工具,度量了风险 S 的大小。常用的保费原理有期望值原理、方差保费原理、标准差保费原理、指数保费原理、Esscher 保费原理等(Young,2004)。在这些保费原理中,方差保费原理和标准差保费原理发挥着重要的作用。对保险风险 S,其方差保费原理和标准差保费原理分别定义为:

$$H(S)=E(S)+\alpha Var(S), \tag{6.8}$$

以及

$$H(S)=E(S)+\alpha\sqrt{Var(S)}. \tag{6.9}$$

一般地,保费原理作为风险的一种度量,要求满足风险度量的一些性质。

(1)独立性:H[S]仅仅依赖于 S 的分布函数 $F_S(x)$。

(2)正的安全负荷性:H[S]>E(S),对任意 $S\in\chi$。正的安全负荷性是保

费原理必须满足的性质之一，当保险人面临风险 S 时，收取的保费至少要大于风险 S 的期望值 E(S)，否则，保险人将面临非常大的财务风险。一方面，保费超过期望值的部分可以用于化解因为随机变量的不确定性导致的风险，另一方面，可用于为风险提取准备金或使保险公司获取正常利润。

(3)合理风险附加性：若 S=C，a.s.，其中 C 为大于零的常数，则 H[C]=C。如果已经知道(以概率 1)某个风险取值为常数 C，则收取保费 C 是合理的，因为这时没有风险的波动性。

(4)尺度不变性：$H[bS]=bH[S]$，对任意 $S\in\chi$ 以及所有 $b\geq0$ 成立。

(5)转移不变性：$H[S+c]=H[S]+c$，对任意 $S\in\chi$ 以及常数 $c\geq0$ 成立。若对风险 S 增加一个固定的常数 c，则保费增加相应的固定量 c。

(6)对独立风险的可加性：若 $S,Y\in\chi$，其相互独立，则 $H[S+Y]=H[S]+H[Y]$。若两个风险是相互独立的，则合起来承保与单独承保缴纳的保费相同。

(7)连续性：令 $S\in\chi$，则 $\lim\limits_{a\to\infty+}H[\max(S-a,0)]=H[S]$ 以及 $\lim\limits_{a\to\infty}H[\min(S,a)]=H[S]$。

下面的引理叙述了方差保费原理和标准差保费原理所满足的性质，参考 Young(2004)。

引理 6.3.1 *方差保费原理(6.8)满足独立性、正的安全负荷性、合理风险附加性、转移不变性、对独立风险可加性以及连续性等性质。*

引理 6.3.2 *标准差保费原理(6.9)满足独立性、正的安全负荷性、合理风险附加性、转移不变性、尺度不变性以及连续性等性质。*

Bühlmann(1970)指出，标准差保费原理常常在实践中使用，而方差保费原理在学术中得到广泛应用。由于方差保费原理和标准差保费原理数学上简单并易于解释，在理论上也能满足很多需要的性质，因此在保险公司中，方差保费原理和标准差保费原理以及一些变形(例如修正方差保费原理、修正标准差保费原理)仍然是运用最多的保费原理。注意到，Guerra 和 Centeno(2010)首次提出下面的方差相关保费原理：

$$H(S)=E[S]+g(Var(S)).\tag{6.10}$$

其中 Var(S) 表示 S 的方差，负荷函数 $g:[0,\infty]\to[0,\infty]$ 是单调递增的且 $g(0)=0$；特别地，当 $g(x)=\alpha x,\alpha>0$ 时，即为方差原理；当 $g(x)=h\sqrt{x},h>0$ 时，即为标准差原理。

为了后面书写的方便，我们引入一些记号。首先给出三个参数

$$t_1=\left(\frac{b}{b+1}\right)^a, t_2=\left(\frac{d}{d+1}\right)^c, t_3=\frac{a(b+1)^{a+1}t_2-a(b+2)^{a+1}t_1t_2}{(b+2)^{a+1}(b+1)(c-1)},$$

另外,定义函数 $k_j(\cdot), j=1,\cdots,9$ 如下:

$$k_1(s)=\frac{b^a d^c ac}{(b+1)^2(c-1)(d+s)^{c-1}}, k_2(s)=\frac{b^a d^{2c} ac}{(b+2)^2(d+1)^c(d+s)^{c+1}},$$

$$k_3(s)=\frac{b^{2a} d^c ac}{(b+2)^{2a+1}(d+s+1)^{c+1}}, \quad k_4(s)=\frac{b^a d^c a(a+1)}{(b+1)^{a+2}(d+s)^c},$$

$$k_5(s)=\frac{a(a+1)b^a d^c}{(b+2)^{a+2}(d+s+1)^c}, \quad k_6(s)=\frac{k_2 b^a d^c a(a+1)}{(b+2)^{a+2}(d+s)^c},$$

$$k_7(s)=\frac{t_1 a(a+1)b^a d^c}{(b+1)^{a+2}(d+s+1)^c}, \quad k_8(s)=\frac{t_1 a(a+1)d^c}{(b+1)^2(c-1)(d+s)^{c-1}},$$

$$k_9(s)=\frac{a(a+1)b^a d^c}{(b+1)^{a+2}(c-1)(d+s)^{c-1}}.$$

同时,引入下面的记号

$$I_1(r,s,u,v)\equiv\frac{\Gamma(a+r)b^a\Gamma(c+s)d^c}{\Gamma(a)(b+u)^{r+a}\Gamma(c)(d+v)^{c+s}},$$

$$I_2(r,s,u,v,x)\equiv\frac{\Phi(x)}{\Gamma(a)(b+u+1)^{r+a+1}\Gamma(c)(d+v+x)^{c+s+1}}.$$

其中 $\Phi(x)=b^a d^c\Gamma(a+r+1)\Gamma(c+s+1)\,_2F_1\left(a+r+1,c+s+1;2;\frac{x}{(b+u+1)(v+d+v)}\right)$,

这里,$F_1(m,n;c;x)$ 为高斯超几何分布(Johnson,2005)。

§6.4 方差相关保费原理下聚合风险保费的估计

在实际运用中,由于风险参数 $\Theta=(\lambda,\theta)$ 是不可观测的随机向量,而聚合风险 S 的分布 $F_S(x)$ 依赖于风险参数 Θ,因而也是未知的,所以由风险 S 构成的保费也是未知的,需要根据已知信息预测。假设 $\underline{S_n}=(S_1,S_2,\cdots,S_n)$ 为聚合风险 S 的 n 年的样本观测值,而 S_{n+1} 为我们需要预测的下一年的聚合索赔,通过结合风险参数 $\Theta=(\lambda,\theta)$ 的先验分布信息,对 S_{n+1} 进行预测,从而对聚合风险保费进行估计。

在 Sarmanov-Lee 分布族下的贝叶斯聚合风险模型中,我们要对聚合风险模型下的方差相关保费进行预测(估计)。在预测过程中有两类重要的信息可以利用,一类是风险参数 λ 和 θ 的联合分布(6.6)信息,也称为先验信息。另一类是聚合风险 S 的样本信息 $\underline{S_n}=(S_1,S_2,\cdots,S_n)$。

假设在风险参数 Θ 给定条件下,$S_1,S_2,\cdots,S_n,S_{n+1}$ 相互独立,具有共同的分布 $F_S(S|\Theta)$,在方差相关保费原理下,第 n+1 年的聚合索赔 S_{n+1} 对应的方差相关保费为

$$P(\Theta)=E[S_{n+1}|\Theta]+g(Var(S_{n+1}|\Theta)). \tag{6.11}$$

显然,P(Θ)是下一年方差相关保费的一个合理的预测。称 P(Θ)为贝叶斯聚合风险模型下的风险保费。

在实际运用中,由于 P(Θ)包含了风险参数 λ 和 θ,而这些参数在实际中是无法观测的,因此风险保费也是未知的,需要对其进行估计。

如果对聚合风险 S 没有任何的观测值信息,则 S_{n+1} 的方差相关保费中条件期望和条件方差均取为无条件期望和无条件方差。即

$$P_1=E(S_{n+1})+g(Var(S_{n+1})) \tag{6.12}$$

称式(6.12)为方差相关保费原理下的聚合保费。

命题 6.4.1　在 Sarmanov-Lee 分布族下的贝叶斯聚合风险模型中,方差相关原理下的聚合保费为:

$$H_{col}=R_1+g(R_2-(R_1)^2). \tag{6.13}$$

其中

$$R_1=\frac{ad(b+1)+\omega a t_1 t_2}{b(b+1)(c-1)}$$

$$R_2=\frac{ad^2(2b+a+1)(b+1)^2-a(2d-1)(2b^3+2b^2+2ab+a+2b+1)\omega t_1 t_2}{b^2(b+1)^2(c-1)(c-2)}.$$

证明:由于

$$\begin{aligned}R_1=E[S]&=\iint \lambda\theta_2^{-2}\pi_0^{(\omega)}(\lambda,\theta)\,d\theta d\lambda\\&=I_1(1,-2,0,0)+\omega[I_1(1,-2,1,1)-t_1I_1(1,-2,0,1)-t_2I_1(1,-2,1,0)\\&\quad+t_1t_2I_1(1,-2,0,0)]\end{aligned}$$

且

$$\begin{gathered}Var[E(S|\lambda,\theta)]=E[\lambda^2/\theta^2]-(E[\lambda/\theta])^2=I_1(2,-2,0,0)+\\\omega[I_1(2,-2,1,1)-t_1I_1(2,-2,0,1)-t_2I_1(2,-2,1,0)-t_1t_2I_1(2,-2,0,0)]-\\\left(\frac{ad(b+1)+\omega a t_1 t_2}{b(b+1)(c-1)}\right)^2\end{gathered}$$

以及 $E[Var(S|\lambda,\theta)=2I_1(1,-2,0,0)+2\omega[I_1(1,-2,1,1)-t_1I_1(1,-2,0,1)-t_2I_1(1,-2,1,0)+t_1t_2I_1(1,-2,0,0)]$ 代入化简即得。

在命题 6.4.1 中,若取 $g(x)=\alpha x$ 以及 $g(x)=\beta\sqrt{x}$,则得到方差保费原理的聚合保费。

推论 6.4.1 在贝叶斯聚合风险模型中,方差保费原理的聚合保费为:

$$VH_{col}=R_1+\alpha[R_2-(R_1)^2]$$

其中 $\alpha>0$ 为已知的风险负荷参数。

推论 6.4.2 在贝叶斯聚合风险模型中,标准差保费原理的聚合保费为:

$$SH_{col}=R_1+\beta\sqrt{R_2-(R_1)^2}$$

其中 $\beta>0$ 为已知的风险负荷参数。

在经典的聚合风险模型中,一般假设索赔次数 N 和索赔额过程 $\{X_i,i=1,2,\cdots\}$ 相互独立。在本章的模型中,相当于风险参数 λ 和 θ 相互独立,此时它们的联合分布为 $\pi_0^{(0)}(\lambda,\theta)=\pi_{10}(\lambda)\pi_{01}(\theta)$,即相当于本模型中 $\omega=0$。

注记 6.4.1 索赔次数 N 和索赔额过程 $\{X_i,i=1,2,\cdots\}$ 相互独立时,$\omega=0$,则方差相关保费原理的聚合保费为:

$$H_{col}[\omega=0]=\frac{ad}{b(c-1)}+g\left(\frac{2ad^2}{b(c-1)(c-2)}+\frac{a(a+1)d^2}{b^2(c-1)(c-2)}-\frac{a^2d^2}{b^2(c-1)^2}\right).$$

取 $g(x)=\alpha x$ 以及 $g(x)=\beta\sqrt{x}$,则方差保费原理和标准差保费原理的聚合保费分别为

$$VH_{col}[\omega=0]=\frac{ad}{b(c-1)}+\alpha\left(\frac{2ad^2}{b(c-1)(c-2)}+\frac{a(a+1)d^2}{b^2(c-1)(c-2)}-\frac{a^2d^2}{b^2(c-1)^2}\right),$$

以及

$$SH_{col}[\omega=0]=\frac{ad}{b(c-1)}+h\sqrt{\frac{2ad^2}{b(c-1)(c-2)}+\frac{a(a+1)d^2}{b^2(c-1)(c-2)}-\frac{a^2d^2}{b^2(c-1)^2}}.$$

一般地,在实际运用中,对风险 S 已经有若干年的观测值 $\underline{S_n}=\underline{s_n}$,这时需要结合先验信息对风险保费 $P(\Theta)$ 或聚合风险 S_{n+1} 进行预测(估计)。注意到,风险保费 $P(\Theta)$ 是 S_{n+1} 在风险参数 λ 和 θ 给定条件下的条件均值和条件方差的函数,如果把该条件均值和条件方差修改为 λ 与 θ 的联合后验分布,则可以得到该风险保费的一个后验型估计:

$$P[\pi_0^{(\omega)}(\Theta|\underline{S_n})]=E_{\pi_0^{(\omega)}(\Theta|\underline{S_n})}(S_{n+1})+g(Var_{\pi_0^{(\omega)}(\Theta|\underline{S_n})}(S_{n+1})).$$

称上式为贝叶斯聚合风险模型下方差相关保费原理的贝叶斯保费,简称贝叶斯保费。

本章的目的是对贝叶斯保费进行求解。为了叙述方便,给出如下记号:

$$\pi^{(\omega)}=\pi_0^{(\omega)}(\lambda,\theta),\pi_s^{(\omega)}=\pi_0^{(\omega)}(\lambda,\theta|\underline{s_n}) \quad (6.14)$$

其中 $\pi_0^{(\omega)}(\lambda,\theta|\underline{s_n})$ 表示样本 $\underline{S_n}=\underline{s_n}$ 时的后验分布。

Hernandez-Bastida 等(2009)给出了聚合风险模型中净保费原理的贝叶斯保费,并在样本容量为 n=1 的情况下得到了贝叶斯保费的显示表达式。为了简化计算,本章也取样本容量为 n=1,这时样本观测值记为$\underline{S_n}=s$,我们分 s=0 及 s>0 进行考虑。对于样本容量 n>1 的情形,有类似结果,但表达式较为复杂,本章不作说明。

命题 6.4.2 在贝叶斯相依聚合风险模型中,若观测值 s=0 时,则方差相关原理下的贝叶斯保费为:

$$P_2(\pi_{s=0}^{(\omega)})=\frac{ad}{(b+c)(c-1)}+\frac{\omega a(b+1)^{a+1}t_2-a(b+2)^{a+1}t_1t_2}{(b+2)^{a+1}(b+1)(c-1)}+\omega t_3+g\left(\frac{2M}{m(0|\pi_0^{(\omega)})}\right)$$

其中 $M=(1+\omega t_1t_2)I_1(1,-2,1,0)+\omega[I_1(1,-2,2,1)-t_1I_1(1,-2,1,1)-t_2I_1(1,-2,2,0)]$,而 $m(0\left|\pi_0^{\omega}\right.)=t_1+\omega[t_1^2t_2+I_1(0,0,2,1)-t_2I_1(0,0,2,0)-t_1I_1(0,0,1,1)]$。

证明:当样本容量 n=1 时,由贝叶斯保费定义知:

$$P_2[\pi_{s=0}^{(\omega)}]=P_2[\pi_0^{(\omega)}(\lambda,\theta|S_1)]=E_{\pi_{0(\lambda,\theta|S_1)}^{(\omega)}}[S_2]+Var_{\pi_{0(\lambda,\theta|S_1)}^{(\omega)}}(S_2)$$

而

$$m(0|\pi_0^{\omega})=\int_\Lambda\int_\Theta f_S(0|\lambda,\theta)\pi_0^{(\omega)}(\lambda,\theta)d\theta d\lambda=t_1+\omega[t_1^2t_2+I_1(0,0,2,1)-t_2I_1(0,0,2,0)-t_1I_1(0,0,1,1)]$$

$$\pi_0^{(\omega)}(\lambda,\theta|s=0)=\frac{e^{-\lambda}\pi_0^{(0)}(\lambda,\theta)[1+\omega(e^{-\lambda}-t_1)(e^{-\theta}-t_2)]}{m(0|\pi_0^{\omega})}$$

则

$$E_{\pi_{0(\lambda,\theta|0)}^{(\omega)}}[S_2]=E_{\pi_{0(\lambda,\theta|0)}^{(\omega)}}[\lambda/\theta^2]=\int_\Lambda\int_\Theta\lambda\theta^{-2}_{\pi_0^{(\omega)}}(\lambda,\theta|0)d\theta d\lambda$$
$$=\frac{1}{m(0|\pi_0^{(\omega)})}\{I_1(1,-2,1,0)+\omega[I_1(1,-2,2,1)-t_1I_1(1,-2,1,1)-t_2I_1(1,-2,2,0)+t_1t_2I_1(1,-2,1,0)]\}$$

$$Var_{\pi_{0(\lambda,\theta|0)}^{(\omega)}}[S_2]=\frac{1}{m(0|\pi_0^{(\omega)})}\{(1+t_1t_2\omega)I_1(2,-2,1,0)+\omega[I_1(2,-2,2,1)-t_1I_1(2,-2,1,1)-t_2I_1(2,-2,2,0)]\}-$$

$$\left(\frac{1}{m(0|\pi_0^{(\omega)})}\{I_1(1,-1,1,0)+\omega[I_1(1,-1,2,1)-t_1I_1(1,-1,1,1)\right.$$
$$\left.-t_2I_1(1,-1,2,0)+t_1t_2I_1(1,-1,1,0)]\}\right)^2$$
$$+\frac{2}{m(0|\pi_0^{(\omega)})}\{(1+t_1t_2\omega)I_1(1,-2,1,0)+\omega[I_1(1,-2,2,1)-t_1I_1(1,-2,1,1)$$
$$-t_2I_1(1,-2,2,0)]\}$$

故代入化简即证。

在上面的 $P_2(\pi_{s=0}^{(W)})$ 中，若取 $g(x)=\alpha x$ 以及 $g(x)=\beta\sqrt{x}$，则分别得到方差保费原理和标准差保费原理中 s=0 时的贝叶斯保费。

推论 6.4.3 在贝叶斯相依聚合风险模型中，若观测值 s=0 时，则方差原理下的贝叶斯保费为：

$$P_{21}(\pi_{s=0}^{(\omega)})=\frac{ad}{(b+c)(c-1)}+\frac{\omega a(b+1)^{a+1}t_2-a(b+2)^{a+1}t_1t_2}{(b+2)^{a+1}(b+1)(c-1)}+\omega t_3+\frac{2\alpha M}{m(0|\pi_0^{(\omega)})}.$$

推论 6.4.4 在贝叶斯相依聚合风险模型中，若观测值 s=0 时，则标准差原理下的贝叶斯保费为：

$$P_{22}(\pi^{(\omega)})=\frac{ad}{(b+c)(c-1)}+\frac{\omega a(b+1)^{a+1}t_2-a(b+2)^{a+1}t_1t_2}{(b+2)^{a+1}(b+1)(c-1)}+\omega t_3+$$
$$\beta\sqrt{\frac{2M}{m(0|\pi_0^{(\omega)})}}.$$

对于样本观测值 s>0 的情形，则计算复杂得多，为方便，先给出下列记号：

$$L=(1+\omega t_1t_2)k_1(s)\,{}_2F_1\left(a+2,c-1;2;\frac{s}{(b+1)(d+s)}\right)$$
$$+\omega k_2(s+1)\,{}_2F_1\left(a+2,c-1;2;\frac{s}{(b+2)(d+s+1)}\right)$$
$$-\omega t_1k_8(s+1)\,{}_2F_1\left(a+2,c-1;2;\frac{s}{(b+1)(d+s+1)}\right)$$
$$-\omega t_2k_9(s)\,{}_2F_1\left(a+2,c-1;2;\frac{s}{(b+2)(d+s)}\right).$$

以及

$$H=\left[t_1t_2-\frac{1}{m(s\neq0|\pi_0^{\omega})}\left(\begin{array}{l}(k_1(s)-k_3(s))\,{}_2F_1\left((a+1,c+1;2;\dfrac{s}{(b+1)(d+s+1)}\right)\right)\\-k_2(s)\,{}_2F_1\left(a+1,c+1;2;\dfrac{s}{(b+2)(d+s)}\right)\end{array}\right)\right]\times$$

$$k_4(s)\,{}_2F_1\left(a+2,c;2;\frac{s}{(b+2)(d+s)}\right)+k_5(s)\,{}_2F_1\left(a+2,c;2;\frac{s}{(b+2)(d+s+1)}\right)-$$

$$k_6(s)\,{}_2F_1\left(a+2,c;2;\frac{s}{(b+2)(d+s)}\right)-k_7(s)\,{}_2F_1\left(a+2,c;2;\frac{s}{(b+1)(d+s+1)}\right)$$

则得到下面的命题。

命题6.4.3　在贝叶斯相依聚合风险模型中，若观测值 $s>0$ 时，则方差相关原理下的贝叶斯保费为：

$$P_2(\pi_s^{(\omega)})=\frac{{}_2F_1\left(a+2,c;2;\frac{s}{(b+1)(d+s)}\right)(a+1)(b+c)}{{}_2F_1\left(a+1,c+1;2;\frac{s}{(b+1)(d+s)}\right)(b+1)c}+\frac{\omega H}{m(s\neq 0\mid\pi^{(\omega)})}+$$

$$g\left(\frac{2L}{m(s\neq 0\mid\pi^{(\omega)})}\right).\tag{6.15}$$

证明：首先在 $s>0$ 的情况下有：

$$m(s\mid\pi_0^0)=\int_\Lambda\int_\Theta fS(s\mid\lambda,\theta)\pi_0^{(0)}(\lambda,\theta)\,d\theta d\lambda=I_2(0,0,0,0,s)$$

$$=\frac{b^a d^c ac\,{}_2F_1\left(a+1,c+1;2;\frac{s}{(b+1)(d+s)}\right)}{(b+1)^{a+1}(d+s)^{c+1}}m(s\mid\pi_0^{\omega})$$

$$=\int_\Lambda\int_\Theta fS(s\mid\lambda,\theta)\pi_0^{(\omega)}(\lambda,\theta)\,d\theta d\lambda=m(s\mid\pi_0^0)+$$

$$\omega[t_1t_2m(s\mid\pi_0^0)+I_2(0,0,1,1,s)$$

$$-t_2I_2(0,0,1,0,s)-t_1I_2(0,0,0,1)]$$

故

$$m(s\mid\pi^{\omega})=\frac{b^a d^c ac}{(b+1)^{a+1}(d+s)^{c+12}}F_1\left(a+1,c+1;2;\frac{s}{(b+1)(d+s)}\right)+\omega(k_1(s)-$$

$$k_3(s))\,{}_2F_1(a+1,c+1;2;\frac{s}{(b+1)(d+s+1)})-$$

$$k_2(s)\,{}_2F_1\left(a+1,c+1;2;\frac{s}{(b+2)(d+s)}\right)$$

则

$$\pi_0^{(\omega)}(\lambda,\theta\mid s)=\frac{fS(s\mid\lambda,\theta)\pi_0^{(0)}(\lambda,\theta)[1+\omega(e^{-\lambda}-k_1)(e^{-\theta}-k_2)]}{m(s\mid\pi_0^{(\overline{\omega})})}$$

且

$$E_{\pi^{(\omega)}_{0(\lambda,\theta|S_1)}}[S_2]=\frac{1}{m(s|\pi_0^{(\omega)})}\{I_2(1,-2,0,0,s)+\omega[I_2(1,-2,1,1,s)-$$

$$t_1I_2(1,-2,0,1,s)-t_2I_2(1,-2,1,0,s)+t_1t_2I_2(1,-2,0,0,s)]\}$$

以及

$$Var_{\pi^{(\omega)}_{0(\lambda,\theta|S_1)}}(S_2)=\frac{1}{m(s|\pi_0^{(\omega)})}\{(1+t_1t_2\omega)I_2(2,-2,0,0,s)+\omega[I_2(2,-2,1,$$

$$1,s)-t_1I_2(2,-2,0,1,s)-t_2I_2(2,-2,1,0,s)]\}-$$

$$\left(\frac{1}{m(s|\pi_0^{(\omega)})}\{I_2(1,-1,0,0,s)+\omega[I_2(1,-1,1,1,s)-t_1I_2\right.$$

$$\left.(1,-1,0,1,s)-t_2I_2(1,-1,1,0,s)+t_1t_2I_2(1,-1,0,0,s)]\}\right)^2+$$

$$\frac{2}{m(s|\pi_0^{(\omega)})}\{(1+t_1t_2\omega)I_2(1,-2,0,0,s)+\omega[I_2(1,-2,1,1,s)-$$

$$t_1I_2(1,-2,0,1,s)-t_2I_2(1,-2,1,0,s)]\}$$

此时,简单化简之后即可得到结论。

在上面的命题中可以取 $g(x)=\alpha x$ 以及 $g(x)=\beta\sqrt{x}$ 分别得到观测值 $s>0$ 时方差保费原理和标准差保费原理的贝叶斯保费。

§6.5 相依参数的稳健性分析

在经典的聚合风险模型中,索赔次数和索赔额序列常常假设为相互独立的,而本模型中假设风险参数之间呈现相依时聚合风险的贝叶斯保费。但当 $\omega=0$ 时退化为独立情形。因此有必要研究贝叶斯保费相对于 ω 的敏感性程度。如果贝叶斯保费相对于 ω 是不敏感的,显然经典聚合风险模型是合适的模型,因为独立性假设使得模型处理简单,结果易于解释。反之则需要考虑风险相依导致的保费变化的部分。这种分析称为稳健性分析。

下面以方差保费原理为例,研究当参数 λ 与 θ 相依程度 ω 在容许区间 $[\omega_1,\omega_2]$ 上变化时,对聚合保费和贝叶斯保费的影响程度。由于贝叶斯保费表达式较为复杂,因此我们将采用数值分析方法进行研究。

定义某个保费估计 $H(\pi^{(\omega)})$ 的稳健度量:

$$RS=\left|\frac{H(\pi^{(\omega_1)})-H(\pi^{(\omega 2)})}{H(\pi^{(0)})}\right| \tag{6.16}$$

其中 $H(\pi^{(0)})$ 表示在参数 λ 与 θ 独立时的保费估计，$H(\pi^{(\omega_1)}$，$H(\pi^{(\omega_2)})$ 分别表示 ω 取极值 ω_1,ω_2 情况下的保费估计。显然，用保费估计的变化程度与参数独立时的保费估计之比来衡量此保费估计的稳健性是合理的。RS 越大说明越不稳健，反之说明越稳健。

首先研究聚合保费的稳健性，取参数 a，b，c，d 为 6 组不同的值，根据稳健性的定义可得净保费原理下和方差保费原理下聚合保费的稳健性：

$$RSP=\left|\frac{P[\pi^{(\omega_1)}]-P[\pi^{(\omega_1)}]}{P[\pi^{(0)}]}\right|,VRSP=\left|\frac{VH_{col}[\omega_1]-VH_{col}[\omega_2]}{VH_{col}[\omega=0]}\right|.$$

其中 $P[\pi^{(\omega)}]$ 为净保费原理下的聚合保费，且 $P[\pi^{(\omega)}]=\frac{ad}{b(c-1)}+\omega\frac{at_1t_2}{b(b+1)(c-1)}$。

故由此及第 6.4.1 节、第 6.4 节计算可得表 6.1。

表 6.1 计算结果

	a，b，c，d，α=0.5	$\rho(\omega_2)-\rho(\omega_1)$	RSP	VRSP
s1	a=0.5；b=1；c=3；d=2	0.2901	0.3553	-0.5157
s2	a=3；b=4；c=3；d=3	0.2243	0.0997	0.1153
s3	a=2；b=1；c=3；d=5	0.1615	0.0791	-0.1263
s4	a=0.5；b=1；c=3；d=1	0.1493	0.2439	-0.1834
s5	a=7；b=5；c=9；d=2	0.0163	0.0031	0.2293
s6	a=2；b=1；c=9；d=1	0.0028	0.0013	0.0758

其中第一列表示 6 种不同的状态，第二列中 $\rho(\omega)$ 表示参数的线性相关系数，且

$$\rho(\omega)=\frac{\omega t_1t_2\sqrt{ac}}{(b+1)(c+1)},$$

而 $\rho(\omega_2)-\rho(\omega_1)$ 表示线性相关系数取极值之差，这个差值越大说明两参数间的相依程度越大，故由表 6.1 可知，状态 s1，s2 对应参数相依程度较大，状态 s3，s4 对应参数相依程度平稳，状态 s5，s6 对应参数相依程度较小。第三列表示净保费原理下，聚合保费的稳健性。第四列表示方差保费原理下，聚合保费的稳健性。表中数据说明：①即使是参数相依程度微小，不管是在净保费原理

下还是在方差保费原理下，对聚合保费的影响都是非常大的。②当参数相依程度越来越小时，在净保费原理下，聚合保费越来越稳健；在方差保费原理下，聚合保费的变化没有呈现一定的规律。③除了状态 s4 以外，参数相依程度变化对聚合保费的影响，在方差相关保费原理下比在净保费原理下更明显。

同样可研究贝叶斯保费的稳健性，取参数 a，b，c，d 为 6 组不同的值，根据稳健性的定义可得净保费原理下和方差保费原理下的贝叶斯保费的稳健性：

$$\mathrm{RSB}=\left|\frac{P^{*}[\pi^{(\omega_1)}]-P^{*}[\pi^{(\omega_1)}]}{P^{*}[\pi^{(0)}]}\right|,\mathrm{VRSB}=\left|\frac{VP_2[\pi^{(\omega_1)}]-VP_2[\pi^{(\omega_1)}]}{VP_2[\pi^{(0)}]}\right|$$

其中 $P^{*}[\pi^{(\omega)}]$ 为净保费原理下的贝叶斯估计，且

$$P^{*}(\pi^{(\omega)})=\frac{{}_2F_1\left(a+2,c;2;\frac{s}{(b+1)(d+s)}\right)(a+1)(b+c)}{{}_2F_1\left(a+1,c+1;2;\frac{s}{(b+1)(d+s)}\right)(b+1)c}+\frac{\omega H}{m(s\neq0|\pi^{(\omega)})}.$$

故由此及式(6.15)计算可得表 6.2：

表 6.2 计算结果

	a，b，c，d，α=0.5，s=1.5	ρ(ω₁)−ρ(ω₂)	RSB	VRSB
s1	a=0.5；b=1；c=3；d=2	0.2901	0.5516	0.3766
s2	a=3；b=4；c=3；d=3	0.2243	0.3849	0.1218
s3	a=2；b=1；c=3；d=5	0.1615	0.3621	0.1743
s4	a=0.5；b=1；c=3；d=1	0.1493	0.2439	0.3055
s5	a=7；b=5；c=9；d=2	0.0163	0.0137	0.9635
s6	a=2；b=1；c=9；d=1	0.0028	0.0212	0.9795

第三列表示净保费原理下贝叶斯的稳健性；第四列表示方差保费原理下贝叶斯保费的稳健性。表中数据说明：①即使是参数相依程度微小，不管是在净保费原理下还是在方差保费原理下，对贝叶斯的影响都是非常大的。②当参数相依程度越来越小时，在净保费原理下，贝叶斯保费越来越稳健；在方差保费原理下，贝叶斯保费的变化没有呈现一定的规律。③除了状态 s1，s4 以外，参数相依程度变化对贝叶斯保费的影响，在方差相关保费原理下比在净保费原理下更明显。

第三部分
风险度量的贝叶斯统计分析

第7章 帕累托索赔分布中风险参数的经验贝叶斯估计

§7.1 引言

帕累托(Pareto)分布是意大利经济学家 Vilfredo Parato 在研究经济统计资料时发现的,因此后来称之为帕累托分布。随着数学和相关学科的发展,帕累托分布不仅应用到经济收入模型中,也应用到生物科学、可靠性理论等其他模型中。相关研究包括 He 等(2014)、Tudor(2014)、Fahidy(2011)、Dixit 和 Nooghabi(2011)等文献。由于帕累托分布具有递减的失效率函数,故常常用来描述个人收入、某种药理过程后病人的存活时间、股票价格波动、保险风险、商业失效等模型。在目前的各个领域内都有重要的应用,Harris(1968)和 Arnold(1983)对帕累托分布进行了详细的介绍。帕累托分布或与其相近的分布被经济学家 Steindl(2004)和 Hagstroem(1960)用于解释一些经济现象。

在非寿险精算领域,常用帕累托分布来描述再保险或具有免赔额保险的索赔分布。关于帕累托分布在精算中的运用有广泛的研究,可参考 Ramsay(2003)、Albrecher 和 Kortschak(2009)、Brazauskas 和 Kleefeld(2009)等。一般地,设有 n 种保单,设第 i 份保单有 m_i 年的索赔记录。记 $X_{i,j}$ 为第 i 种保单在第 j 年的索赔,则 $i=1,2,\cdots,n,j=1,2,\cdots,m_i$。记 $X_i=(X_{i1},X_{i2},\cdots,X_{i,m_i})'$。若假设 $X_{i,j}$ 来自帕累托分布的样本,具有相同的自留额 x_0,其分布函数为

$$F_{X_{i,j}}(x)=1-\left(\frac{x}{x_0}\right)^{-\theta_i},x>x_0 \tag{7.1}$$

精算师关心的是每份保单的风险参数 θ_i 的估计,进而可以对该分布的一些特征进行相应的统计推断,例如估计保单的保费、需要提取的责任准备金等。

本章在 Gamma 先验分布下研究帕累托索赔分布参数的估计及其性质,比

较各种估计的优劣,并证明经验贝叶斯估计和经验贝叶斯信度估计的渐近最优性。风险参数 θ_i 的先验分布取 Gamma 分布主要基于下面几个方面的原因:由于风险参数 θ_i 本身取值的连续性和非负性,恰适用于 Gamma 分布;Gamma 分布中包含形状参数 α 和尺度参数 β,是一个比较大的分布指数族分布类,当取不同的 α 和 β 值时可退化为指数分布、卡方分布等多种常用的分布,因此是概率统计中先验分布的较佳选择,类似的研究可参考 Gómez-Déniz 等(2006)、Al-Saleh 和 Agarwal(2007)、Brown 和 Griffin(2010)、Czarski 和 Zieliński(1991)等;在帕累托分布中,风险参数 θ_i 的信息为

$$I(\theta_i)=E\left[\left(\frac{-\partial^2 l}{\partial\theta_i^2}\right)\Big|\,\theta\right]=\frac{m_i}{\theta_i^2}$$

则 θ_i 的 Jeffrey 无信息先验分布可取为 $\pi_{\theta_i}(\theta)\propto[I(\theta)]^{\frac{1}{2}}=\frac{1}{\theta}$。显然,Jeffrey 无信息先验分布是 Gamma 分布当 $\alpha\to0$、$\beta\to0$ 时的近似;另外,在本章的 7.2 节可以看出,Gamma 分布正是帕累托分布的共轭先验分布,这使得风险参数估计有较好的统计性质。关于先验分布的选择问题可参考茆诗松等(1998)、Lehmann 和 Casella(2003)、Walker(2004)、Gelman 等(1995)等。

§7.2 帕累托分布中风险参数的几个估计

帕累托分布是保险精算中的一种重要的分布,由于其分布的特殊性,常常用来刻画具有免赔额的保单风险的索赔额分布。假设 x_0 为保单风险的免赔额,在保险中,一般 x_0 是已知的常数。假设 θ_i 为第 i 个保单的风险参数,在 θ_i 给定条件下,该保单在第 j 年的索赔服从帕累托分布。由于风险的非齐次性,不同的保单的风险参数是不相同的。每份保单的风险参数的取值将形成一个分布,因此 θ_i 为随机变量,而 θ_i 的取值形成的分布称为先验分布。对 θ_i 的统计推断就落入了贝叶斯框架。

假设 7.2.1 设 X_{ij} 为第 i 种保单在第 j 年的索赔额,且假设第 i 个风险参数 θ_i 给定的条件下,X_{ij} 是来自帕累托分布的样本,具有分布函数(7.1),其中 θ_i 为该保单的风险参数,而 x_0 是已知的保单免赔额,$j=1,2,\cdots,m_i$。

假设 7.2.2 设 θ_i 为相互独立且有共同的 Gamma 分布,先验密度函数为

$$\pi(\theta)=\frac{\beta^{\alpha}}{\Gamma(\alpha)}\theta^{\alpha-1}e^{-\lambda\theta},\theta>0 \tag{7.2}$$

其中 $\alpha>2,\beta>0$ 为结构参数。

为方便,记 $X_i=(X_{i1},\cdots,X_{i,m_i})'$ 表示第 i 个保单合同的损失样本,而 $X=(X'_1,\cdots,X'_n)'$ 表示所有保单损失的样本。在统计学中,参数 θ_i 的一个重要的估计是极大似然估计,记为 $\hat{\theta}_i^{mle}$。

由于给定 θ_i 下,X_{ij} 的密度函数为

$$f_{X_{ij}}(x\mid\theta_i)=\frac{\theta_i}{x_0}\left(\frac{x}{x_0}\right)^{-(\theta_i+1)},x>x_0 \tag{7.3}$$

则似然估计 $\hat{\theta}_i^{mle}$ 为最大化下面的似然函数

$$L(x;\theta_1,\cdots,\theta_n)=\prod_{i=1}^{n}\prod_{j=1}^{m_i}[f_{X_{ij}}(x_{ij}\mid\theta_i)]=\prod_{i=1}^{n}\left[\left(\frac{\theta_i}{x_0}\right)^{m_i}\cdot\prod_{j=1}^{m_i}\left(\frac{x_{ij}}{x_0}\right)^{-(\theta_i+1)}\right] \tag{7.4}$$

的解。由极大似然估计的一般求解方法,容易得到:

$$\hat{\theta}_i^{m_i}=\frac{m_i}{\sum_{j=1}^{mi}\ln\left(\frac{X_{ij}}{x_0}\right)}. \tag{7.5}$$

注意到,θ_i 的极大似然估计 $\hat{\theta}_i^{mle}$ 仅仅与第 i 个保单的损失 X_i 有关,而与其他保单的损失样本无关。其主要原因是假设了各个保单的索赔相互独立导致的。另外,根据贝叶斯定理,在平方损失函数下,θ_i 的最优估计为 θ_i 的后验均值:

$$\hat{\theta}_i^B=E(\theta_i\mid X_1,X_2,\cdots,X_n). \tag{7.6}$$

命题 7.2.1　若风险满足假设 7.2.1 和假设 7.2.2,则风险参数 θ_i 的贝叶斯估计为

$$\hat{\theta}_i{}^B=q_i\hat{\theta}_i^{mle}+(1-q_i)\frac{\alpha}{\beta}, \tag{7.7}$$

其中

$$q_i=\frac{\sum_{j=1}^{m_i}\ln\left(\frac{X_{ij}}{x_0}\right)}{\sum_{j=1}^{m_i}\ln\left(\frac{X_{ij}}{x_0}\right)+\beta}. \tag{7.8}$$

证明:根据贝叶斯估计的一般求法,容易得到 θ_i 的贝叶斯估计为

$$\hat{\theta}_i^{\ B}=\frac{m_i+\alpha}{\sum_{j=1}^{m_i}\ln\left(\frac{X_{ij}}{x_0}\right)+\beta}\tag{7.9}$$

由极大似然估计(7.5),则 θ_i 的贝叶斯估计 $\hat{\theta}_i^{\ B}$ 可以写成:

$$\hat{\theta}_i^B=\frac{\sum_{j=1}^{m_i}\ln\left(\frac{X_{ij}}{x_0}\right)}{\sum_{j=1}^{m_i}\ln\left(\frac{X_{ij}}{x_0}\right)+\beta}\ \frac{m_i}{\sum_{j=1}^{m_i}\ln\left(\frac{X_{ij}}{x_0}\right)}+\frac{\beta}{\sum_{j=1}^{m_i}\ln\left(\frac{X_{ij}}{x_0}\right)+\beta}\ \frac{\alpha}{\beta}=q_i\hat{\theta}_i^{mle}+(1-q_i)\frac{\alpha}{\beta}.$$

注记 7.2.1 根据命题 7.2.1,注意到 $E(\theta_i)=\frac{\alpha}{\beta}$,则风险参数 θ_i 的贝叶斯估计 $\hat{\theta}_i$ 可以看成 θ_i 的极大似然估计 $\hat{\theta}_i^{mle}$ 和先验均值 $E(\theta_i)$ 的加权平均值,且其权重满足 $0<q_i<1$。这与信度理论中的信度保费估计有非常类似的结论。但注意到,这里权重 q_i 是依赖于观测值 X_{ij},因此是随机变量;而信度估计中的信度因子是不依赖于样本的非随机变量,因此两者有显著的差别。

令 $Y_{ij}=\ln\left(\frac{X_{ij}}{x_0}\right)$,则在 θ_i 给定条件下,Y_{ij} 相互独立且其条件密度为

$$f_{Y_{ij}}(y\mid\theta_i)=\theta_i\exp(-\theta_i y),y>0.$$

即 Y_{ij} 服从参数 θ_i 的指数分布。令

$$\mu(\theta_i)=E(Y_{ij}\mid\theta_i)=\frac{1}{\theta_i},\sigma^2(\theta_i)=Var(Y_{ij}\mid\theta_i)=\frac{1}{\theta_i^2}.\tag{7.10}$$

并引入记号 $\mu=E[\mu(\theta_i)]=\frac{\beta}{\alpha-1}$ 以及

$$\tau^2=Var(\mu(\theta_i))=\frac{\beta^2}{(\alpha-1)^2(\alpha-2)},\sigma^2=E[\sigma^2(\theta_i)]=\frac{\beta^2}{(\alpha-1)(\alpha-2)}.\tag{7.11}$$

根据信度理论的思想,若把 $\mu(\theta_i)$ 的估计限定在样本 $\{Y_{ij},i=1,2,\cdots,n,j=1,2,\cdots,m_i\}$ 的非齐次线性组合中,即求解最优化问题

$$\min_{b_0,b_{sj}\in R}E[(\mu(\theta_i)-b_0-\sum_{s=1}^{n}\sum_{j=1}^{m_s}b_{sj}Y_{sj})^2].\tag{7.12}$$

则得到类似于 Bühlmann(1967)的非齐次信度估计:

$$\widehat{\mu(\theta_i)}^{\ c}=Z_i\overline{Y}_i+(1-Z_i)\mu\tag{7.13}$$

其中

$$\overline{Y}_i=\frac{1}{m_i}\sum_{j=1}^{m_i}Y_{ij},Z_i=\frac{m_i\tau^2}{m_i\tau^2+\sigma^2}=\frac{m_i}{m_i+\alpha-1}.\tag{7.14}$$

由于 $\mu(\theta_i)=\frac{1}{\theta_i}$，由方程 $\frac{1}{\theta_i}=Z_i\overline{Y}_i+(1-Z_i)\mu$ 得到 θ_i 的另一个估计：

$$\hat{\theta}_i^c=\frac{1}{Z_i\overline{Y}_i+(1-Z_i)\mu}=\frac{m_i+\alpha-1}{\sum_{j=1}^{m_i}Y_{ij}+\beta}=\frac{m_i+\alpha-1}{\sum_{j=1}^{m_i}\ln\left(\frac{X_{ij}}{x_0}\right)+\beta}. \tag{7.15}$$

因为估计 $\hat{\theta}_i^c$ 是由非齐次信度估计 $\widehat{\mu(\theta_i)}^c$ 得来的，因此也称之为非齐次信度估计。

同理，若把 $\mu(\theta_i)$ 的估计限定在样本的齐次线性组合中，且要求估计的无偏性，即求解下面的最小化问题：

$$\begin{cases}\min\limits_{b_{sj}\in R}E\left[\left(\mu(\theta_i)-\sum_{s=1}^{n}\sum_{j=1}^{m_s}b_{sj}Y_{sj}\right)^2\right]\\ E[\mu(\theta_i)]=E\left[\sum_{s=1}^{n}\sum_{j=1}^{m_s}b_{sj}Y_{sj}\right]\end{cases} \tag{7.16}$$

则得到 Bühlmann 齐次信度估计：

$$\widehat{\mu(\theta_i)}^{hom}=Z_i\overline{Y}_i+(1-Z_i)\hat{\mu} \tag{7.17}$$

其中

$$\hat{\mu}=\frac{\sum_{i=1}^{n}Z_i\overline{Y}_i}{\sum_{i=1}^{n}Z_i}=\frac{\sum_{i=1}^{n}\frac{m_i\overline{Y}_i}{m_i+\alpha-1}}{\sum_{i=1}^{n}\frac{m_i}{m_i+\alpha-1}} \tag{7.18}$$

因此，由方程 $\frac{1}{\theta_i}=Z_i\overline{Y}_i+(1-Z_i)\hat{\mu}$ 又得到 θ_i 的一个估计：

$$\hat{\theta}_i^{hom}=\frac{(m_i+\alpha-1)\sum_{s=1}^{n}\frac{m_s}{m_s+\alpha-1}}{m_i\left(\sum_{s=1}^{n}\frac{m_s}{m_s+\alpha-1}\right)\overline{Y}_i+(\alpha-1)\sum_{s=1}^{n}\frac{m_s\overline{Y}_s}{m_s\alpha-1}}. \tag{7.19}$$

称之为齐次信度估计。

注记 7.2.2　在模型假设 7.2.1、假设 7.2.2 中，有

$$E(X_{ij}\mid\theta_i)=\frac{\theta_i}{\theta_i-1}x_0,\ Var(X_{ij}\mid\theta_i)=\frac{x_0^2\theta_i}{(\theta_i-1)^2(\theta_i-2)}.$$

如果对 $E(X_{ij}\mid\theta_i)$ 运用信度理论，则也能得到某种形式下的信度估计。但注意到此时 $E\left(\frac{\theta_i x_0}{\theta_i-1}\right)$，$Var\left(\frac{\theta_i}{\theta_i-1}x_0\right)$ 以及 $E\left[\frac{x_0\theta_i}{(\theta_i-1)^2(\theta_i-2)}\right]$ 在假设 7.2.2 下是不存

在的，因此利用这种方法求 θ_i 的信度估计是没有意义的。

§7.3 估计的比较

前面一节得到帕累托分布中风险参数 θ_i 的四个不同估计：极大似然估计 $\hat{\theta}_i^{mle}$、贝叶斯估计 $\hat{\theta}_i^{B}$、非齐次信度估计 $\hat{\theta}_i^{c}$ 以及齐次信度估计 $\hat{\theta}_i^{hom}$。因此，有必要比较这些估计的好坏。

首先，这四个估计显然都不是无偏估计。下面我们验证相合性。

命题 7.3.1 当 $m_i\to\infty$ 时，极大似然估计 $\hat{\theta}_i^{mle}$，贝叶斯估计 $\hat{\theta}_i^{B}$，非齐次信度估计 $\hat{\theta}_i^{c}$ 以及齐次信度估计 $\hat{\theta}_i^{hom}$ 都是风险参数 θ_i 的强相合估计。

证明：由于 $Y_{ij}\cdots Y_i, m_i$ 在 θ_i 给定条件下相互独立且同分布，根据强大数定律，有

$$\frac{1}{m_i}\sum_{j=1}^{m_i}Y_{ij}=\frac{1}{m_i}\sum_{j=1}^{m_i}\ln\left(\frac{X_{ij}}{x_0}\right)\to E(Y_{ij}\mid\theta_i)=\frac{1}{\theta_i},\text{a.s.}\tag{7.20}$$

根据几乎处处收敛的性质，有 $\hat{\theta}_i^{mle}=1/\overline{Y}_i\to\theta_i$，a.s.以及

$$\hat{\theta}_i^{B}=\frac{m_i+\alpha}{\sum_{j=1}^{m_i}\ln\left(\frac{X_{ij}}{x_0}\right)+\beta}=\frac{1+\frac{\alpha}{m_i}}{\frac{1}{m_i}\sum_{j=1}^{m_i}Y_{ij}+\frac{\beta}{m_i}}\to\frac{1+0}{\frac{1}{\theta_i}+0}=\theta_i,\text{a.s.}\tag{7.21}$$

另外，当 $m_i\to\infty$ 时，显然 $Z_i\to1$。再次运用强大数定律，有

$$\hat{\theta}_i^{c}=\frac{1}{Z_i\overline{Y}_i+(1-Z_i)\mu}\to\frac{1}{\frac{1}{\theta_i}+0}=\theta_i,\text{a.s.}\tag{7.22}$$

以及

$$\hat{\theta}_i^{hom}=\frac{1}{Z_i\overline{Y}_i+(1-Z_i)\hat{\mu}}\to\frac{1}{\frac{1}{\theta_i}+0}=\theta_i,\text{a.s.}$$

则证明了命题。

因此，从统计大样本意义上说这四个估计都是较好的估计。但是，在保险实际中，一般样本容量 m_i 并不足够大，这时为了比较这四个估计的差别，我们

采用均方误差作为衡量的标准。为了计算的简便，我们下面假设 $m_1=m_2=\cdots$，$m_n=m$，这时信度因子（7.14）为

$$Z_i=\frac{m}{m+\alpha-1}=Z.$$

注意到，这些估计的均方误差都没有显示表达式。但是，对给定的某个函数 g，在一定条件下，根据泰勒公式，近似的有

$$E[(g(\hat{\theta})-g(\theta))^2]\approx[g'(\theta)]^2E[(\hat{\theta}-\theta)^2]. \tag{7.23}$$

因此我们可以近似地比较 $g(\hat{\theta}_i)$ 的均方误差，来反映 $\hat{\theta}_i$ 的均方误差的大小。

取 $g(x)=\frac{1}{x}$，我们分别计算 $g(\hat{\theta}_i^{mle})$，$g(\hat{\theta}_i^{B})$，$g(\hat{\theta}_i^{c})$ 以及 $g(\hat{\theta}_i^{hom})$ 的均方误差。根据双重条件期望公式，有

$$MSE_g(mle)=E\left\{E\left[\left(\frac{1}{m}\sum_{j=1}^{m}Y_{ij}-\frac{1}{\theta_i}\right)^2\bigg|\theta_i\right]\right\}=E\left(\frac{1}{m\theta_i^2}\right)=\frac{\beta^2}{m(\alpha-1)(\alpha-2)}.$$

其次，

$$MSE_g(B)=E[(g(\hat{\theta}_i^{B})-g(\theta_i))^2]=\frac{(m+\alpha+2)\beta^2}{(m+\alpha)^2(\alpha-1)(\alpha-2)}.$$

另外，根据信度理论非齐次信度估计与齐次信度估计的某些结果，容易得到

$$MSE_g(c)=E[(g(\hat{\theta}_i^{c})-g(\theta_i))^2]=\frac{\tau^2\sigma^2}{m\tau^2+\sigma^2}=\frac{\beta^2}{(m+\alpha-1)(\alpha-1)(\alpha-2)}.$$

以及

$$MSE_g(hom)=E[(g(\hat{\theta}_i^{hom})-g(\theta_i))^2]=\frac{\beta^2(mn+\alpha-1)}{mn(m+\alpha-1)(\alpha-1)(\alpha-2)}.$$

令 $M=\frac{\beta^2}{(\alpha-1)(\alpha-2)}$，则有

$$MSE_g(mle)=\frac{M}{m},MSE_g(B)=\frac{(m+\alpha+2)M}{(m+\alpha)^2}.$$

以及

$$MSE_g(c)=\frac{M}{(m+\alpha-1)},MSE_g(hom)=\frac{M(mn+\alpha-1)}{mn(m+\alpha-1)}.$$

因此，得到下面的结论。

命题 7.3.2　在模型假设 7.2.1、假设 7.2.2 成立时，四个估计的均方误差有下面的大小关系：

(1) $MSE_g(c) \leqslant MSE_g(B) \leqslant MSE_g(mle)$。

(2) $MSE_g(c) \leqslant MSE_g(hom) \leqslant MSE_g(mle)$。

(3) 均方误差 $MSE_g(B)$ 与 $MSE_g(hom)$ 的大小与 m,n,α 的取值有关。

证明：根据一些数学计算，容易验证(1)和(2)。对于(3)，令 $k=\frac{\alpha-1}{n}$。在保险实际中一般有 $n>\alpha-1$，即 $0<k<1$，经过数学计算可得

$$\frac{1}{M}[MSE_g(B)-MSE_g(hom)]=\frac{(1-k)m^2+(\alpha-2-2\alpha k)m-k\alpha^2}{m(m+\alpha)^2(m+\alpha-1)}.$$

上式分子中看成 m 的一元二次函数，其图像的开口向下，则其判别式

$$\Delta=(\alpha-2-2\alpha k)^2+(1-k)k\alpha^2>0.$$

设该一元二次方程的两个根分别为 m_* 与 m^*，则当 $m_*<m<m^*$ 时，$MSE_g(B)-MSE_g(hom)>0$，反之，若 $m>m^*$ 或者 $m<m_*$，则 $MSE_g(B)-MSE_g(hom)<0$。

虽然命题 7.3.2 给出了 $g(\theta_i)=\frac{1}{\theta_i}$ 的几个估计的均方误差比较，但如果需要参数 θ_i 的估计的均方误差的比较，则没有显示的结果。为了得到 θ_i 估计的均方误差的大小比较，我们采用数值模拟的方法。在模拟中，取 $\alpha=4,\beta=3,x_0=1,n=10$。且不失一般性，设 $m_1=m_2=\cdots=m_{10}=m$。首先产生 θ_i 的样本，然后产生 X_{ij} 的样本，并对各个估计计算均方误差。在 10000 次重复模拟下计算这些估计的均方误差的平均值，我们分别得到了 θ_i 和 $g(\theta_i)=\frac{1}{\theta_i}$ 的极大似然估计、贝叶斯估计、非齐次信度估计和齐次信度估计的均方误差的模拟结果，如表 7.1 和表 7.2 所示。

表 7.1　对 m=8 时 θ_i 的均方误差模拟结果

i	1	2	3	4	5	6	7	8	9	10
MS_1	0.5671	0.5010	0.5278	0.5394	0.5780	0.5404	0.5518	0.5257	0.5110	0.4849
MS_2	0.1715	0.1719	0.1732	0.1772	0.1756	0.1683	0.1697	0.1682	0.1674	0.1724
MS_3	0.1879	0.1858	0.1874	0.1919	0.1914	0.1837	0.1831	0.1813	0.1809	0.1874
MS_4	0.1991	0.1944	0.1975	0.2049	0.2042	0.1947	0.1957	0.1937	0.1937	0.1985

表 7.2　对 $m=8$ 时 $g(\theta_i)=\frac{1}{\theta_i}$ 的均方误差模拟结果

i	1	2	3	4	5	6	7	8	9	10
gMS_1	0.1875	0.1917	0.1665	0.1855	0.1911	0.1794	0.1985	0.1784	0.1942	0.1627
gMS_2	0.1410	0.1566	0.1341	0.1406	0.1495	0.1474	0.1524	0.1341	0.1332	0.1261
gMS_3	0.1328	0.1450	0.1240	0.1323	0.1400	0.1373	0.1422	0.1261	0.1274	0.1174
gMS_4	0.1377	0.1498	0.1281	0.1385	0.1442	0.1415	0.1478	0.1315	0.1328	0.1215

在表 7.1 和表 7.2 中，$MS_i,i=1,2,3,4$ 和 $gMS_i,i=1,2,3,4$ 分别表示 θ_i 与 $g(\theta_i)=\frac{1}{\theta_i}$ 的极大似然估计、贝叶斯估计、非齐次信度估计和齐次信度估计的均方误差。从模拟结果可以看出，在 θ_i 的估计中，均方误差的排序为 $MS_2<MS_3<MS_4<MS_1$，即此时最好的估计为贝叶斯估计。显然，由于 θ_i 的贝叶斯估计 $\hat{\theta}_i^B$ 是所有样本的可测函数中使均方误差达到最小的估计。而表 7.2 中 $g(\theta_i)=\frac{1}{\theta_i}$ 的估计中均方误差的排序为 $gMS_3<gMS_4<gMS_2<gMS_1$，即达到最小的估计为信度估计 $g(\hat{\theta}_i^c)$，此时主要原因是对 θ_i 作函数变换以后就失去了其均方误差最小的性质。表 7.2 的结果与我们证明的命题是一致的。然而，这两个表的模拟结果显示了一个比较意外的统计现象，就是式(7.23)只是近似地在大多数情况下成立，而在某些情况下则未必成立。表 7.1 和表 7.2 中贝叶斯估计和信度估计的均方误差比较就是这种情况。因为在我们这个模型中，经过倒数变换以后，均方误差的最小性就发生了变化。为了验证 m 对均方误差最优性的影响，取 $m=2$ 以及 $m=80$，重新做模拟得到表 7.3、表 7.4：

表 7.3　对 $m=2$ 时 $g(\theta_i)=\frac{1}{\theta_i}$ 的均方误差模拟结果

i	1	2	3	4	5	6	7	8	9	10
gMS_1	0.7435	0.6726	0.7561	0.7824	0.7545	0.7323	0.7206	0.7615	0.7472	0.7639
gMS_2	0.3493	0.2714	0.3445	0.3050	0.3047	0.3328	0.3099	0.3260	0.3850	0.3171
gMS_3	0.3152	0.2448	0.3073	0.2781	0.2761	0.3007	0.2804	0.2929	0.3404	0.2892
gMS_4	0.3633	0.2968	0.3494	0.3326	0.3259	0.3485	0.3321	0.3409	0.3746	0.3371

表 7.4　对 m=80 时 $g(\theta_i)=\frac{1}{\theta_i}$ 的均方误差模拟结果

i	1	2	3	4	5	6	7	8	9	10
gMS_1	0.0193	0.0192	0.0194	0.0202	0.0187	0.0171	0.0173	0.0200	0.0185	0.0184
gMS_2	0.0187	0.0186	0.0200	0.0195	0.0189	0.0167	0.0170	0.0213	0.0179	0.0179
gMS_3	0.0185	0.0184	0.0194	0.0193	0.0185	0.0165	0.0168	0.0206	0.0177	0.0177
gMS_4	0.0186	0.0185	0.0194	0.0194	0.0185	0.0166	0.0169	0.0205	0.0178	0.0178

从表 7.3 可以看出,当 m=2 时,有 $gMS_3<gMS_2<gMS_4<gMS_1$。因此再次验证了命题 7.3.2,即当 m 很小时有 $gMS_2<gMS_4$。另外,在表 7.4 中,当 m=80 时四个均方误差几乎相同,即随着 m 的增大这种均方误差的最优性将逐渐消失。

§7.4　经验贝叶斯估计及渐近最优性

在上一节中,我们给出了风险参数 θ_i 的四个估计,并用数值模拟的方法比较了各个估计的均方误差,结论表明,贝叶斯估计是四个估计中最好的一个,其次是非齐次信度估计和齐次信度估计。然而,在实际运用中,不管是贝叶斯估计还是信度估计,都包含了结构参数 α 和 β。这两个结构参数在贝叶斯统计中也称为超参数。在贝叶斯统计中,确定 α 和 β 的估计有多种方法,常用的方法有主观概率的分位点法、极大后验分布法、矩估计法等。可参考 Lehmann 和 Casella(2003)、Walker(2004)等。显然,主观概率法需要根据专家观点确定分位数,带有一定的主观性,而在本模型中,风险参数的后验分布为 Gamma 分布,利用极大后验分布的方法也无法得到结构参数估计的显示表达式。下面我们采用矩方法估计 α 和 β。矩估计方法是经验贝叶斯统计中的重要方法,特别是在保险精算中被广泛使用,相关的研究可参考 Bühlmann 和 Gisler(2005)、Mashayekhi(2002)等。

本节同样假设 $m_i=m, i=1,2,\cdots,n$,且 $Y_{ij}=\ln\left(\frac{X_{ij}}{x_0}\right)$,但很容易推广到更一般的情况。

由于$(\overline{Y}_i,\theta_i)$相互独立,可以看成是该保单风险的一个样本。其样本均值

和样本方差分别为

$$\hat{\mu}_Y=\frac{1}{n}\sum_{i=1}^{n}\overline{Y}_i,\quad \widehat{\sigma_Y^2}=\frac{1}{n-1}\sum_{i=1}^{n}(\overline{Y}_i-\hat{\mu}_Y)^2. \tag{7.24}$$

根据双重期望公式,容易得到

$$E(\overline{Y}_i)=\frac{\beta}{\alpha-1},\mathrm{Var}(\overline{Y}_i)=\frac{\beta^2(m+\alpha-1)}{m(\alpha-1)^2(\alpha-2)}.$$

若令

$$\begin{cases}\hat{\mu}_Y=\dfrac{\beta}{\alpha-1}\\ \widehat{\sigma_Y^2}=\dfrac{\beta^2(m+\alpha-1)}{m(\alpha-1)^2(\alpha-2)}\end{cases}. \tag{7.25}$$

则可解得

$$\hat{\alpha}=\frac{(m-1)\hat{\mu}_Y^2+2m\hat{\sigma}_Y^2}{m\hat{\sigma}_Y^2-\hat{\mu}_Y^2},\hat{\beta}=\frac{\hat{\mu}_Y(m\hat{\mu}_Y^2+m\hat{\sigma}_Y^2)}{m\hat{\sigma}_Y^2-\hat{\mu}_Y^2}, \tag{7.26}$$

即得到 α 和 β 的矩估计。

根据强大数定律,当 m 固定且 $n\to\infty$ 时,可以验证 $\hat{\alpha}$ 与 $\hat{\beta}$ 均满足一致强相合性,即有 $\hat{\alpha}\to\alpha$, a.s.以及 $\hat{\beta}\to\beta$, a.s.。且容易证明这两个估计是平方收敛的,即 $E[(\hat{\alpha}-\alpha)^2]\to0$,以及 $E[(\hat{\beta}-\beta)^2]\to0$。

将 $\hat{\alpha}$ 与 $\hat{\beta}$ 代入上节的贝叶斯估计与非齐次信度估计,得到

$$\tilde{\theta}_i^B=\frac{m+\hat{\alpha}}{\sum_{j=1}^{m}Y_{ij}+\hat{\beta}},\tilde{\theta}_i^c=\frac{m+\hat{\alpha}-1}{\sum_{j=1}^{m}Y_{ij}+\hat{\beta}}. \tag{7.27}$$

注意到,估计 $\tilde{\theta}_i^B$ 与 $\tilde{\theta}_i^c$ 再也不依赖于任何未知参数,可以在实际中直接使用。在贝叶斯统计学中,称这种方法为经验贝叶斯方法,而 $\tilde{\theta}_i^B$ 与 $\tilde{\theta}_i^c$ 称为 θ_i 的经验贝叶斯估计和经验贝叶斯信度估计。

对于经验贝叶斯估计和经验贝叶斯信度估计,我们最关心的是将结构参数的估计代入后其均方损失是否有较大影响,这种影响随着样本容量 n 的增大是否能一致趋于零,这就是所谓的经验贝叶斯最优性。关于经验贝叶斯估计的文献可参考 Mashayekhi(2002)、Robbins(1955,1964)等。

定义 7.4.1 设 $\tilde{\theta}$ 和 $\hat{\theta}$ 分别是参数 θ 的经验贝叶斯估计和贝叶斯估计,若满足

$$\lim_{n\to\infty}\left|E[(\tilde{\theta}-\theta)^2]-E[(\hat{\theta}-\theta)^2]\right|=0, \tag{7.28}$$

则称经验贝叶斯估计 $\tilde{\theta}$ 是渐近最优的。

在本章中 θ_i 的经验贝叶斯估计 $\tilde{\theta}_i^B$ 和经验贝叶斯信度估计 $\tilde{\theta}_i^c$,可以得到下面的结论。

定理 7.4.1 若存在 $\delta>0$,使得 $\hat{\theta}_i^{mle}<\delta$,则当 $n\to\infty$ 时,经验贝叶斯估计 $\tilde{\theta}_i^B$ 和经验贝叶斯信度估计 $\tilde{\theta}_i^c$,都是渐近最优估计,即有

$$\lim_{n\to\infty}\max_{1\leqslant i\leqslant m}\left|E[(\tilde{\theta}_i^B-\theta_i)^2]-E[(\hat{\theta}_i^B-\theta_i)^2]\right|=0 \tag{7.29}$$

以及

$$\lim_{n\to\infty}\max_{1\leqslant i\leqslant m}|E[(\hat{\theta}_i^c-\theta)^2]-E[(\hat{\theta}_i^c-\theta_i)^2]|=0. \tag{7.30}$$

证明:由于 $\tilde{\theta}_i^B$ 与 $\tilde{\theta}_i^c$ 的渐近最优性证明基本相同,我们只证明式(7.29)。记 $Y_i.=\sum_{j=1}^{m}\ln\left(\frac{X_{ij}}{x_0}\right)$。首先,根据平方和的分解并结合期望不等式有:

$$|E[(\tilde{\theta}_i^B-\theta_i)^2]-E[(\hat{\theta}_i^B-\theta_i)^2]|=|E[(\tilde{\theta}_i^B-\hat{\theta}_i^B)^2]+2E[(\tilde{\theta}_i^B-\hat{\theta}_i^B)(\hat{\theta}_i^B-\theta_i)]|\leqslant$$

$$E[(\tilde{\theta}_i^B-\hat{\theta}_i^B)^2]+2\sqrt{E[(\tilde{\theta}_i^B-\hat{\theta}_i^B)^2]E[(\hat{\theta}_i^B-\theta_i)^2]}$$

又因为

$$E[(\hat{\theta}_i^B-\theta_i)^2]=E\left[\left(\frac{m+\alpha-\theta_i(Y_i.+\beta)}{Y_i.+\beta}\right)^2\right]\leqslant\frac{1}{\beta^2}E[(m+\alpha-\theta_i(Y_i.+\beta))^2]$$

$$=\frac{m+\alpha}{\beta^2}\leqslant\infty.$$

因此只需证明 $\lim_{n\to\infty}\max_{1\leqslant i\leqslant m}E[(\tilde{\theta}_i^B-\hat{\theta}_i^B)^2]=0$ 即可。由于 $\hat{\theta}_i^{mle}=\frac{m}{Y_i.}$,根据定理的条件有 $\hat{\theta}_i^{mle}<\delta$,即 $Y_i.>\frac{m}{\delta}$。因此可以得到

$$E[(\tilde{\theta}_i^B-\hat{\theta}_i^B)^2]=E\left[\left(\frac{m+\hat{\alpha}}{Y_i.+\hat{\beta}}-\frac{m+\alpha}{Y_i.+\beta}\right)^2\right]=E\left[\frac{(\hat{\alpha}-\alpha)^2}{(Y_i.+\hat{\beta})^2}\right]+E$$

$$\left[\left(\frac{(m+\alpha)(\hat{\beta}-\beta)}{(Y_i.+\hat{\beta})(Y_i.+\beta)}\right)^2\right]\leqslant\frac{\delta^4}{m^4}E[(\hat{\alpha}-\alpha)^2]+\frac{\delta^2(m+\alpha)^2}{m^2\beta^2}E[(\hat{\beta}-\beta)^2]\to 0.$$

因此式(7.29)成立,同理可证式(7.30)。则完成了定理的证明。

为了验证在代入结构参数估计后对估计的均方误差的影响,即研究贝叶斯估计、信度估计以及相应的经验贝叶斯估计、经验贝叶斯信度估计的均方误差情况,我们在第 7.3 节相同的环境下进行数值模拟。取 $\alpha=4$, $\beta=3$, $x_0=1$, $n=10$, $m=20$。但在经验贝叶斯估计和经验贝叶斯信度估计中采用 $\hat{\alpha}$, $\hat{\beta}$,得到下面的结果(见表 7.5)。

表 7.5　对 m=8 时风险参数 θ_i 的 10 倍均方误差模拟结果

i	1	2	3	4	5	6	7	8	9	10
MSB	0.1727	0.1680	0.1689	0.1725	0.1703	0.1712	0.1721	0.1701	0.1709	0.1729
EMSB	0.2522	0.2098	0.2121	0.2175	0.2151	0.2088	0.2188	0.3723	0.2092	0.2163
MSC	0.1886	0.1820	0.1851	0.1883	0.1872	0.1825	0.1854	0.1848	0.1839	0.1874
EMSC	0.2715	0.2243	0.2266	0.2320	0.2308	0.2212	0.2329	0.3823	0.2232	0.2304

在表 7.5 中,MSB 和 EMSB 分别表示贝叶斯估计和对应的经验贝叶斯估计的均方误差,而 MSC 和 EMSC 分别表示非齐次信度估计和对应的经验贝叶斯信度估计的均方误差。显然,由于结构参数的估计导致均方误差增大。这两个经验贝叶斯估计仍然比极大似然估计的均方误差更小。

§7.5　结论

本章考虑了具有免赔额保单风险的累托分布模型,注意到在本章的讨论中,根据保险的实际情况,免赔额 x_0 假定是已知的,但从讨论的过程中可以看出,风险参数的估计与 x_0 是不相关的,即 x_0 的值并不影响风险参数 θ_i 的估计。文章在 Gamma 先验分布假设下,讨论了风险参数的极大似然估计、贝叶斯估计、非齐次信度估计以及齐次信度估计,并讨论了这些估计的统计性质,比较了这些估计的均方误差。根据贝叶斯估计的定义,贝叶斯估计是在所有可测函数中均方误差达到最小的估计,这个结论在数值模拟的表中得到了验证。但有些意外的是,对这些估计进行倒数变换以后,贝叶斯估计的均方误差最优性就不存在了,这时通过理论证明和数值模拟均表明非齐次信度估计的均方误差最小。文章不仅证明了这四个估计的强相合性,而且给出了结构参数的矩估计,并得到贝叶斯估计和信度估计的经验贝叶斯估计,最后证明了经验贝叶斯估计的渐近最优性,对其均方误差进行了比较。结论显示,经验贝叶斯估计的均方误差仍然比极大似然估计的均方误差更小,且可以在实际中直接使用。

第 8 章　在险价值及其相关风险度量的贝叶斯估计

§8.1　引言

在实际的风险管理中,在险价值(Value at Risk,VaR)是一种重要的风险度量方法,参考 Gelman 等(1995)、Szego(2005)、Denuit 等(2005)等。VaR 一般被称为“风险价值”或“在险价值”,指在一定的置信水平下,某一金融资产(或证券组合)在未来特定的一段时间内的最大可能损失。在正常的市场情况下,VaR 是非常有用的风险衡量工具,在金融风险管理中有重要的应用,参考胡经生等(2005)、Puccetti 等(2013)等。事实上,从数学的角度看,风险 X 的 VaR 实际上就是 X 的 α 分位数:$VaR_\alpha(X)=F_X^{-1}(\alpha)$。

但是,在实际运用中,由于风险随机变量 X 的分布依赖于某些风险参数 θ。这里风险参数 θ 一般表示风险 X 的某些特征,例如在汽车第三者责任保险中,θ 表示被保险人的性别、年龄、驾龄、职业等与索赔风险 X 相关的量。由于风险的非齐次性,一般假设 θ 为不可观测的随机变量,见王伟等(2011)、Pan 等(2008)、Wu 和 Zhou(2006)、Wen 等(2011)等。这时,风险 X 在 θ 给定下的条件概率分布为 $F_X(x|\theta)$。由于 VaR 风险度量依赖于风险参数 θ,因而也是未知的。一般地,我们对风险 X 的状况具有若干年的观测值。设 $X_1,X_2,\cdots,X_n$ 是风险 X 在 θ 给定下的观测值,我们的目标是基于这些样本信息和 θ 的某些先验信息对 VaR 进行估计或进行进一步的统计推断。

在以往的文献中,对 VaR 的估计有多种方法,例如历史模拟法、蒙特卡洛模拟法等。陈燕君(2011)对这些计算方法进行了较详尽的比较和分类,并且讨论了各种方法的特点。相关的研究可参考谢佳利等(2009)、杨昕(2011)等。然而,这些方法仅仅利用了样本容量的信息,忽略了风险参数 θ 的先验分布的重要信息。

§8.2 在险价值度量的贝叶斯模型

随着金融市场的发展,人们面临的风险越来越复杂,风险是未来损失的不确定性。如何对风险进行较准确的度量成为金融风险管理的重要课题。在险价值 VaR 的出现使得对金融资产组合在一定时期内给定置信度下的最大可能损失进行量化成为了可能。目前,VaR 成为金融风险管理系统中度量金融风险的最常用的方法之一。

定义 8.2.1 设风险 X 的分布函数为 $F_X(x)$,给定一个置信水平 $\alpha\in(0,1)$,则风险 X 的 VaR 定义为 X 的 α 分位数,记为 $VaR_\alpha(X)$ 或 x_α,即

$$VaR_\alpha(X)=\inf\{x\in R:F_X(x)\geqslant\alpha\} \tag{8.1}$$

注意到 $VaR_\alpha(X)$ 其实就是 $F_X(x)$ 的广义逆在 100α% 处的值,VaR 就是不超过给定概率 α 的最大损失。在实际运用中,一般取 $\alpha=0.95$ 或 $\alpha=0.99$。

注记 8.2.1 根据 VaR 的定义,对任意的 $0<\alpha<1$,都存在唯一的 $-\infty<VaR_\alpha(X)<\infty$,满足 $P(X<VaR_\alpha(X))\leqslant\alpha$ 以及 $F_X(VaR_\alpha(X))\geqslant\alpha$。另外,对任意 $x\in R$,有 $VaR_\alpha(X)\leqslant x\Leftrightarrow F_X(x)\geqslant\alpha$ 成立。

注记 8.2.2 $VaR_\alpha(X)$ 关于 α 是左连续的增函数。若 $F_X(x)$ 连续且严格递增,则 $VaR_\alpha(X)$ 是方程 $F_X(x)=\alpha$ 的唯一解。

在实际运用中,由于风险一般是未知的,因而其分布函数 $F_X(x)$ 也是未知的。然而,每个风险将呈现不同的特征,例如在房屋财产保险中,房屋的建筑结构、地理位置、楼层以及房屋使用情况等,这些特征有些是可以观测的,有些是无法观测的。将所有这些风险特征的综合用随机变量 θ 刻画,在风险管理中,θ 被称为风险参数。由于对风险参数有一定的认识,在概率统计中假设这些认识形成某个先验分布 $\pi(\theta)$。这时在 θ 给定条件下,风险 X 的条件分布记为 $F_X(x|\theta)$。我们的目标是通过观测到的样本信息 $X_1,X_2,\cdots,X_n$ 以及已有的先验信息 $\pi(\theta)$ 对风险 X 的 VaR 进行估计。

为此,我们提出下面的假设。

假设 8.2.1 影响风险 X 的所有因素综合用随机变量 θ 来刻画,称 θ 为风险参数,假设 θ 服从先验分布(密度)$\pi(\theta)$。

假设 8.2.2 给定 θ 时,$X_1,X_2,\cdots,X_n$ 为 X 的独立同分布样本,具有共同的概率分布函数 $F_X(x|\theta)$,以及密度函数 $f(x|\theta)$。

为方便,记 $\underline{X}_n=(X_1,X_2,\cdots,X_n)'$表示样本。由于 X 的 VaR 风险度量此时依赖于风险参数 θ,因此称之为条件 VaR 风险度量,并记为 $V_\alpha(\theta)$,即有

$$V_\alpha(\theta)=F_X^{-1}(\alpha|\theta).$$

§8.2.1 一般模型下 VaR 的贝叶斯估计

在前面的假设下,我们的目的是对 $V_\alpha(\theta)$ 提出合适的估计。注意到,若取损失函数:

$$L(X,p)=(X-p)[\alpha-I(X<p)] \tag{8.2}$$

则在给定 θ 下,$V_\alpha(\theta)$ 是风险 X 的最优预测(由于风险 X 是随机变量,此时一般称对 X 进行预测,但在不混淆的情况下也称为估计,下同)。

命题 8.2.1 若给定风险参数 θ,并取损失函数(8.2),则风险 X 的最优预测为 $V_\alpha(\theta)$,即有

$$V_\alpha(\theta)=\underset{p(\theta)\in R}{\operatorname{argmin}}E[L(X,p(\theta))|\theta]. \tag{8.3}$$

证明:令 $\Psi=E[L(X,p(\theta))|\theta]$。由于在求最小化数学期望中 θ 是给定的,因此不妨记 $p(\theta)=p$,并把条件期望看出无条件期望。因此有

$$\begin{aligned}\Psi&=E[(X-p)[\alpha-I(X<p)]|\theta]\\&=(\alpha-1)\int_0^p(x-p)dF_X(x|\theta)+\alpha\int_p^{+\infty}(x-p)dF_X(x|\theta)\end{aligned}$$

对 Ψ 中关于 p 求导,并令导数为零,则得到下面的方程:

$$\frac{\partial\Psi}{\partial p}=(\alpha-1)[pf(p|\theta)-F_X(p|\theta)-pf(p|\theta)]-\alpha[pf(p|\theta)+1-F_X(p|\theta)]+\alpha pf(p|\theta)=0.$$

经过一些数学上的化简得到

$$F_X(p|\theta)-\alpha=0. \tag{8.4}$$

因此有

$$p=p(\theta)=F_X^{-1}(\alpha|\theta)=V_\alpha(\theta).$$

注记 8.2.3 损失函数(8.2)是分位数回归模型中常用的一种损失函数,在数理统计中也称为检验函数。一般地,在分位数回归中,记

$$\rho_\tau(u)=u(\tau-I(u<0)) \tag{8.5}$$

若有样本 $\{(x_i,y_i)|_{i=1}^n\}$,且满足下面的线性模型

$$\begin{cases}y_i=x_i\beta+\varepsilon_i\\E\varepsilon_i=0,Var(\varepsilon_i)=\sigma^2\end{cases}$$

则求解下面的最小化问题

$$\min_{\beta\in R^p}\sum_{i=1}^{n}\rho_\tau(y_i-x_i\beta) \tag{8.6}$$

得到 β 的分位数回归估计，这里 $\tau\in(0,1)$ 为已知的一个概率（本章记 α）。关于检验函数(8.5)及相关分位数回归的研究可参考 Koenker(2005)、Zou 和 Yuan(2008)、Kai 和 Li(2010)等。

根据命题 8.2.1，条件风险度量 $V_\alpha(\theta)$ 是风险 X 在损失函数(8.2)的最优预测。由于 $V_\alpha(\theta)$ 依赖于不可观测的风险参数 θ，因而也是未知的，需要根据已有的信息来估计（预测）。由于有风险 X 的 n 个观测值 $\underline{X_n}=(X_1,X_2,\cdots,X_n)'$。我们的目标是结合样本 $\underline{X_n}$ 和先验分布信息，得到未来风险 X_{n+1}（或风险 X）的最优预测。

为此，定义样本的可测函数类 $\Gamma=\{g(X_1,\cdots,X_n)$，其中 $g(X_1,\cdots,X_n)$ 是 $\underline{X_n}$ 的可测函数$\}$，我们先给出下面的引理。

引理 8.2.1 在贝叶斯模型的假设下，最小化问题 $\min\limits_{g\in\Gamma}E[L(X,g(\underline{X_n}))]$ 的解与 $\min\limits_{g\in\Gamma}E[L(X,g(\underline{X_n}))|\underline{X_n}]$ 的解是等价的。

证明：为了符号的方便，记

$$R(g)=E[L(X,g(\underline{X_n}))],R(g|\underline{x_n})=E[L(X,g(x_n))|\underline{X_n}=\underline{x_n}],$$

以及

$$g^*=\arg\min_{g\in\Gamma}R(g),g^{**}=\arg\min_{g\in\Gamma}R(g|\underline{x_n}).$$

由 Foutou 引理有

$$\begin{aligned}R(g^*)&=\min_{g\in\Gamma}\int E[L(X,g(\underline{x_n}))|\underline{X_n}=\underline{x_n}]u(\underline{x_n})d\underline{x_n}\\&\geqslant\int\min_{g\in\Gamma}E[L(X,g(\underline{x_n}))|\underline{X_n}=\underline{x_n}]u(\underline{x_n})d\underline{x_n}\\&=\int R(g^{**}|\underline{x_n})u(\underline{x_n})d\underline{x_n}\\&=R(g^{**})\\&\geqslant\min_{g\in\Gamma}R(g)\\&=R(g^*)\end{aligned}$$

其中 $u(\underline{x_n})$ 表示 $\underline{x_n}$ 的边际密度。另外，从上面的式子可得

$$\int(R(g^*|\underline{x_n})-R(g^{**}|\underline{x_n}))u(\underline{x_n})d\underline{x_n}=0 \tag{8.7}$$

而由 g^{**} 的定义知 $R(g^*|\underline{x_n})-R(g^{**}|\underline{x_n})\geqslant0$。因此有

$$R(g^*|\underline{x_n})=R(g^{**}|\underline{x_n})=\min_{g\in\Gamma}R(g|\underline{x_n}) \tag{8.8}$$

根据引理 8.2.1，容易得到下面的定理。

定理 8.2.1 记 $\Pi(x|\underline{X_n})$ 为给定样本 $\underline{X_n}$ 下 X_{n+1} 的预测分布函数。则在损失函数(8.2)下,求解最小化问题

$$\min_{g\in\Gamma}E[L(X_{n+1},g(\underline{X_n}))]=\min_{g\in\Gamma}E[(X_{n+1}-g(\underline{X_n}))(\alpha-I(X_{n+1}<g(\underline{X_n})))] \tag{8.9}$$

得到未来风险 X_{n+1} 的最优估计(预测)为 X_{n+1} 的预测分布 $\Pi(x|\underline{X_n})$ 在 α 处的分位数,即

$$g(\underline{X_n})=\Pi^{-1}(\alpha|\underline{X_n}). \tag{8.10}$$

其中 $\Pi(x|\underline{X_n})=P(X_{n+1}\leqslant x|\underline{X_n})$ 为 X_{n+1} 的预测分布函数。

证明:令 $G=E[(X-g(\underline{X_n}))(\alpha-I(X<g(\underline{X_n})))|\underline{X_n}]$,根据引理 8.2.1,求解式(8.9)等价于求解 G 的最小值。由于在 $\underline{X_n}$ 给定下,$g(\underline{X_n})$ 是一个固定的常数,记为 g。因此有

$$G=(\alpha-1)\int_0^g(x-g)\,d\Pi(x|\underline{X_n})+\alpha\int_g^{+\infty}(x-g)\,d\Pi(x|\underline{X_n}) \tag{8.11}$$

对 G 关于 g 求导并令导数为零,得到下面的正规方程:

$$\frac{\partial G}{\partial g}=\Pi(g|\underline{X_n})-\alpha=0 \tag{8.12}$$

解得 $g=g(\underline{X_n})=\Pi^{-1}(\alpha|\underline{X_n})$。

注记 8.2.4 给定样本 $\underline{X_n}=\underline{x_n}$ 下,X_{n+1} 的预测分布函数对应的密度函数为

$$\pi(x|\underline{X_n})=\frac{\int\pi(\theta)\prod_{i=1}^{n}f(x_i|\theta)\,d\theta}{\int\pi(\theta)\prod_{i=1}^{n}f(x_i|\theta)\,d\theta}. \tag{8.13}$$

显然,预测分布在 α 处的分位数 $\Pi^{-1}(\alpha|X_n)$ 的表达非常复杂,一般没有显示表达式。但在某些特殊情况下,能求解出 $\Pi^{-1}(\alpha|\underline{X_n})$ 具体的表达式。

定理 8.2.1 是通过最小化损失函数(8.2)的条件期望得到在险价值的一个贝叶斯估计。这种通过最小化某种测度对应的损失函数方法在保费定价中有重要的应用。例如 Bühlmann(1967)在平方损失函数下构建了净保费的信度估计,Gerber(1980)在指数加权损失函数下构建了 Esscher 保费的信度估计,Wen 等(2009)在广义加权损失函数下讨论了广义加权保费的贝叶斯估计和信度估计等。

注记 8.2.5 在贝叶斯模型的假设 8.2.1、假设 8.2.2 下,另外一种预测未来风险 X_{n+1} 的 VaR 的方法是:首先根据贝叶斯定理,用 θ 的后验均值 $E(\theta|X_1,\cdots,X_n)$ 估计 θ,进而根据 $V_\alpha(\theta)=F_X^{-1}(\alpha|\theta)$ 得到 $V_\alpha(\theta)$ 的估计,并用该估计来预测未来风险 X_{n+1} 的在险价值。但是,由于后验均值对应的是平方损失,由此得到

在险价值的贝叶斯估计不再具有定理 8.2.1 中的最优性。

§8.2.2 指数—伽马模型下 VaR 的贝叶斯估计

为了说明 VaR 风险度量的最优预测(8.10)的计算及其性质,我们考虑下面的指数—伽马模型。

设风险参数 θ 服从 Gamma 分布,具有密度函数 $\pi(\theta)=\dfrac{\beta^{\lambda}}{\Gamma(\lambda)}\theta^{\lambda-1}e^{-\beta\theta}$, $\theta>0$,而在 θ 给定下,风险 X_i, $i=1,\cdots,n,n+1$ 具有指数分布,其共同的条件密度为 $f(x|\theta)=\theta e^{-\theta x}$, $x>0$。此时容易计算得到

$$\int\pi(\theta)\prod_{i=1}^{n}f(x_i|\theta)d\theta=\int\frac{\beta^{\lambda}}{\Gamma(\lambda)}\theta^{\lambda+n-1}e^{-(\beta+n\bar{x})\theta}d\theta=\frac{\beta^{\lambda}}{\Gamma(\lambda)}\frac{\Gamma(n+\lambda)}{(\beta+n\bar{x})^{n+\lambda}}$$

以及

$$\int\pi(\theta)\prod_{i=1}^{n}f(x_i|\theta)d\theta=\frac{\beta^{\lambda}}{\Gamma(\lambda)}\frac{\Gamma(n+\lambda+1)}{(\beta+n\bar{x}+x)^{n+\lambda+1}}$$

因此有

$$\pi(x|\underline{x_n})=\frac{(n+\lambda)(\beta+n\bar{x})^{n+\lambda}}{(\beta+n\bar{x}+x)^{n+\lambda+1}}\tag{8.14}$$

可以看出 $\pi(x|\underline{x_n})$ 是 Pareto 分布,其分布函数为

$$\Pi(x|\underline{x_n})=\int_0^x\frac{(n+\lambda)(\beta+n\bar{x})^{n+\lambda}}{(\beta+n\bar{x}+s)^{n+\lambda+1}}ds=1-\left(\frac{\beta+n\bar{x}}{\beta+n\bar{x}+x}\right)^{n+\lambda}\tag{8.15}$$

令 $\Pi(x|\underline{x_n})=\alpha$,则

$$\Pi^{-1}(\alpha|\underline{x_n})=(\beta+n\bar{x})\left[(1-\alpha)^{-\frac{1}{n+\lambda}}-1\right]\tag{8.16}$$

因此条件 VaR 的贝叶斯估计为:

$$\widehat{V_{\alpha}(\theta)}=(\beta+n\bar{X})\left[(1-\alpha)^{-\frac{1}{n+\lambda}}-1\right]\tag{8.17}$$

为了更好地讨论指数—伽马模型下估计(8.17)的统计性质,给出下面的引理。

引理 8.2.2 设 $\gamma\in(0,1)$,则下面的极限成立

$$\lim_{x\to+\infty}x(1-\gamma^{\frac{1}{x}})=\ln\frac{1}{\gamma}\tag{8.18}$$

进一步地,有

$$\lim_{x\to+\infty}\sqrt{x}\left[x(1-\gamma^{\frac{1}{x}})-\ln\frac{1}{\gamma}\right]=0\tag{8.19}$$

证明:根据极限的换元法和洛必达法则有

$$\lim_{x\to+\infty} x(1-\gamma^{\frac{1}{x}}) = \lim_{x\to 0+}\frac{(1-\gamma^{x})}{x} = \lim_{x\to 0+}[-\gamma^{x}\ln(\gamma)] = \ln\frac{1}{\gamma}.$$

类似地,两次利用极限的洛必达法则,有

$$\begin{aligned}\lim_{x\to+\infty}\sqrt{x}\left[x(1-\gamma^{\frac{1}{x}})-\ln\frac{1}{\gamma}\right] &= \lim_{x\to 0+}\frac{\frac{1}{x}(1-\gamma^{x})-\ln\frac{1}{\gamma}}{\sqrt{x}}\\ &= \lim_{x\to 0+}\frac{(1-\gamma^{x})-x\ln\frac{1}{\gamma}}{x^{\frac{3}{2}}}\\ &= \lim_{x\to 0+}\frac{-\gamma^{x}\ln\gamma-\ln\frac{1}{\gamma}}{\frac{3}{2}x^{\frac{1}{2}}}\\ &= \lim_{x\to 0+}\frac{2(\gamma^{x}-1)\ln\frac{1}{\gamma}}{3x^{\frac{1}{2}}}\\ &= \lim_{x\to 0+}\frac{4\gamma^{x}\ln\gamma\ln\frac{1}{\gamma}}{3x^{-\frac{1}{2}}}\\ &= 0\end{aligned}$$

下面我们考虑估计(8.17)的强相合性和渐近正态性。

命题 8.2.2 若风险参数 θ 服从 Gamma(λ,β) 分布,且在 θ 给定下,风险 $X_1,\cdots,X_{n+1}$ 相互独立并且都服从指数分布 $f(x|\theta)=\theta e^{-\theta x}, x>0$。则 VaR 度量的贝叶斯估计(8.17)是 $V_\alpha(\theta)$ 的强相合估计。

证明:在指数—伽马模型下,条件 VaR 风险度量为

$$V_\alpha(\theta)=\frac{1}{\theta}\ln\left(\frac{1}{1-\alpha}\right). \tag{8.20}$$

根据式(8.18),令 $\alpha=1-\gamma$,则有

$$\lim_{n\to\infty} n(1-(1-\alpha)^{\frac{1}{n}}) = \ln\frac{1}{1-\alpha}.$$

因此有

$$\lim_{n\to\infty} n((1-\alpha)^{-\frac{1}{n+\lambda}}-1) = \lim_{n\to\infty}\frac{n(1-(1-\alpha)^{\frac{1}{n+\lambda}})}{(1-\alpha)^{\frac{1}{n+\lambda}}} = \ln\frac{1}{1-\alpha}$$

根据强大数定律,则

$$\bar{X} \to E(X|\theta)=\frac{1}{\theta}, \text{a.s.}$$

因此

$$\begin{aligned}\widehat{V_\alpha(\theta)} &= (\beta+n\bar{X})\left[(1-\alpha)^{-\frac{1}{n+\lambda}}-1\right] \\ &= \left(\frac{\beta}{n}+\bar{X}\right)\left\{n\left[(1-\alpha)^{-\frac{1}{n+\lambda}}-1\right]\right\} \to \frac{1}{\theta}\ln\left(\frac{1}{1-\alpha}\right) \\ &= V_\alpha(\theta)\end{aligned}$$

命题 8.2.3　若风险参数 θ 服从 Gamma(λ,β) 分布,且在 θ 给定下,风险 $X_1,\cdots,X_{n+1}$ 相互独立服从指数分布 $f(x|\theta)=\theta e^{-\theta x}, x>0$。则 VaR 度量的贝叶斯估计(8.17)是渐近正态性的,即有

$$\sqrt{n}\left(\widehat{V_\alpha(\theta)}-V_\alpha(\theta)\right) \xrightarrow{L} N\left(0,\left(\frac{\ln(1-\alpha)}{\theta}\right)^2\right)$$

证明:根据式(8.19),取 α=1-γ,则

$$\lim_{n\to\infty}\sqrt{n}\left[n\left(1-(1-\alpha)^{\frac{1}{n+\lambda}}\right)-\ln\frac{1}{(1-\alpha)}\right]=0 \tag{8.21}$$

由独立同分布的中心极限定理,有

$$\sqrt{n}\left(\bar{X}-\frac{1}{\theta}\right) \xrightarrow{L} N\left(0,\frac{1}{\theta^2}\right) \tag{8.22}$$

记 $Y\sim N(0,\frac{1}{\theta^2})$,注意到

$$\sqrt{n}\left(\left(\bar{X}+\frac{\beta}{n}\right)-\frac{1}{\theta}\right)-\sqrt{n}\left(\bar{X}-\frac{1}{\theta}\right)=\frac{\beta}{\sqrt{n}} \xrightarrow{P} 0 \tag{8.23}$$

则根据 Slustky 定理,有

$$\sqrt{n}\left(\left(\bar{X}+\frac{\beta}{n}\right)-\frac{1}{\theta}\right) \xrightarrow{L} Y.$$

进而,由于$\frac{\beta}{n}+\bar{X} \to \frac{1}{\theta}$, a.s.,因此得到

$$\sqrt{n}\left(\left(\frac{\beta}{n}+\bar{X}\right)\frac{n\left[(1-\alpha)^{-\frac{1}{n+\lambda}}-1\right]}{\ln\left(\frac{1}{1-\alpha}\right)}-\frac{1}{\theta}\right)-\sqrt{n}\left(\left(\bar{X}+\frac{\beta}{n}\right)-\frac{1}{\theta}\right)$$

$$=\left(\frac{\beta}{n}+\bar{X}\right)\sqrt{n}\left\{\frac{n\left[(1-\alpha)^{-\frac{1}{n+\lambda}}-1\right]}{\ln\left(\frac{1}{1-\alpha}\right)}-1\right\}$$

$$=\left(\frac{\beta}{n}+\bar{X}\right)\frac{\sqrt{n}\left\{n\left[(1-\alpha)^{-\frac{1}{n+\lambda}}-1\right]\ln\left(\frac{1}{1-\alpha}\right)\right\}}{\ln\left(\frac{1}{1-\alpha}\right)}$$

$$\to 0$$

根据 Slustky 定理得到

$$\sqrt{n}\left(\left(\frac{\beta}{n}+\bar{X}\right)\frac{n\left[(1-\alpha)^{-\frac{1}{n+\lambda}}-1\right]}{\ln\left(\frac{1}{1-\alpha}\right)}-\frac{1}{\theta}\right)\xrightarrow{L}Y$$

进而，

$$\sqrt{n}\left(\left(\frac{\beta}{n}+\bar{X}\right)n\left[(1-\alpha)^{-\frac{1}{n+\lambda}}-1\right]-\frac{1}{\theta}\ln\left(\frac{1}{1-\alpha}\right)\right)$$

$$=\ln\left(\frac{1}{1-\alpha}\right)\sqrt{n}\left(\left(\frac{\beta}{n}+\bar{X}\right)\frac{n\left[(1-\alpha)^{-\frac{1}{n+\lambda}}-1\right]}{\ln\left(\frac{1}{1-\alpha}\right)}-\frac{1}{\theta}\right)\xrightarrow{L}Y\ln\left(\frac{1}{1-\alpha}\right)$$

即有

$$\sqrt{n}\left(\widehat{V_\alpha(\theta)}-V_\alpha(\theta)\right)\xrightarrow{L}N\left(0,\left(\frac{\ln(1-\alpha)}{\theta}\right)^2\right)$$

注记 8.2.6 命题 8.2.2、命题 8.2.3 分别给出了指数—伽马模型下在险价值度量贝叶斯估计的强相合性和渐近正态性。在一般的贝叶斯模型下，由于 VaR 的贝叶斯估计(8.10)没有显示表达式，因此估计的大样本性质很难证明。然而，在正规条件下，后验分布是相合的，即有

$$\pi(\theta|\underline{X}_n)\to P_\theta,\ \text{a.s.} \tag{8.24}$$

其中 P_θ 为 θ 处的退化分布，可参考 Barron 等(1999)、Walker(2004)等。因此在一定条件下，有

$$\Pi(x|\underline{X}_n)=\int F_X(x|\theta)\pi(\theta|\underline{X}_n)d\theta\to F_X(x|\theta),\ \text{a.s.}$$

进而有

$$\widehat{V_\alpha(\theta)}=\Pi^{-1}(\alpha|\underline{X}_n)\to F_X^{-1}(x|\theta)=V_\alpha(\theta).$$

关于这些等式的严格证明超出本章考虑的范围。

§8.2.3 在险价值度量的信度估计

上一节将 $V_{\alpha}(\theta)$ 的贝叶斯估计定义为 X_{n+1} 的预测分布在 α 处的分位数 $\Pi^{-1}(\alpha|\underline{X_n})$，即

$$\widehat{V_{\alpha}(\theta)}^{B}=\Pi^{-1}(\alpha|\underline{X_n}). \tag{8.25}$$

其中 $\Pi(x|\underline{X_n})=P(X_{n+1}\leqslant x|\underline{X_n})$ 为 X_{n+1} 的预测分布函数。

然而，给定样本 $\underline{X_n}=\underline{x_n}$ 时，X_{n+1} 的预测分布函数对应的密度函数为

$$\pi(x|\underline{X_n})=\frac{\int\pi(\theta)\prod_{i=1}^{n}f(x_i|\theta)d\theta}{\int\pi(\theta)\prod_{i=1}^{n}f(x_i|\theta)d\theta}. \tag{8.26}$$

显然，预测分布在 α 处的分位数 $\Pi^{-1}(\alpha|\underline{X_n})$ 不仅依赖于样本的分布 $f(x|\theta)$，而且依赖于具体的先验分布 $\pi(\theta)$ 的形式。然而，在实际运用中，这些分布，特别是先验分布 $\pi(\theta)$ 的具体形式，一般是未知且无法观测的。进一步分析可知，即使知道样本分布 $f(x|\theta)$ 和先验分布 $\pi(\theta)$ 的具体形式，一般也无法得到贝叶斯估计的显示表达式，仅仅在个别特殊分布下才具有较好的统计性质。

解决这个问题的方法之一就是利用信度理论。

显然，样本 α 分位数 $X_{[n\alpha]+1}$ 是 $V_{\alpha}(\theta)$ 的一个"Plug-in"估计，而 $V_0=E[V_{\alpha}(\theta)]$ 也是 $V_{\alpha}(\theta)$ 的一个很自然的估计。从信度理论得到启发，本节将寻求类似于 $\widehat{V_{\alpha}(\theta)}=wX_{[n\alpha]+1}+(1-w)V_0$ 的加权形式的估计，且使均方损失

$$\min_{w\in R}E[(V\alpha(\theta)-wX_{[n\alpha]+1}-(1-w)V_0)^2] \tag{8.27}$$

达到最小。由此，得到下面的定理。

定理 8.2.2 假定风险参数 θ 给定下，$X_1,X_2,\cdots,X_n$ 独立同分布于 $F_X(x|\theta)$，而风险参数 θ 服从先验分布 $\pi(\theta)$。记 $V_{\alpha}(\theta)=F_X^{-1}(\alpha|\theta)$ 为风险 X 的在险价值度量，则求解式(8.27)得到 $V_{\alpha}(\theta)$ 的加权估计

$$\widehat{V_{\alpha}(\theta)}=wX_{[n\alpha]+1}+(1-w)V_0 \tag{8.28}$$

其中"权重"w 为

$$w=\frac{E[(X_{[n\alpha]+1}-V_0)(V_{\alpha}(\theta)-V_0)]}{E[(X_{[n\alpha]+1}-V_0)^2]}. \tag{8.29}$$

证明：记

$$\Phi=E[(V\alpha(\theta)-wX_{[n\alpha]+1}-(1-w)V_0)^2].$$

关于 Φ 对 w 求导并令导数为零，则得到下面的正规方程：

$$\frac{\partial \Phi}{\partial w}=-2E[((V_\alpha(\theta)-V_0)-w(X_{[n\alpha]+1}-V_0))(X_{[n\alpha]+1}-V_0)]=0.$$

解得

$$w=\frac{E[(X_{[n\alpha]+1}-V_0)(V_\alpha(\theta)-V_0)]}{E[(X_{[n\alpha]+1}-V_0)^2]}. \tag{8.30}$$

一般情况下，估计(8.28)中的权重 w 并不能满足 $0\leqslant w\leqslant 1$，即不是真正意义上的权重。根据双重期望公式有

$$\begin{aligned}E[(X_{[n\alpha]+1}-V_0)(V_\alpha(\theta)-V_0)]&=E\{E[(X_{[n\alpha]+1}-V_0)(V_\alpha(\theta)-V_0)|\theta]\}\\&=E\{(E(X_{[n\alpha]+1}|\theta)-V_0)(V_\alpha(\theta)-V_0)\}\end{aligned}$$

又根据方差的双重期望公式得到

$$\begin{aligned}E[(X_{[n\alpha]+1}-V_0)^2]=&E[Var(X_{[n\alpha]+1}|\theta)]+Var[E(X_{[n\alpha]+1}|\theta)]+\\&[E(X_{[n\alpha]+1}|\theta)-V_0]^2.\end{aligned}$$

显然，当满足条件 $E(X_{[n\alpha]+1}|\theta)=V_\alpha(\theta)$ 时，有

$$E[(X_{[n\alpha]+1}-V_0)(V_\alpha(\theta)-V_0)]=Var(V_\alpha(\theta)),$$

以及

$$E[(X_{[n\alpha]+1}-V_0)^2]=E[Var(X_{[n\alpha]+1}|\theta)]+Var(V_\alpha(\theta))$$

因此我们给出下面的命题。

命题 8.2.4　若满足条件 $E(X_{[n\alpha]+1}|\theta)=V_\alpha(\theta)$，则估计(8.28)中的权重 w 可以表达为

$$w=\frac{Var(V_\alpha(\theta))}{E[Var(X_{[n\alpha]+1}|\theta)]+Var(V_\alpha(\theta))} \tag{8.31}$$

这时有 $0\leqslant w\leqslant 1$，为了区分将之记为 Z，并称

$$\widehat{V_\alpha(\theta)}^*=ZX_{[n\alpha]+1}+(1-Z)V_0 \tag{8.32}$$

为信度估计，其中

$$Z=\frac{Var(V_\alpha(\theta))}{E[Var(X_{[n\alpha]+1}|\theta)]+Var(V_\alpha(\theta))}. \tag{8.33}$$

为信度因子。

在一定条件下，样本 α 分位数 $X_{[n\alpha]+1}$ 是 $V_\alpha(\theta)$ 的渐近正态估计。表述为下面的引理。

引理 8.2.3　设 $X_1,X_2,\cdots,X_n$ 是来自具有密度函数 p(x) 的总体的一个样本，对给定的 $\alpha\in(0,1)$，p(x) 在总体的 α 分位数 V_α 处连续，且 $f(V_\alpha)>0$。定义 k，使得 $k=np+o(\sqrt{n})$，则有

$$\sqrt{n}\left(X_{(k)}-V_{\alpha}\right)\xrightarrow{L}N\left(0,\frac{\alpha(1-\alpha)}{\left(f\left(V_{\alpha}\right)\right)^{2}}\right).\tag{8.34}$$

由此,得到下面的定理。

定理 8.2.3　在模型假设 8.2.1、假设 8.2.2 下,若满足条件 $E(X_{[n\alpha]+1}|\theta)=V_{\alpha}(\theta)$,则估计(8.28)是渐近正态的,即有

$$\sqrt{n}\quad\widehat{V_{\alpha}(\theta)}^{*}-V_{\alpha}(\theta))\xrightarrow{L}N\left(0,\frac{\alpha(1-\alpha)}{\left[f\left(V_{\alpha}(\theta)\right)\right]^{2}}\right).\tag{8.35}$$

证明:显然,有$\frac{[np]+1-np}{\sqrt{n}}\to 0$,因此$[np]+1=np+o(\sqrt{n})$,则满足引理 8.2.3 的条件,在贝叶斯模型中,仍然有

$$\sqrt{n}\left(X_{[n\alpha]+1}-V_{\alpha}(\theta)\right)\xrightarrow{L}N\left(0,\frac{\alpha(1-\alpha)}{\left[f\left(V_{\alpha}(\theta)\right)\right]^{2}}\right).\tag{8.36}$$

因此有 $X_{[n\alpha]+1}\xrightarrow{p}V_{\alpha}(\theta)$ 以及

$$nVar(X_{[n\alpha]+1}|\theta)\to\frac{\alpha(1-\alpha)}{\left[f\left(V_{\alpha}(\theta)\right)\right]^{2}}$$

则由控制收敛定理,有

$$nE\left[Var(X_{[n\alpha]+1}|\theta)\right]\to E\left[\frac{\alpha(1-\alpha)}{\left[f\left(V_{\alpha}(\theta)\right)\right]^{2}}\right].\tag{8.37}$$

因此有

$$\sqrt{n}\left(\widehat{V_{\alpha}(\theta)}^{*}-V_{\alpha}(\theta)\right)-\sqrt{n}\left(X_{[n\alpha]+1}-V_{\alpha}(\theta)\right)=\sqrt{n}\left[ZX_{[n\alpha]+1}+(1-Z)V_{0}-X_{[n\alpha]+1}\right]$$

$$\sim\frac{\sqrt{n}E\left[\frac{\alpha(1-\alpha)}{\left[f\left(V_{\alpha}(\theta)\right)\right]^{2}}\right]\left(V_{0}-X_{[n\alpha]+1}\right)}{E\left[\frac{\alpha(1-\alpha)}{\left[f\left(V_{\alpha}(\theta)\right)\right]^{2}}\right]+nVar\left(V_{\alpha}(\theta)\right)}\to 0$$

由 Slutsky 定理得到

$$\sqrt{n}\left(\widehat{V_{\alpha}(\theta)}^{*}-V_{\alpha}(\theta)\right)=\sqrt{n}\quad\left(\widehat{V_{\alpha}(\theta)}^{*}-V_{\alpha}(\theta)\right)-\sqrt{n}\left(X_{[n\alpha]+1}-V_{\alpha}(\theta)\right)+\sqrt{n}\left(X_{[n\alpha]+1}-V_{\alpha}(\theta)\right)\xrightarrow{L}N\left(0,\frac{\alpha(1-\alpha)}{\left[f\left(V_{\alpha}(\theta)\right)\right]^{2}}\right).$$

另外,当 $n\to\infty$ 时,由式(8.37)可得 $E[Var(X_{[n\alpha]+1}|\theta)]\to 0$,因此有

$$Z=\frac{Var\left(V_{\alpha}(\theta)\right)}{E\left[Var(X_{[n\alpha]+1}|\theta)\right]+Var\left(V_{\alpha}(\theta)\right)}\to 1\tag{8.38}$$

由于 $X_{[n\alpha]+1}\longrightarrow V_{\alpha}(\theta)$, a.s.,由此得到信度估计$\widehat{V_{\alpha}(\theta)}^{*}$的相合性,叙述为

下面的定理。

定理 8.2.4　在贝叶斯模型中，若满足条件 $E(X_{[n\alpha]+1}|\theta)=V_\alpha(\theta)$，则信度估计 $\widehat{V_\alpha(\theta)}^*$ 是条件 VaR 的相合估计，即有

$$\widehat{V_\alpha(\theta)}^* \xrightarrow{a.s.} V_\alpha(\theta)$$

§8.2.4　信度估计的数值模拟

前面一节，我们讨论了信度估计的大样本性质，并证明了信度估计的渐近正态性和强相合性。但是，在实际使用中，样本容量一般是有限的，有必要讨论较小样本容量和中等样本容量下估计的效率。下面我们将利用数值模拟的方法来验证信度估计的相合性及收敛速度。

假设风险参数 θ 服从 Gamma(λ,β) 分布，且在 θ 给定下，风险 $X_1,\cdots,X_n$ 相互独立并且都服从指数分布 $f(x|\theta)=\theta e^{-\theta x}, x>0$。此时条件 VaR 风险度量为

$$V_\alpha(\theta)=\frac{1}{\theta}\ln\left(\frac{1}{1-\alpha}\right). \tag{8.39}$$

因此，有

$$V_0=E[V_\alpha(\theta)]=\frac{\beta\ln(1-\alpha)}{1-\lambda} \tag{8.40}$$

以及

$$\mathrm{Var}(V_\alpha(\theta))=\frac{\beta^2(\ln(1-\alpha))^2}{(\lambda-1)^2(\lambda-2)}, \lambda>2. \tag{8.41}$$

由于 $E[\mathrm{Var}(X_{[n\alpha]+1}|\theta)]$ 没有显示表达式，因此需要利用数值模拟的方法得到。

取 $\alpha=0.95,\lambda=4,\beta=2$，在不同的 n 下，取 $\theta=1.0,\theta=1.5,\theta=2.0,\theta=2.5,\theta=3.0,\theta=3.5,\theta=4.0$ 等不同的数值，通过模拟得到信度估计的平均值，以及相应的均方误差，得到表 8.1、表 8.2。

表 8.1　对 n=10 与 n=30 信度估计的相合性模拟结果

θ	n=10					n=30			
	$V_\alpha(\theta)$	$\widehat{V_\alpha(\theta)}^*$	Se_1	$X_{[n\alpha]+1}$	Se_2	$\widehat{V_\alpha(\theta)}^*$	Se_1	$X_{[n\alpha]+1}$	Se_2
$\theta=1.0$	2.9957	2.6561	0.9767	2.8537	1.1989	2.9106	0.7120	3.0019	0.7776
$\theta=1.5$	1.9972	1.9768	0.6192	1.9707	0.8049	1.9840	0.4622	1.9827	0.5084
$\theta=2.0$	1.4979	1.5779	0.4623	1.4521	0.5937	1.5441	0.3631	1.4987	0.3961

续表

θ	n=10					n=30			
	$V_\alpha(\theta)$	$\widehat{\bar{V}_\alpha(\theta)}^*$	Se_1	$X_{[n\alpha]+1}$	Se_2	$\widehat{V_\alpha(\theta)}^*$	Se_1	$X_{[n\alpha]+1}$	Se_2
θ=2.5	1.1983	1.3398	0.3848	1.1427	0.4685	1.2646	0.2991	1.1913	0.3209
θ=3.0	0.9986	1.2262	0.3956	0.9950	0.4206	1.0922	0.2532	1.0017	0.2588
θ=3.5	0.8559	1.0904	0.3392	0.8184	0.3209	0.9659	0.2355	0.8627	0.2292
θ=4.0	0.7489	1.0315	0.3756	0.7419	0.3218	0.8573	0.2032	0.7433	0.1892

表 8.2　对 n=80 与 n=500 信度估计的相合性模拟结果

θ	n=80					n=500			
	$V_\alpha(\theta)$	$\widehat{\bar{V}_\alpha(\theta)}^*$	Se_1	$X_{[n\alpha]+1}$	Se_2	$\widehat{V_\alpha(\theta)}^*$	Se_1	$X_{[n\alpha]+1}$	Se_2
θ=1.0	2.9957	3.1003	0.5139	3.1416	0.5421	3.0132	0.1993	3.0193	0.2011
θ=1.5	1.9972	2.0857	0.3452	2.0890	0.3582	2.0110	0.1317	2.0110	0.1325
θ=2.0	1.4979	1.5779	0.2627	1.5622	0.2675	1.5083	0.0982	1.5054	0.0985
θ=2.5	1.1983	1.2818	0.2146	1.2550	0.2128	1.2122	0.0788	1.2075	0.0786
θ=3.0	0.9986	1.0755	0.1827	1.0409	0.1771	1.0123	0.0661	1.0064	0.0656
θ=3.5	0.8559	0.9340	0.1645	0.8941	0.1550	0.8685	0.0574	0.8617	0.0566
θ=4.0	0.7489	0.8292	0.1497	0.7855	0.1360	0.7617	0.0512	0.7543	0.0501

在表 8.1、表 8.2 中，$\widehat{V_\alpha(\theta)}^*$ 与 Se_1 表示信度估计在模拟中的均值与均方标准差，而 $X_{[n\alpha]+1}$ 和 Se_2 表示样本的 α 分位数的均值及其均方标准差。从模拟的结果看，信度估计 $\widehat{V_\alpha(\theta)}^*$ 的均方误差比样本 α 分位数的均方误差小，即信度估计比样本分位数估计较好。另外，随着样本容量的增大，均方误差呈现较小的趋势，且即使在样本容量较小的情况下估计的效率还是较好的。

§8.3　基于在险价值改进的风险度量

在实际使用中，人们发现 VaR 不是一种好的风险度量。

例 8.3.1 设有大量相同的一年期可违约债券,面值为 100 元。设当年购买时价格为 100 元。若一年后债券违约,则支付 0 元;若不违约,则支付 105 元。违约概率为 0.02,分别比较投资组合(A)100 份相同的债券;(B)100 份相互独立的不同债券。从风险的分散性看,组合 B 显然优于组合 A。下面我们来计算这两个投资组合的 VaR 度量。

记

$$Y_i=\begin{cases}1,\text{债券违约}\\0,\text{债券不违约}\end{cases}$$

设 L_i 表示债券 i 的损失,则有 $L_i=100Y_i-5(1-Y_i)$。对投资组合 A,$L_A=100L_1$,则

$$VaR_{0.95}(L_A)=-500.$$

对投资组合 B,有

$$L_B=\sum_{i=1}^{100}L_i=105S-500.$$

其中 $S=\sum_{i=1}^{100}Y_i\sim N(2,1.96)$。由于

$$0.95=P(L_B\leqslant x)=P\left(\frac{S-ES}{\sqrt{VarS}}\leqslant\frac{\frac{x+500}{105}-2}{\sqrt{1.96}}\right)$$

则容易得到 $VaR_{0.95}(L_B)=-48.185$。在这个例子中,$VaR_{0.95}(L_B)>VaR_{0.95}(L_A)$,这与实际矛盾。导致矛盾的主要原因是 VaR 度量不满足次可加性。

在 VaR 风险度量的基础上,人们提出改进的风险度量,包括 ES、CVaR、CTE、TVaR 等。

定义 8.3.1 对风险随机变量 X,定义

$$ES_\alpha(X)=E(X-VaR_\alpha(X))_+ \tag{8.42}$$

称为期望短缺(Expected Shortfall)。称

$$CVaR_\alpha(X)=E(X-VaR_\alpha(X)\mid X>VaR_\alpha(X)), \tag{8.43}$$

为条件在险价值(Conditional Value at Risk,CVaR)。定义

$$CTE_\alpha(X)=E(X\mid X>VaR_\alpha(X)) \tag{8.44}$$

称为风险 X 的条件尾期望(Conditional Tail Expectation,CTE)。而称

$$TVaR_\alpha(X)=\frac{\int_\alpha^1 VaRq(X)\,dq}{1-\alpha}, \tag{8.45}$$

为尾在险价值(Tail Valueat Risk,TVaR)。

注记 8.3.1 对于非负连续型风险随机变量,其期望短缺 $ES_\alpha(X)$ 为

$$ES_\alpha(X)=\int_{VaR_\alpha(X)}^{\infty}\bar{F}(x)\,dx. \tag{8.46}$$

而条件尾期望为

$$CTE_\alpha(X)=\frac{\int_{VaR_\alpha(X)}^{\infty}x\,dF(x)}{P(X>VaR_\alpha(X))}=\frac{\int_{\alpha}^{1}VaR_q(X)\,dq}{1-\alpha}=TVaR_\alpha(X). \tag{8.47}$$

因此,本章仅考虑连续型风险随机变量,在下面的讨论中不讨论风险度量TVaR。

注记 8.3.2 对连续型随机变量 X, $\alpha\in(0,1)$,容易证明这些风险度量有下面的关系:

$$CTE_\alpha(X)=VaR_\alpha(X)+\frac{ES_\alpha(X)}{1-\alpha}.$$

以及

$$CVaR_\alpha(X)=CTE_\alpha(X)-VaR_\alpha(X)=\frac{ES_\alpha(X)}{1-\alpha}.$$

注记 8.3.3 风险度量 $ES_\alpha(X)$, $CVaR_\alpha(X)$, $CTE_\alpha(X)$ 以及 $TVaR_\alpha(X)$ 都是在 $VaR_\alpha(X)$ 基础上提出来的,容易验证都满足次可加性。

在实际使用中,由于风险 X 常常与某些风险特征有关,例如影响汽车保险的索赔包括汽车的型号、行驶的里程、汽车的性能和驾驶人的性别、驾车习惯等。这些因素的综合常常用某个风险参数 θ 表示。这时风险 X 的分布常写为 $F(x|\theta)$。由于风险的非齐次性,风险参数 θ 被假设为随机变量,具有某个先验分布 θ。因此风险度量 $H(X)$ 也依赖于风险参数 θ,因而也是未知的,需要根据已有的信息进行估计。习惯性地,此时风险度量记为 $H_\alpha(\theta)$。这里 $H_\alpha(\theta)$ 可以是 $VaR_\alpha(\theta)$, $ES_\alpha(\theta)$, $CVaR_\alpha(\theta)$, $CTE_\alpha(\theta)$, $TVaR_\alpha(\theta)$ 中的某一个,分别定义为

$$VaR_\alpha(\theta)=F_{X|\theta}^{-1}(\alpha),\ ES_\alpha(\theta)=E[(X-VaR_\alpha(\theta))_+|\theta]$$

以及

$$CVaR_\alpha(\theta)=E\{[X-VaR_\alpha(\theta)|X>VaR_\alpha(\theta),\theta]\},$$
$$CTE_\alpha(\theta)=E[X|X>VaR_\alpha(\theta),\theta].$$

§8.4　改进的风险度量的贝叶斯估计

在贝叶斯统计中,假设对风险 X 已有若干次观测 $X_1,\cdots,X_n$。这里 $X_1,\cdots,X_n$ 看成是 θ 给定条件下的样本,条件独立且服从共同的分布 $F(x|\theta)$。而 θ 的先验分布为 $\pi(\theta)$。我们需要根据样本信息和先验信息对风险度量 $H_\alpha(\theta)$ 进行估计。

在贝叶斯统计中,设 $g(\theta)$ 为参数 θ 的某个函数。若 $\delta(X_1,\cdots,X_n)$ 为 $g(\theta)$ 的一个估计,则称二元函数 $L(g(\theta),\delta(\underline{X_n}))$ 为损失函数,且称期望损失

$$R(g,\delta)=E[L(g(\theta),\delta(\underline{X_n}))]$$

为(先验)风险函数。

在数理统计中,常用的损失函数是平方损失

$$L(g(\theta),\delta(\underline{X_n}))=(g(\theta)-\delta(\underline{X_n}))^2.$$

这时风险函数即为均方误差

$$R(g,\delta)=E[(g(\theta)-\delta(\underline{X_n}))^2]=MSE_{g(\theta)}(\delta(\underline{X_n})). \tag{8.48}$$

根据贝叶斯定理,此时最小化风险函数 $R(g,\delta)$ 的最优估计为 $g(\theta)$ 的后验期望:

$$\widehat{g(\theta)}=\delta(\underline{X_n})=E[(g(\theta)|\underline{X_n})]. \tag{8.49}$$

因此我们得到相关风险度量的估计,叙述为下面的定理。

定理 8.4.1　*在平方损失函数下,在险价值 VaR 及其相关风险度量的最优估计为*

$$\widehat{H_\alpha(\theta)}=E[(H_\alpha(\theta)|\underline{X_n})]. \tag{8.50}$$

这里 $H_\alpha(\theta)$ 可以取作 $VaR_\alpha(\theta)$,$ES_\alpha(\theta)$,$CVaR_\alpha(\theta)$,$CTE_\alpha(\theta)$ 中的某一个。

然而,选取平方损失函数仅仅是数学上的方便,在险价值度量实际上是损失函数

$$L_1(X,p)=(X-p)[\alpha-I(X<p)] \tag{8.51}$$

下使风险函数达到最小的估计。

引理 8.4.1　*若取损失函数(8.51),则 $VaR_\alpha(\theta)$ 是风险 X 在给定 θ 下的最优估计,即有*

$$VaR_\alpha(\theta)=\underset{P\in R}{\operatorname{argmin}}E[L_1(X,P)|\theta]. \tag{8.52}$$

显然,在估计 $VaR_\alpha(\theta)$ 时,应选损失函数 $L_1(X,P)$ 而不是平方损失。我们不直接估计 $VaR_\alpha(\theta)$,而在损失函数 $L_1(X,P)$ 下寻找 X_{n+1} 的最优预测。

定理 8.4.2　记 $\Pi(x|\underline{X_n})$ 为给定样本 $\underline{X_n}$ 下 X_{n+1} 的预测分布函数。则在损失函数(8.51)下,求解最小化问题

$$\min_{g\in\Gamma}E[L_1(X_{n+1},g(\underline{X_n}))]=\min_{g\in\Gamma}E[(X_{n+1}-g(\underline{X_n}))(\alpha-I(X_{n+1}<g(\underline{X_n})))] \tag{8.53}$$

得到未来风险 X_{n+1} 的最优估计为分布函数 $\Pi(x|\underline{X_n})$ 在 α 处的分位数,即

$$g(\underline{X_n})=\Pi^{-1}(\alpha|\underline{X_n}). \tag{8.54}$$

其中 $\Pi(x|\underline{X_n})=P(X_{n+1}\leqslant x|\underline{X_n})$ 为 X_{n+1} 的预测分布函数。

显然,贝叶斯预测 $\Pi^{-1}(\alpha|\underline{X_n})$ 是 $VaR_\alpha(\theta)$ 的一个估计,且在损失函数 $L_1(X,P)$ 下具有某种最优性。为方便,记

$$\widehat{VaR_\alpha(\theta)}^*=\Pi^{-1}(\alpha|\underline{X_n}). \tag{8.55}$$

由此,我们得到其他风险度量 $ES_\alpha(\theta)$, $CVaR_\alpha(\theta)$, $CTE_\alpha(\theta)$ 的贝叶斯预测。

定义 8.4.1　风险度量 $ES_\alpha(\theta)$, $CVaR_\alpha(\theta)$, $CTE_\alpha(\theta)$ 的贝叶斯预测定义为

$$\widehat{ES_\alpha(\theta)}^*=\int_{\widehat{VaR_\alpha(\theta)}^*}^{\infty}\overline{\Pi}(x|\underline{X_n})dx \tag{8.56}$$

$$\widehat{CVaR_\alpha(\theta)}^*=\frac{\widehat{ES_\alpha(X)}^*}{1-\alpha} \tag{8.57}$$

以及

$$\widehat{CTE_\alpha(\theta)}^*=\widehat{VaR_\alpha(\theta)}^*+\frac{\widehat{ES_\alpha(X)}^*}{1-\alpha} \tag{8.58}$$

注意到,当先验分布满足一定条件时,预测分布 $\Pi(x|\underline{X_n})$ 收敛于条件分布 $F(x|\theta)$,即有

$$\Pi(x|\underline{X_n})\to F(x|\theta),\ a.s. \tag{8.59}$$

因此,在满足正规条件下有

$$\Pi^{-1}(\alpha|\underline{X_n})\to F^{-1}(\alpha|\theta),\ a.s. \tag{8.60}$$

或者

$$\widehat{VaR_\alpha(\theta)}^*\to VaR_\alpha(\theta). \tag{8.61}$$

进一步地,可以证明其他风险度量贝叶斯预测的强相合性。对于一般风险模型中风险度量的贝叶斯预测的大样本性质的正规条件和理论证明超出了

本章的研究范围，我们不做深入讨论。但我们在下一小节中将给出指数风险模型，在指数风险模型中详细讨论这些风险度量贝叶斯预测及相应的大样本性质。

§8.4.1　指数风险模型中风险度量的贝叶斯估计

为了得到风险度量 $H_\alpha(\theta)$ 的贝叶斯估计的表达式，且验证估计的大样本性质，本小节将构造风险 X 的指数模型。指数分布是概率统计中的重要分布，由于它是满足“无记忆性”的唯一的连续型分布，因此在可靠性统计、生存分析中都有重要的应用。

定义 8.4.2　如果随机变量 X 的密度函数为

$$f(x,\theta)=\theta e^{-\theta x}, x>0, \tag{8.62}$$

则称随机变量 X 具有参数为 θ 的指数分布，记为 $X\sim Exp(\theta)$。

由于风险的非齐次性，常常假设参数 θ 是随机变量，具有先验分布 $\pi(\theta)$。由于指数分布中 θ 的 Fisher 信息为

$$\pi(\theta)=-E\left[\frac{\partial^2 \ln f(X,\theta)}{\partial\theta^2}\right]=\frac{1}{\theta^2}, \tag{8.63}$$

根据无信息先验分布的取法，先验信息

$$\pi(\theta)\propto[I(\theta)]^{\frac{1}{2}}=\frac{1}{\theta}$$

正是伽马分布 Gamma(λ,β) 当 β→0，λ→0 的特殊情况。因此后面我们取 Gamma(λ,β)作为 θ 的先验分布，其先验分布的密度为

$$\pi(\theta)=\frac{\beta\lambda}{\Gamma(\lambda)}\theta^{\lambda-1}e^{-\beta\theta}, \theta>0.$$

在指数分布风险模型中，容易计算得到 $VaR_\alpha(\theta)$，$ES_\alpha(\theta)$，$CVaR_\alpha(\theta)$，$CTE_\alpha(\theta)$的表达式，叙述为下面的命题。

命题 8.4.1　在指数分布模型中，在险价值度量为

$$VaR_\alpha(\theta)=\frac{1}{\theta}\ln\left(\frac{1}{1-\alpha}\right). \tag{8.64}$$

期望短缺有下面的表达：

$$ES_\alpha(\theta)=\frac{1}{\theta}(1-\alpha). \tag{8.65}$$

条件在险价值度量 CVaR 度量为

$$CVaR_\alpha(\theta)=\frac{1}{\theta}. \tag{8.66}$$

风险 X 的尾在险价值度量为

$$\mathrm{CTE}_\alpha(\theta)=\frac{1}{\theta}\ln\left(\frac{1}{1-\alpha}\right)+\frac{1}{\theta}. \tag{8.67}$$

在指数风险模型中，虽然得到了各个风险度量的具体表达式。然而，由于θ是不可观测的随机变量，因而这些风险度量也是未知的，需要根据样本信息来估计。在平方损失函数下，根据式(8.50)可得到各个风险度量的贝叶斯估计，叙述为下面的命题。

命题 8.4.2　在险价值度量的贝叶斯估计为

$$\widehat{\mathrm{VaR}_\alpha(\theta)}=\frac{\beta+n\bar{X}}{n+\lambda-1}\ln\left(\frac{1}{1-\alpha}\right) \tag{8.68}$$

期望短缺度量 ES 的贝叶斯估计为

$$\widehat{\mathrm{ES}_\alpha(\theta)}=\frac{\beta+n\bar{X}}{n+\lambda-1}(1-\alpha). \tag{8.69}$$

条件在险价值度量 CVaR 的贝叶斯估计为

$$\widehat{\mathrm{CVaR}_\alpha(\theta)}=\frac{\beta+n\bar{X}}{n+\lambda-1}. \tag{8.70}$$

风险 X 的尾在险价值度量 CTE 的贝叶斯估计为

$$\widehat{\mathrm{CTE}_\alpha(\theta)}=\frac{\beta+n\bar{X}}{n+\lambda-1}\left(\ln\left(\frac{1}{1-\alpha}\right)+1\right). \tag{8.71}$$

且当 $n\to\infty$ 时，估计 $\widehat{\mathrm{VaR}_\alpha(\theta)}$，$\widehat{\mathrm{ES}_\alpha(\theta)}$，$\widehat{\mathrm{CVaR}_\alpha(\theta)}$，$\widehat{\mathrm{CTE}_\alpha(\theta)}$ 分别是各自风险度量的强相合估计。

证明：根据大数定律，有

$$\bar{X}\to E(X|\theta)=\frac{1}{\theta},\text{a.s.}$$

因而

$$\frac{\beta+n\bar{X}}{n+\lambda-1}\to\frac{1}{\theta},\text{a.s.}$$

则容易得到

$$\widehat{\mathrm{VaR}_\alpha(\theta)}=\frac{\beta+n\bar{X}}{n+\lambda-1}\ln\left(\frac{1}{1-\alpha}\right)\to\frac{1}{\theta}\ln\frac{1}{1-\alpha}=\mathrm{VaR}_\alpha(\theta).$$

类似地，可以证明，当 $n\to\infty$ 时，估计 $\widehat{\mathrm{ES}_\alpha(\theta)}$，$\widehat{\mathrm{CVaR}_\alpha(\theta)}$，$\widehat{\mathrm{CTE}_\alpha(\theta)}$分别是各自风险度量的强相合估计。

命题 8.4.3　在指数风险模型中，估计 $\widehat{\mathrm{VaR}_\alpha(\theta)}$，$\widehat{\mathrm{ES}_\alpha(\theta)}$，$\widehat{\mathrm{CTE}_\alpha(\theta)}$，

$\widehat{CVaR_\alpha(\theta)}$ 都满足渐近正态性,即有

$$\sqrt{n}\left(\widehat{VaR_\alpha(\theta)}-VaR_\alpha(\theta)\right)\xrightarrow{L}N\left(0,\left(\frac{\ln(1-\alpha)}{\theta}\right)^2\right) \tag{8.72}$$

$$\sqrt{n}\left(\widehat{ES_\alpha(\theta)}-ES_\alpha(\theta)\right)\xrightarrow{L}N\left(0,\left(\frac{1-\alpha}{\theta}\right)^2\right) \tag{8.73}$$

$$\sqrt{n}\left(\widehat{CVaR_\alpha(\theta)}-CVaR_\alpha(\theta)\right)\xrightarrow{L}N\left(0,\frac{1}{\theta^2}\right) \tag{8.74}$$

$$\sqrt{n}\left(\widehat{CET_\alpha(\theta)}-CTE_\alpha(\theta)\right)\xrightarrow{L}N\left(0,\left(\frac{1-\ln(1-\alpha)}{\theta}\right)^2\right) \tag{8.75}$$

证明:容易证明

$$\lim_{n\to+\infty}\sqrt{n}\left(\frac{\beta+n\bar{X}}{n+\lambda-1}-\bar{X}\right)=\lim_{n\to+\infty}\frac{\beta-\lambda\bar{X}+\bar{X}}{\sqrt{n}+\frac{\lambda-1}{\sqrt{n}}}=0$$

由独立同分布的中心极限定理,我们可以得到

$$\sqrt{n}\left(\bar{X}-\frac{1}{\theta}\right)\xrightarrow{L}N\left(0,\frac{1}{\theta^2}\right)$$

注意到

$$\sqrt{n}\left(\frac{\beta+n\bar{X}}{n+\lambda-1}-\frac{1}{\theta}\right)-\sqrt{n}\left(\bar{X}-\frac{1}{\theta}\right)=\sqrt{n}\left(\frac{\beta+n\bar{X}}{n+\lambda-1}-\bar{X}\right)\to 0$$

根据 Slustky 定理可以得到

$$\sqrt{n}\left(\frac{\beta+n\bar{X}}{n+\lambda-1}-\bar{X}\right)\xrightarrow{L}N\left(0,\frac{1}{\theta^2}\right)$$

因此

$$\sqrt{n}\left(\frac{\beta+n\bar{X}}{n+\lambda-1}\ln\frac{1}{1-\alpha}-\frac{1}{\theta}\ln\frac{1}{1-\alpha}\right)=\ln\frac{1}{1-\alpha}\sqrt{n}\left(\frac{\beta+n\bar{X}}{n+\lambda-1}-\frac{1}{\theta}\right)\xrightarrow{L}\ln\frac{1}{1-\alpha}N\left(0,\frac{1}{\theta^2}\right)$$

即

$$\sqrt{n}\left(\widehat{VaR_\alpha(\theta)}-VaR\alpha(\theta)\right)\xrightarrow{L}N\left(0,\left(\frac{\ln(1-\alpha)}{\theta}\right)^2\right).$$

类似地可证 $\widehat{ES_\alpha(\theta)}$,$\widehat{CTE_\alpha(\theta)}$,$\widehat{CVaR_\alpha(\theta)}$ 都满足渐近正态性。

为了得到风险度量的贝叶斯预测,首先需要求出 X_{n+1} 的预测分布。由于风险参数 θ 服从 Gamma 分布,具有概率密度函数 $\pi(\theta)=\frac{\beta^\lambda}{\Gamma(\lambda)}\theta^{\lambda-1}e^{-\beta\theta}$,θ>0。在 θ 给定条件下,风险 $X_1,X_2,\cdots,X_{n+1}$ 服从指数分布,其共同的条件密度函数

为 $f(x|\theta)=\theta e^{-\theta x}, x>0$,则根据条件密度函数的求法可求得 X_{n+1} 的预测分布密度函数。

命题 8.4.4　在指数风险模型中,X_{n+1} 的预测分布密度函数为

$$\pi(x|\underline{x_n})=\frac{(n+\lambda)(\beta+n\bar{x})^{n+\lambda}}{(\beta+n\bar{x}+x)^{n+\lambda+1}} \tag{8.76}$$

对应的分布函数为

$$\Pi(x|\underline{x_n})=1-\left(\frac{\beta+n\bar{x}}{\beta+n\bar{x}+x}\right)^{n+\lambda}. \tag{8.77}$$

这里 $\underline{x_n}=(x_1,\cdots,x_n)^T$ 表示样本观测值。

证明:根据贝叶斯定理我们可以得到

$$\pi(x|\underline{x_n})=\frac{\int\pi(\theta)\prod_{i=1}^{n}f(x_i|\theta)d\theta}{\int\pi(\theta)\prod_{i=1}^{n}f(x_i|\theta)d\theta}=\frac{\int\frac{\beta^{\lambda}}{\Gamma(\alpha)}\theta^{n+\lambda}e^{(\beta+n\bar{x}+x)}d\theta}{\int\frac{\beta^{\lambda}}{\Gamma(\alpha)}\theta^{n+\lambda-1}e^{(\beta+n\bar{x})}d\theta}$$

$$=\frac{(n+\lambda)(\beta+n\bar{x})^{n+\lambda}}{(\beta+n\bar{x}+x)^{n+\lambda+1}}. \tag{8.78}$$

显然,这是参数为 $\beta+n\bar{x}$ 和 $n+\lambda$ 的帕累托分布,则预测分布函数为

$$\Pi(x|\underline{x_n})=\int_0^x\frac{(n+\lambda)(\beta+n\bar{x})^{n+\lambda}}{(\beta+n\bar{x}+s)^{n+\lambda+1}}ds=1-\left(\frac{\beta+n\bar{x}}{\beta+n\bar{x}+x}\right)^{n+\lambda}.$$

为了讨论风险度量的贝叶斯预测的大样本性质,给出下面的引理。

引理 8.4.2　设 $\alpha\in(0,1)$,则下面的极限成立

$$\lim_{x\to+\infty}x[1-(1-\alpha)^{\frac{1}{x+\lambda}}]=\ln\frac{1}{1-\alpha}. \tag{8.79}$$

进而,有

$$\lim_{x\to+\infty}\sqrt{x}\left(x((1-\alpha)^{-\frac{1}{x+\lambda}}-1)-\ln\frac{1}{1-\alpha}\right)=0. \tag{8.80}$$

以及

$$\lim_{x\to+\infty}\sqrt{x}\left(\frac{\beta+tx}{x+\lambda-1}(1-\alpha)^{-\frac{1}{x+\lambda}}-t\right)=0. \tag{8.81}$$

这里 t 为不依赖于 x 的一个常数。

证明:简单地运用换元和洛必达法则就可以证明,

$$\lim_{x\to+\infty}\sqrt{x}(1-(1-\alpha)^{\frac{1}{x+\lambda}})=\ln\frac{1}{1-\alpha}=\lim_{x\to0}\frac{1-\alpha^x}{x}=\lim_{x\to0}(-\alpha^x\ln\alpha)=\ln\frac{1}{\alpha}.$$

类似地,两次利用极限的洛必达法则,有

$$\lim_{x\to+\infty}\sqrt{x}\left(x\left(\left(1-\alpha\right)^{-\frac{1}{x+\lambda}}-1\right)-\ln\frac{1}{1-\alpha}\right)$$

$$=\lim_{x\to0^+}\sqrt{\frac{1}{x}}\left(\frac{1}{x}\left(\left(1-\alpha\right)^{-\frac{1}{\frac{1}{x}+\lambda}}-1\right)-\ln\frac{1}{1-\alpha}\right)$$

$$=\lim_{x\to0^+}\frac{\left(1-\alpha\right)^{-\frac{x}{x\lambda+1}}-1+x\ln\left(1-\alpha\right)}{x^{\frac{3}{2}}}$$

$$=\lim_{x\to0^+}\frac{-\ln\left(1-\alpha\right)\frac{1}{\left(x\lambda+1\right)^2}\left(1-\alpha\right)^{-\frac{x}{x\lambda+1}}+\ln\left(1-\alpha\right)}{\frac{3}{2}x^{\frac{1}{2}}}$$

$$=\lim_{x\to0^+}\frac{4\sqrt{x}\left(\ln\left(1-\alpha\right)+2\left(x\lambda+1\right)\right)\ln\left(1-\alpha\right)\left(1-\alpha\right)^{-\frac{x}{x\lambda+1}}}{3\left(x\lambda+1\right)^4}$$

$$=0.$$

另外还有

$$\lim_{x\to+\infty}\sqrt{x}\left(\frac{\beta+tx}{x+\lambda-1}\left(1-\alpha\right)^{-\frac{1}{x+\lambda}}-t\right)$$

$$=\lim_{x\to0^+}\frac{\frac{\beta x+t}{\left(\lambda-1\right)x+1}\left(1-\alpha\right)^{-\frac{x}{x\lambda+1}}-t}{x_{\frac{1}{2}}}$$

$$=\lim_{x\to0^+}\frac{\left(1-\alpha\right)^{-\frac{x}{x\lambda+1}}\left(\frac{\beta+t\left(\lambda-1\right)}{\left(\lambda x-x+1\right)^2}-\frac{\beta x+t}{\left(\lambda x-x+1\right)}\frac{\ln\left(1-\alpha\right)}{\left(\lambda x+1\right)^2}\right)}{\frac{1}{2}x^{-\frac{1}{2}}}$$

$$=0.$$

我们得到 VaR 及其相关风险度量的贝叶斯预测,表达为下面的命题。

命题 8.4.5　在险价值度量的贝叶斯预测为

$$\widehat{\mathrm{VaR}_\alpha(\theta)}^*=\left(\beta+n\overline{X}\right)\left(\left(1-\alpha\right)^{-\frac{1}{n+\lambda}}-1\right)\tag{8.82}$$

期望短缺价值度量 ES 的贝叶斯预测为

$$\widehat{\mathrm{ES}_\alpha(\theta)}^*=\frac{\beta+n\overline{X}}{n+\lambda-1}\left(1-\alpha\right)^{\frac{n+\lambda-1}{n+\lambda}}.\tag{8.83}$$

条件在险价值度量 CVaR 的贝叶斯预测为

$$\widehat{\mathrm{CVaR}_{\alpha}(\theta)}^{*}=\frac{\beta+n\bar{X}}{n+\lambda-1}(1-\alpha)^{-\frac{1}{n+\lambda}}. \tag{8.84}$$

风险 X 的尾在险价值度量 CTE 的贝叶斯预测为

$$\widehat{\mathrm{CTE}_{\alpha}(\theta)}^{*}=(\beta+n\bar{X})\left((1-\alpha)^{-\frac{1}{n+\lambda}}-1\right)+\frac{\beta+n\bar{X}}{n+\lambda-1}(1-\alpha)^{-\frac{1}{n+\lambda}}. \tag{8.85}$$

且当 $n\to\infty$ 时,估计 $\widehat{\mathrm{VaR}_{\alpha}(\theta)}^{*}$, $\widehat{\mathrm{ES}_{\alpha}(\theta)}^{*}$, $\widehat{\mathrm{CVaR}_{\alpha}(\theta)}^{*}$, $\widehat{\mathrm{CTE}_{\alpha}(\theta)}^{*}$ 分别是各自风险度量的强相合估计。

证明:根据引理有

$$\lim_{x\to+\infty} n\left(1-(1-\alpha)^{\frac{1}{n+\lambda}}\right)=\ln\frac{1}{1-\alpha}$$

所以有

$$\lim_{x\to+\infty} n\left((1-\alpha)^{-\frac{1}{n+\lambda}}-1\right)=\lim_{x\to+\infty} n\frac{1-(1-\alpha)^{\frac{1}{n+\lambda}}}{(1-\alpha)^{\frac{1}{n+\lambda}}}=\ln\frac{1}{1-\alpha}$$

又根据大数定律,可得

$$\bar{X}\to E(x\mid\theta)=\frac{1}{\theta},\mathrm{a.s.}$$

因此

$$\begin{aligned}\widehat{\mathrm{VaR}_{\alpha}(\theta)}^{*}&=(\beta+n\bar{X})\left((1-\alpha)^{-\frac{1}{n+\lambda}}-1\right)\\&=\left(\frac{\beta}{n}+\bar{X}\right)\left(n\left((1-\alpha)^{-\frac{1}{n+\lambda}}-1\right)\right)\\&\to\frac{1}{\theta}\ln\frac{1}{1-\alpha}\\&=\mathrm{VaR}_{\alpha}(\theta).\end{aligned}$$

另外有

$$\lim_{x\to+\infty}\frac{\beta+n\bar{X}}{n+\lambda-1}(1-\alpha)^{\frac{n+\lambda-1}{n+\lambda}}=\frac{1}{\theta}(1-\alpha).$$

$$\lim_{x\to+\infty}\frac{\beta+n\bar{X}}{n+\lambda-1}(1-\alpha)^{-\frac{1}{n+\lambda}}=\frac{1}{\theta}.$$

以及

$$\lim_{x\to+\infty}(\beta+n\bar{X})\left((1-\alpha)^{-\frac{1}{n+\lambda}}-1\right)+\frac{\beta+n\bar{X}}{n+\lambda-1}(1-\alpha)^{-\frac{1}{n+\lambda}}=\frac{1}{\theta}\ln\frac{1}{1-\alpha}+\frac{1}{\theta}$$

所以

$$\widehat{ES_\alpha(\theta)}^* \to ES\alpha(\theta),\ \widehat{CVaR_\alpha(\theta)}^* \to CVaR_\alpha(\theta),$$

以及

$$\widehat{CTE_\alpha(\theta)}^* \to CTE_\alpha(\theta), a.s..$$

下面我们将讨论风险度量的贝叶斯预测的渐近正态性。上一节证明了 $VaR_\alpha(\theta)$ 的贝叶斯预测 $\widehat{VaR_\alpha(\theta)}^*$ 是渐近正态的，其渐近方差为 $\left(\frac{\ln(1-\alpha)}{\theta}\right)^2$，即有

$$\sqrt{n}\left(\widehat{VaR_\alpha(\theta)}^* - VaR_\alpha(\theta)\right) \xrightarrow{L} N\left(0, \left(\frac{\ln(1-\alpha)}{\theta}\right)^2\right) \tag{8.86}$$

其他风险度量的贝叶斯预测也满足渐近正态性，叙述为下面的定理。

命题 8.4.6 在指数风险模型中，估计 $\widehat{ES_\alpha(\theta)}^*$，$\widehat{CVaR_\alpha(\theta)}^*$，$\widehat{CTE_\alpha(\theta)}^*$ 都满足渐近正态性，即有

$$\sqrt{n}\left[\widehat{ES_\alpha(\theta)}^* - ES_\alpha(\theta)\right] \xrightarrow{L} N\left(0, \left(\frac{1-\alpha}{\theta}\right)^2\right) \tag{8.87}$$

$$\sqrt{n}\left(\widehat{CVaR_\alpha(\theta)}^* - CVaR_\alpha(\theta)\right) \xrightarrow{L} N\left(0, \frac{1}{\theta^2}\right) \tag{8.88}$$

$$\sqrt{n}\left(\widehat{CTE_\alpha(\theta)}^* - CTE_\alpha(\theta)\right) \xrightarrow{L} N\left(0, \left(\frac{1-\ln(1-\alpha)}{\theta}\right)^2\right) \tag{8.89}$$

证明：根据引理 8.4.2 可得

$$\lim_{x\to+\infty}\sqrt{n}\left(\frac{\beta+n\bar{X}}{n+\lambda-1}(1-\alpha)^{-\frac{1}{n+\lambda}} - \bar{X}\right) = 0.$$

所以

$$\lim_{x\to+\infty}\sqrt{n}\left(\frac{\beta+n\bar{X}}{n+\lambda-1}(1-\alpha)^{-\frac{1}{n+\lambda}} - \frac{1}{\theta}\right) - \sqrt{n}\left(\bar{X} - \frac{1}{\theta}\right) = 0.$$

由独立同分布的中心极限定理，我们可以得到

$$\sqrt{n}\left(\bar{X} - \frac{1}{\theta}\right) \xrightarrow{L} N\left(0, \frac{1}{\theta^2}\right)$$

则根据 Slustky 定理，有

$$\sqrt{n}\left(\frac{\beta+n\bar{X}}{n+\lambda-1}(1-\alpha)^{-\frac{1}{n+\lambda}} - \frac{1}{\theta}\right) \xrightarrow{L} N\left(0, \frac{1}{\theta^2}\right)$$

进而

$$\sqrt{n}\left(\frac{\beta+n\bar{X}}{n+\lambda-1}(1-\alpha)^{\frac{n+\lambda+1}{n+\lambda}}-\frac{1}{\theta}(1-\alpha)\right)=(1-\alpha)\sqrt{n}\left(\frac{\beta+n\bar{X}}{n+\lambda-1}(1-\alpha)^{-\frac{1}{n+\lambda}}-\frac{1}{\theta}\right)$$
$$\xrightarrow{L}N\left(0,\frac{1}{\theta^2}\right)(1-\alpha)$$

即有

$$\sqrt{n}\left(\widehat{ES_\alpha(\theta)}^*-ES_\alpha(\theta)\right)\xrightarrow{L}N\left(0,\left(\frac{1-\alpha}{\theta}\right)^2\right)$$

另外,可以类似证明

$$\sqrt{n}\left(\left(\widehat{VaR_\alpha(\theta)}\right)^*-CVaR_\alpha(\theta)\right)\xrightarrow{L}N\left(0,\frac{1}{\theta^2}\right)$$

以及

$$\sqrt{n}\left(\widehat{CTE_\alpha(\theta)}^*-CTE_\alpha(\theta)\right)\xrightarrow{L}N\left(0,\frac{1-\ln(1-\alpha)}{\theta}\right).$$

§8.4.2 数值模拟

为了从数值上验证相关风险度量的贝叶斯估计的大样本性质及收敛的速度。我们对指数风险模型中相关风险度量的贝叶斯估计和贝叶斯预测进行数值模拟,比较各自的收敛速度情况。在模拟中取 $\alpha=0.95$,$\lambda=3$,$\beta=5$ 及取不同的 θ 和样本容量 n 值,每次从总体中抽样得到样本 $x_1,\cdots,x_n$,根据上一节得到的 VaR、ES、CTE、CVaR 的估计,计算其均方误差。取重复次数 m=10000,对上述过程重复 m 次,得到每个估计的平均值和其均方误差的平均值。结果如表 8.3~表 8.6 所示。

表 8.3 指数风险模型中 VaR 风险度量的贝叶斯估计($\alpha=0.95$)

θ	n=20					n=50			
	$VaR_\alpha(\theta)$	$\widehat{VaR_\alpha(\theta)}$	$\widehat{VaR_\alpha(\theta)}^*$	MSE_1	MSE_2	$\widehat{VaR_\alpha(\theta)}$	$\widehat{VaR_\alpha(\theta)}^*$	MSE_1	MSE_2
$\theta=0.5$	1.4979	1.9957	2.0408	0.3502	0.4018	1.7017	1.7180	0.0847	0.0925
$\theta=1.0$	2.9957	3.4198	3.4971	0.5906	0.6809	3.1738	3.2042	0.2040	0.2190
$\theta=1.5$	4.4936	4.8611	4.9709	1.0460	1.1804	4.6434	4.6878	0.4080	0.4307
$\theta=2.0$	5.9915	6.2687	6.4103	1.6791	1.8509	6.1016	6.1600	0.7156	0.7454
$\theta=2.5$	7.4893	7.6949	7.8688	2.5775	2.7950	7.5614	7.6338	1.1008	1.1375

表 8.4 指数风险模型中 ES 的贝叶斯估计($\alpha=0.95$)

θ	n=20					n=50			
	$ES_\alpha(\theta)$	$\widehat{ES_\alpha(\theta)}$	$\widehat{ES_\alpha(\theta)}^*$	MSE_1	MSE_2	$\widehat{ES_\alpha(\theta)}$	$\widehat{ES_\alpha(\theta)}^*$	MSE_1	MSE_2
θ=0.5	0.0250	0.0334	0.0382	0.0001	0.0002	0.0284	0.0301	0.00002	0.00004
θ=1.0	0.0500	0.0571	0.0654	0.0002	0.0004	0.0530	0.0562	0.00006	0.00009
θ=1.5	0.0750	0.0810	0.0928	0.0003	0.0007	0.0775	0.0821	0.0001	0.0002
θ=2.0	0.1000	0.1048	0.1201	0.0005	0.0010	0.1019	0.1079	0.0002	0.0003
θ=2.5	0.1250	0.1289	0.1478	0.0007	0.0015	0.1264	0.1339	0.0003	0.0004

表 8.5 指数风险模型中 CVaR 的贝叶斯估计($\alpha=0.95$)

θ	n=20					n=50			
	$CVaR_\alpha(\theta)$	$\widehat{CVaR_\alpha(\theta)}$	$\widehat{CVaR_\alpha(\theta)}^*$	MSE_1	MSE_2	$\widehat{CVaR_\alpha(\theta)}$	$\widehat{CVaR_\alpha(\theta)}^*$	MSE_1	MSE_2
θ=0.5	0.5000	0.6664	0.7636	0.0392	0.0846	0.5686	0.6023	0.0095	0.0158
θ=1.0	1.0000	1.1421	1.3087	0.0663	0.1559	1.0593	1.1221	0.0224	0.0361
θ=1.5	1.5000	1.6191	1.8553	0.1165	0.2606	1.5469	1.6386	0.0453	0.0675
θ=2.0	2.0000	2.0977	2.4037	0.1934	0.4044	2.0393	2.1602	0.0784	0.1119
θ=2.5	2.5000	2.5744	2.9500	0.2969	0.5851	2.5362	2.6866	0.1194	0.1674

表 8.6 指数风险模型中 CTE 的贝叶斯估计($\alpha=0.95$)

θ	n=20					n=50			
	$CTE_\alpha(\theta)$	$\widehat{CTE_\alpha(\theta)}$	$\widehat{CTE_\alpha(\theta)}^*$	MSE_1	MSE_2	$\widehat{CTE_\alpha(\theta)}$	$\widehat{CTE_\alpha(\theta)}^*$	MSE_1	MSE_2
θ=0.5	1.9979	2.6714	2.8141	0.6371	0.8700	2.1376	2.1614	0.0586	0.0667
θ=1.0	3.9957	4.5702	4.8144	1.0629	1.4836	4.1165	4.1623	0.1719	0.1885
θ=1.5	5.9936	6.4657	6.8112	1.8360	2.4586	6.1030	6.1709	0.3619	0.3891
θ=2.0	7.9915	8.3575	8.8041	2.9710	3.8088	8.0660	8.1556	0.6349	0.6704
θ=2.5	9.98931	0.24621	0.7938	4.6085	5.68831	0.04841	0.1601	0.9842	1.0318

表 8.3~表 8.6 中,$\widehat{H_\alpha(\theta)}$ 和 $\widehat{H_\alpha(\theta)}^*$ 分别表示相关风险度量的贝叶斯估计以及贝叶斯预测,而 MSE_1 和 MSE_2 分别是它们的均方标准差,可以看出,一般有 $MSE_1<MSE_2$,特别当样本容量增加时,贝叶斯估计$\widehat{H_\alpha(\theta)}$ 比$\widehat{H_\alpha(\theta)}^*$ 好。另外,从贝叶斯估计本身看,当样本容量较小时,估计的均方误差都很小,满足实际使用的需要。

第 9 章　分层随机效应线性模型中随机参数的线性贝叶斯估计

§ 9.1　引言

分层随机效应线性模型可视为线性模型的推广。在线性模型中,误差分量是统计独立的,然而这一假设并非总是成立的。即在有些情况下,误差项之间有函数关系。分层线性模型允许有不同的误差分量,误差分量是可以统计相关的,并不必要满足正态分布。当有不同的聚类存在时,同一聚类中的观测值是相关的,并且是正相关的。在这种情况下,一般的线性模型是不适用的,忽略这些关联会引发一些问题。关于分层广义线性模型的研究可参考 Lin 和 Lee(2007)、Kahane(2001)、McCoach 等(2006)等。

在传统的分层随机效应模型中,一般对随机效应和误差都有具体的分布假设,最常用的假设是正态分布,这种假设主要为数学上处理方便,因为正态分布具有很多重要的性质,使得相关的量进行统计推断时较为方便。然而,正态分布也有相应的缺点,一些研究者试图在其他分布假设下研究分层随机效应线性模型的统计推断问题,例如 Zellner(1976)、Lange 等(1989)考虑了重尾 t 分布的误差。事实上,任何具体的分布假设在实际中并不能得到合理的验证,更合理的模型是对随机效应和误差变量不作具体的分布假设。

在非寿险精算中,Bühlmann(2005)首次根据线性贝叶斯方法研究了无分布假设下净保费的信度估计。在信度模型的假设中,仅仅假设了随机变量的前两阶矩,在平方损失函数下得到了风险参数的线性贝叶斯估计。本章将借鉴 Bühlmann(2005)的信度理论思想,研究分层效应线性模型中随机参数的线性贝叶斯估计,从而推广经典的信度理论。

§9.2 分层随机效应线性模型

考虑下面的分层随机效应线性模型：

$$y_{it}=x'_{it}\beta+z'_{it}\alpha_i+\varepsilon_{it}, i=1,2,\cdots,n, t=1,2,\cdots,T_i \tag{9.1}$$

其中 $x_{it}=(x_{it1},x_{it2},\cdots,x_{itK})'$为 K 维解释变量。而 $\beta=(\beta_1,\beta_2,\cdots,\beta_K)'$为组间随机效应，$z_{it}=(z_{it1},z_{it2},\cdots,z_{itq})'$是 q 维解释变量，$\alpha_i=(\alpha_{i1},\alpha_{i2},\cdots,\alpha_{iq})'$为组内随机效应。

将式(9.1)表示的分层随机效应线性模型写成下面的向量形式

$$y_i=X_i\beta+Z_i\alpha_i+\varepsilon_i, i=1,2,\cdots,n \tag{9.2}$$

其中 $X_i=(x_{i1},x_{i2},\cdots,x_{iT_i})'$以及 $Z_i=(z_{i1},z_{i2},\cdots,z_{iT_i})'$分别为 $T_i\times K$ 维和 $T_i\times q$ 维的设计矩阵，$y_i=(y_{i1},y_{i2},\cdots,y_{iT_i})'$与 $\varepsilon_i=(\varepsilon_{i1},\varepsilon_{i2},\cdots,\varepsilon_{iT_i})'$，记 $y=(y'_1,y'_2,\cdots,y'_n)'$，$X=(X'_1,X'_2,\cdots,X'_n)'$，$Z=\mathrm{diag}(Z_1,\cdots,Z_n)$，$\varepsilon=(\varepsilon'_1,\varepsilon'_2,\cdots,\varepsilon'_n)'$以及 $\alpha=(\alpha'_1,\alpha'_2,\cdots,\alpha'_n)'$，其中 diag 表示对角矩阵。因此式(9.2)可以进一步表示为

$$y=X\beta+Z\alpha+\varepsilon. \tag{9.3}$$

显然 y 和 ε 是$\sum_{i=1}^{n}T_i$ 维向量，而 X 是一个$(\sum_{i=1}^{n}T_i)\times K$ 维矩阵，Z 是$(\sum_{i=1}^{n}T_i)\times nq$ 维矩阵，α 是一个 nq 维向量。另外，记

$$E(\beta)=\beta_0, \mathrm{Var}(\beta)=B, E(\alpha_i)=\alpha_{i,0}\mathrm{Var}(\alpha_i)=D_i, \mathrm{Var}(\varepsilon_i)=R_i,$$

且假设随机效应 α，β 和 ε 不相关，因此，我们有

$$E(\alpha)=(\alpha'_{1,0},\alpha'_{2,0},\cdots,\alpha'_{n,0})'\triangleq\alpha_0, \mathrm{Var}(\alpha)=\mathrm{diag}(D_1,D_2,\cdots,D_n)\triangleq D \tag{9.4}$$

$$E(\varepsilon)=0, \mathrm{Var}(\varepsilon)=\mathrm{diag}(R_1,R_2,..,R_n)\triangleq R \tag{9.5}$$

容易验证

$$\mathrm{Var}(y)=\mathrm{diag}(V_1,V_2,\ldots,V_n)\triangleq V. \tag{9.6}$$

其中

$$V_i=Z_iD_iZ'_i+R_i.$$

在经典的贝叶斯统计中，非随机参数 α_0，β_0，B，D 以及 V 一般假设是已知的，在贝叶斯统计中称这些参数为超参数或结构参数。本章也假设这些超参数是已知的。若这些超参数是未知的，则可以根据经验贝叶斯方法用样估计

超参数,进而对相关的量进行统计推断。关于经验贝叶斯方法可参考 Robin (1955,1964)和 Mashayekhi(2002)。

在混合效应线性模型中,一般假设 β 是非随机向量,而 α_i 是随机向量。如果在分层效应线性模型中将 β 的分布取为退化分布,则统计中的混合效应线性模型是模型(9.1)的推广。显然,固定效应线性模型也是本模型的特殊情况。

§ 9.3 随机参数的线性贝叶斯估计

在分层随机效应线性模型中,最重要的任务是根据样本 $y_1, y_2, \cdots, y_n$ 估计(预测)随机效应 β 和 α_i。显然,如果已知所有的误差分布和随机效应的先验分布,则根据贝叶斯定理,后验均值

$$\hat{\alpha}=E(\alpha \mid y_1, y_2, \cdots, y_n), \hat{\beta}=E(\beta \mid y_1, y_2, \cdots, y_n) \tag{9.7}$$

是平方损失函数下 α 和 β 的最优估计。然而,在实际运用中常常不能确定 α 和 β 的具体先验分布,而仅仅能识别随机参数的前两阶矩。根据信度理论的思想,将 α 和 β 的估计线性在样本的某些线性函数类中重新求解最小化期望平方损失,得到的估计称为线性贝叶斯估计或信度估计。

我们求解下面的最小化问题

$$\min_{A_0 \in R^{nq\times 1}, A_i \in R^{nq\times T_i'}, i=1,2,\cdots,n} E\left\{\left[\alpha-A_0-\sum_{i=1}^{n} A_i y_i\right]\left[\alpha-A_0-\sum_{i=1}^{n} A_i y_i\right]'\right\} \tag{9.8}$$

以及

$$\min_{B_0 \in R^{K\times 1}, B_i \in R^{K\times T_i'}, i=1,2,\cdots,n} E\left\{\left[\beta-B_0-\sum_{i=1}^{n} B_i y_i\right]\left[\beta-B_0-\sum_{i=1}^{n} B_i y_i\right]'\right\} \tag{9.9}$$

得到的估计分别记为 $\hat{\alpha}^*$ 以及 $\hat{\beta}^*$。为了方便,记

$$L_1(y,1)=\{A_0+\sum_{i=1}^{n} A_i y_i : A_0 \in R^{nq\times 1}, A_i \in R^{nq\times T'_i}, i=1,2,\cdots,n\}. \tag{9.10}$$

以及

$$L_2(y,1)=\{B_0+\sum_{i=1}^{n} B_i y_i : B_0 \in R^{K\times 1}, B_i \in R^{K\times T'_i}, i=1,2,\cdots,n\} \tag{9.11}$$

根据 Wen 等(2009),最优化问题式(9.8)和式(9.9)的解正是 α 和 β 在空间 $L_1(y,1)$ 及 $L_2(y,1)$ 上的正交投影,即有

$$\hat{\alpha}^*=\text{pro}(\alpha \mid L_1(y,1))=E(\alpha)+\text{Cov}(\alpha,y)\text{Var}^{-1}(y)(y-E(y)). \tag{9.12}$$

以及

$$\hat{\beta}^* = \mathrm{pro}(\beta | L_2(y,1)) = E(\beta) + \mathrm{Cov}(\beta, y)\mathrm{Var}^{-1}(y)(y - E(y)). \quad (9.13)$$

因此,为了得到信度估计 $\hat{\alpha}^*$ 和 $\hat{\beta}^*$,只需计算式(9.12)和式(9.13)中的方差和协方差矩阵。

定理 9.3.1　在分层随机效应线性模型中,随机效应 α 和 β 的线性贝叶斯估计为

$$\hat{\alpha}^* = \alpha_0 + DZ'(XBX' + V)^{-1}(y - X\beta_0 - Z\alpha_0) \quad (9.14)$$

以及

$$\hat{\beta}^* = \beta_0 + BX'(XBX' + V)^{-1}(y - X\beta_0 - Z\alpha_0). \quad (9.15)$$

其中 $V = \mathrm{diag}(V_1, V_2, \cdots, V_n)$ 以及 $V_i = Z_i D_i Z'_i + R_i$。

证明:根据分层随机效应线性模型的假设,有

$$\mathrm{Cov}(\alpha, y) = \mathrm{Cov}(\alpha, X\beta + Z\alpha + \varepsilon) = DZ' \quad (9.16)$$

进而,有

$$\mathrm{Var}(y) = \mathrm{Cov}(X\beta + Z\alpha + \varepsilon) = XBX' + ZDZ' + R = XBX' + V \quad (9.17)$$

注意到

$$y - Ey = y - X\beta_0 - Z\alpha_0. \quad (9.18)$$

将式(9.16)、式(9.17)和式(9.18)代入式(9.12),并注意到 $E(\alpha) = \alpha_0$,则 α 的线性贝叶斯估计为

$$\begin{aligned}\hat{\alpha}^* &= E\alpha + \mathrm{Cov}(\alpha, y)\mathrm{Var}^{-1}(y)(y - Ey)\\ &= \alpha_0 + DZ'(XBX' + V)^{-1}(y - X\beta_0 - Z\alpha_0).\end{aligned}$$

类似地,有

$$\mathrm{Cov}(\beta, y) = \mathrm{Cov}(\beta, X\beta + Z\alpha + \varepsilon) = BX'.$$

将上式代入式(9.13)则得到 β 的线性贝叶斯估计

$$\begin{aligned}\hat{\beta}^* &= E(\beta) + \mathrm{Cov}(\beta, y)\mathrm{Var}^{-1}(y)(y - Ey)\\ &= \beta_0 + BX'(XBX' + V)^{-1}(y - X\beta_0 - Z\alpha_0).\end{aligned}$$

注记 9.3.1　在 Luo 等(2014)的文章中,他们假设了随机效应 α,β 和误差 ε 都服从正态分布下得到了与定理 9.3.1 类似的线性贝叶斯估计 $\hat{\alpha}^*$ 和 $\hat{\beta}^*$。然而,在非寿险精算中,一般很难验证随机效应和误差的正态性。本章仅仅假设了随机效应和误差的前两阶矩,显然比 Luo 等(2004)更有运用价值。

注记 9.3.2　若随机参数 β 退化到非随机参数 β_0,则 β 的方差 B 为 0,此时 α 的线性贝叶斯估计退化为

$$\hat{\alpha}^* = \alpha_0 + DZ'V^{-1}(y - X\beta_0 - Z\alpha_0).$$

线性贝叶斯估计 $\hat{\alpha}^*$ 和 $\hat{\beta}^*$ 并不具有信度的加权形式。为了获得信度加权形式，我们先给出下面的引理。

引理 9.3.1　线性贝叶斯估计 $\hat{\alpha}^*$ 可以写为

$$\hat{\alpha}^*=\alpha_0+DZ'(V^{-1}-V^{-1}X(B^{-1}+X'V^{-1}X)^{-1}X'V^{-1})(y-X\beta_0-Z\alpha_0) \quad (9.19)$$

或者

$$\hat{\alpha}^*=[Z'(XBX'+R)^{-1}Z+D^{-1}]^{-1}[Z'(XBX'+R)^{-1}(y-X\beta_0)+D^{-1}\alpha_0]. \quad (9.20)$$

类似地，$\hat{\beta}^*$ 可以表示为

$$\hat{\beta}^*=(X'V^{-1}X+B^{-1})^{-1}[X'V^{-1}(y-Z\alpha_0)+B^{-1}\beta_0]. \quad (9.21)$$

证明：首先根据矩阵求逆公式，设 A 和 C 是可逆矩阵，则有

$$(A+BCD)^{-1}=A^{-1}-A^{-1}B(C^{-1}+DA^{-1}B)^{-1}DA^{-1}. \quad (9.22)$$

对式(9.14)运用式(9.22)得到式(9.19)。为了证明式(9.20)，注意到式(9.20)右边第二项为

$$Z'(XBX'+R)^{-1}(y-X\beta_0)+D^{-1}\alpha_0=Z'(XBX'+R)^{-1}(y-X\beta_0-Z\alpha_0)+Z'(XBX'+R)^{-1}Z\alpha_0+D^{-1}\alpha_0.$$

因此，式(9.20)的右边可以计算为

$$\begin{aligned}
&[Z'(XBX'+R)^{-1}Z+D^{-1}]^{-1}[Z'(XBX'+R)^{-1}(y-X\beta_0)+D^{-1}\alpha_0]\\
&=[Z'(XBX'+R)^{-1}Z+D^{-1}]\alpha_0\\
&\quad+[Z'(XBX'+R)^{-1}Z+D^{-1}]^{-1}Z'(XBX'+R)^{-1}(y-X\beta_0-Z\alpha_0)\\
&=\alpha_0+(D-DZ'(XBX'+R+ZDZ')^{-1}ZD)[Z'(XBX'+R)^{-1}(y-X\beta_0-Z\alpha_0)]\\
&=\alpha_0+(D-DZ'(XBX'+V)^{-1}ZD)[Z'(XBX'+R)^{-1}(y-X\beta_0-Z\alpha_0)]\\
&=\alpha_0+DZ'((XBX'+R)^{-1}-(XBX'+V)^{-1}ZDZ'(XBX'+R)^{-1})(y-X\beta_0-Z\alpha_0)\\
&=\alpha_0+DZ'(I-(XBX'+V)^{-1}ZDZ')(XBX'+R)^{-1}(y-X\beta_0-Z\alpha_0)\\
&=\alpha_0+DZ'(XBX'+V)^{-1}(y-X\beta_0-Z\alpha_0)\\
&=\hat{\alpha}^*.
\end{aligned}$$

因此证明了式(9.20)，类似可以证明式(9.21)。

定理 9.3.2　在分层随机效应线性模型中，随机效应参数 α 的真正信度形式为

$$\hat{\alpha}^*=(I-H)\hat{\alpha}^*|_{D^{-1}=0}+H\hat{\alpha}^*|_{D=0}, \quad (9.23)$$

其中信度因子矩阵为

$$H=[Z'(XBX'+R)^{-1}Z+D^{-1}]^{-1}D-1,\ \hat{\alpha}^*|_{D=0}=\alpha_0,$$

$$\hat{\alpha}^*|_{D^{-1}=0}=[Z'(XBX'+R)^{-1}Z]^{-1}[Z'(XBX'+R)^{-1}(y-X\beta_0)]. \quad (9.24)$$

证明：在式(9.14)中令 $D=0$，得 $\hat{\alpha}^*|_{D=0}=\alpha_0$，在式(9.20)中令 $D^{-1}=0$ 有

$$\hat{\alpha}^*|_{D^{-1}=0}=[Z'(XBX'+R)^{-1}Z]^{-1}[Z'(XBX'+R)^{-1}(y-X\beta_0)] \tag{9.25}$$

因此得到

$$\begin{aligned}
&(I-H)\hat{\alpha}^*|_{D^{-1}=0}+H\hat{\alpha}^*|_{D=0}\\
&=(I-[Z'(XBX'+R)^{-1}Z+D^{-1}]^{-1}D^{-1})[Z'(XBX'+R)^{-1}(y-X\beta_0)]\\
&\quad+[Z'(XBX'+R)^{-1}Z+D^{-1}]^{-1}D^{-1}\alpha_0\\
&=[Z'(XBX'+R)^{-1}Z+D^{-1}]^{-1}Z'(XBX'+R)^{-1}(y-X\beta_0)\\
&\quad+[Z'(XBX'+R)^{-1}Z+D^{-1}]^{-1}D^{-1}\alpha_0\\
&=[Z'(XBX'+R)^{-1}Z+D^{-1}]^{-1}[Z'(XBX'+R)^{-1}(y-X\beta_0)+D^{-1}\alpha_0]\\
&=\hat{\alpha}^*
\end{aligned}$$

因此证明了定理9.3.2。

定理9.3.3　在分层随机效应线性模型中，随机效应参数 β 的真正信度形式为

$$\hat{\beta}^*=(I-F)\hat{\beta}^*|_{B^{-1}=0}+F\hat{\beta}^*|_{B=0} \tag{9.26}$$

其中信度因子矩阵为

$$F=(X'V^{-1}X+B^{-1})^{-1}B^{-1},\hat{\beta}^*|_{B=0}=\beta_0,$$

$$\hat{\beta}^*|_{B^{-1}=0}=(X'V^{-1}X)^{-1}[X'V^{-1}(y-Z\alpha_0)]. \tag{9.27}$$

证明：在式(9.19)和式(9.21)中分别令 $B=0$，以及 $B^{-1}=0$，得到 $\hat{\beta}^*|_{B=0}=\beta_0$ 和式(9.27)，根据式(9.21)有

$$\begin{aligned}
\hat{\beta}^*&=(X'V^{-1}X+B^{-1})^{-1}[X'V-1(y-Z\alpha_0)+B^{-1}\beta_0]\\
&=(X'V^{-1}X+B^{-1})^{-1}[(X'V^{-1}X)(X'V^{-1}X)^{-1}X'V^{-1}(y-Z\alpha_0)+B^{-1}\beta_0]\\
&=(I-F)\hat{\beta}^*|_{B^{-1}=0}+F\hat{\beta}^*|_{B=0}.
\end{aligned}$$

§9.4　与经典信度模型的比较

上面讨论的分层随机效应线性模型推广了非寿险精算中许多模型，其中不仅包括 Bühlmann(1967)模型、Hachemeister(1975)回归信度模型，而且还包括了具有共同效应的信度模型。

§9.4.1　Bühlmann 模型

在分层随机效应线性模型(9.1)中，如果假设 $K=q=1$，$X_i=Z_i=1_{T_i}$，且假设

随机效应 β 的方差为 $B=0$，则该模型退化为

$$y_{it}=\beta_0+\alpha_i+\varepsilon_{it}, i=1,2,\cdots,n, t=1,2,\cdots,T_i \tag{9.28}$$

假设 $E(\alpha_i)=\alpha_0$，$Var(\alpha_i)=\sigma_\alpha^2$，$E(\varepsilon_{it})=0$，$Var(\varepsilon_{it})=\sigma_\varepsilon^2$，则相应的参数为

$$\mu(\beta_0,\alpha_i)\triangleq E(y_{it}|\beta_0,\alpha_i)=\beta_0+\alpha_i, \mu_0\triangleq E(y_{it})=E(E(y_{it}|\beta_0,\alpha_i))=\beta_0+\alpha_0$$

以及

$$Var(y_{it}|\beta_0,\alpha_i)=\sigma_\varepsilon^2, Var(\mu(\beta_0,\alpha_i))=\sigma_\alpha^2.$$

这正是 Bühlmann(1967)给出的信度模型。此时随机参数 $\mu(\beta_0,\alpha_i)$ 的信度估计为

$$\widehat{\mu(\beta,\alpha_i)}^*=\zeta_i\overline{y_i}+(1-\zeta_i)\mu_0, \tag{9.29}$$

其中 $\overline{y_i}=\frac{1}{T_i}\sum_{t=1}^{T_i}y_{it}$，且信度因子为 $\zeta_i=\frac{T_i\sigma_\alpha^2}{T_i\sigma_\alpha^2+\sigma_\varepsilon^2}$。

与式(9.2)和式(9.3)相比，有

$$X=1_{\sum_{i=1}^n T_i}, Z=diag(1_{T_1},1_{T_2},\cdots,1_{T_n}), E(\beta)=\beta_0, \tag{9.30}$$

以及

$$E(\alpha)=\alpha_0=(\alpha_{1,0},\alpha_{2,0},\cdots,\alpha_{n,0})', D=\sigma_\alpha^2 I_n, R=\sigma_\varepsilon^2 I_{\sum_{i=1}^n T_i}. \tag{9.31}$$

将上面的式子代入式(9.14)和式(9.15)即得。

注意到，式(9.29)与非平衡的 Bühlmann 模型相同。进而若假设 $T_i=T$，则

$$\widehat{\mu(\beta,\alpha_i)}^*=\zeta\overline{y_i}+(1-\zeta)\mu_0$$

其中 $\overline{y_i}=\frac{1}{T}\sum_{t=1}^{T}y_{it}$，以及信度因子为 $\zeta=\frac{T\sigma_\alpha^2}{T\sigma_\alpha^2+\sigma_\varepsilon^2}$，此时即为平衡的信度模型。

§9.4.2 具有共同效应的信度模型

在模型(9.1)中若假设 $T_i=T$ 以及 $X_i=1_T$，$Z_i=1_T$，则得到

$$y_{it}=\beta+\alpha_i+\varepsilon_{it}, i=1,2,\cdots,n, t=1,2,\cdots,T. \tag{9.32}$$

假设 $E(\beta)=\beta_0$，$Var(\beta)=\sigma_\beta^2$，$E(\alpha_i)=\alpha_{i,0}$，$Var(\alpha_i)=\sigma_\alpha^2$，$E(\varepsilon_{it})=0$ 和 $Var(\varepsilon_{it})=\sigma_\varepsilon^2$，则相应的结构参数为

$$\mu(\beta,\alpha_i)\triangleq E(y_{it}|\beta,\alpha_i)=\beta+\alpha_i, \mu_0\triangleq E(y_{it})=\beta_0+\alpha_{i,0}, \tag{9.33}$$

$$Var(y_{it}|\beta,\alpha_i)=\beta. \tag{9.34}$$

以及

$$Var[\mu(\beta,\alpha_i)|\beta]=\sigma_\alpha^2, Var\{E[\mu(\beta,\alpha_i)|\beta]\}=Var(\beta)=\sigma_\beta^2 \tag{9.35}$$

这正是 Wen 等(2009)讨论的具有随机共同效应的信度模型。此时 $\mu(\beta,\alpha_i)$ 的信度估计为

$$\widehat{\mu(\beta,\alpha_i)}^* = \zeta_1 \overline{y_i} + \zeta_2 \overline{\overline{y}} + \zeta_3 \mu_0, \tag{9.36}$$

其中 $\overline{\overline{y}} = \frac{1}{n}\sum_{i=1}^{n} y_i$，信度因子为

$$\zeta_1 = \frac{T\sigma_\alpha^2}{T\sigma_\alpha^2+\sigma_\varepsilon^2}, \zeta_2 = \frac{Tn\sigma_\beta^2\sigma_\varepsilon^2}{(n\sigma_\alpha^2+\sigma_\varepsilon^2)(nT\sigma_\beta^2+T\sigma_\alpha^2+\sigma_\varepsilon^2)}, \zeta_3 = 1-\zeta_1-\zeta_2 = \frac{\sigma_\varepsilon^2}{nT\sigma_\beta^2+T\sigma_\alpha^2+\sigma_\varepsilon^2}.$$

§9.4.3 回归信度模型

在模型(9.1)中，若 β 是退化的非随机向量，且 $K=q$，$x_{it}=z_{it}$，记 $\eta_i=\beta+\alpha_i$，则这正是 Hachemeister(1975)的信度回归模型：

$$y_{it} = z'_{it}\eta_i + \varepsilon_{it}, i=1,2,\cdots,n, t=1,2,\cdots,T_i. \tag{9.37}$$

进一步地，假设

$$y_i = Z_i\eta_i + \varepsilon_i$$

则 η_i 的信度估计为

$$\widehat{\eta_i} = \zeta_i\widehat{\eta_{i,GLS}} + (I-\zeta_i)\eta_0, \tag{9.38}$$

其中

$$\widehat{\eta_{i,GLS}} = (Z'_iR_iZ_i)^{-1}Z'_iR_i^{-1}y_i, \eta_0 = E(\eta) = \alpha_{i,0}$$

以及

$$\zeta_i = D_iZ'_i(R_i+Z_iD_iZ'_i)^{-1}Z_i.$$

§9.5 数值模拟

由于信度估计(9.23)和(9.26)中都有许多结构参数，并且其中一些参数是非常复杂的矩阵形式。为了更清晰地呈现本章的结果，我们在下面的例子中给出一些简化的假设。

在退化的模型中假设 $T_i=T$，$K=q=1$ 以及 $X_i=Z_i=1_T$，$i=1,2,\cdots,n$，进而，假设 $E(\alpha_i)=\alpha_0$，$Var(\alpha_i)=\sigma_\alpha^2$，$E(\varepsilon_{it})=0$，$Var(\varepsilon_{it})=\sigma_\varepsilon^2$，以及 $Var(\beta)=B=0$，则 $X=1_{nT}$，$Z=I_n\otimes 1_T$，$D=\sigma_\alpha^2 I_n$，$R=\sigma_\varepsilon^2 I_{nT}$，以及 $Z'Z=TI_n$。因此信度因子矩阵 H 退化为

$$\begin{aligned} H &= [Z'(XBX'+R)^{-1}Z+D^{-1}]^{-1}D^{-1} \\ &= \left(\frac{Z'Z}{\sigma_\varepsilon^2}+\frac{1}{\sigma_\alpha^2}I_n\right)^{-1}\frac{1}{\sigma_\alpha^2} \end{aligned}$$

$$=\frac{\sigma_\varepsilon^2}{T\sigma_\alpha^2+\sigma_\varepsilon^2}I_n.$$

进而有 $\hat{\alpha}^*|_{D=0}=\alpha_0$ 以及

$$\begin{aligned}\hat{\alpha}^*|_{D^{-1}=0}&=[Z'(XBX'+R)^{-1}Z]^{-1}[Z'(XBX'+R)^{-1}(y-X\beta_0)]\\&=\frac{1}{T}(I_n\otimes 1'_T)(y-1_T\beta_0)\\&=\left(\frac{1}{T}1'_Ty_1-\beta_0,\cdots,\frac{1}{T}1'_Ty_n-\beta_0\right)'.\end{aligned}$$

在这个例子中,随机效应 $\alpha=(\alpha_1,\cdots,\alpha_n)$ 的信度估计可以表示为

$$\begin{aligned}\hat{\alpha}^*&=(I-H)\hat{\alpha}^*|_{D^{-1}=0}+H\hat{\alpha}^*|_{D=0}\\&=\frac{T\sigma_\alpha^2}{T\sigma_\alpha^2+\sigma_\varepsilon^2}\left(\frac{1}{T}1'_Ty_1-\beta_0,\cdots,\frac{1}{T}1'_Ty_n-\beta_0\right)'+\frac{T\sigma_\alpha^2}{T\sigma_\alpha^2+\sigma_\varepsilon^2}\alpha_0\end{aligned}\tag{9.39}$$

显然,若令 $Z=\frac{\sigma_\varepsilon^2}{T\sigma_\alpha^2+\sigma_\varepsilon^2}$,则分量 α_m 的信度估计可以表示为

$$\widehat{\alpha_m}^*=Z\left(\frac{1}{T}1'_Ty_m-\beta_0\right)+(1-Z)\alpha_{m,0},m=1,2,\cdots,n.\tag{9.40}$$

另外,由于 $B=0$,则随机参数 β 的信度估计为

$$F=(X'V^{-1}X+B^{-1})^{-1}B^{-1}=(BX'V^{-1}X+I)^{-1}=I.$$

因此有

$$\hat{\beta}^*=(I-F)\hat{\beta}^*|_{B^{-1}=0}+F\hat{\beta}^*|_{B=0}=\hat{\beta}^*|_{B=0}=\beta_0.\tag{9.41}$$

在模拟中,进一步假设 $\varepsilon_{it}\overset{i.i.d.}{\sim}N(0,\sigma_\varepsilon^2)$,对 $i=1,2,\cdots,n,t=1,2,\cdots,T$ 和 $\alpha\sim N(\alpha_0,\sigma_\alpha^2In)$,其中 $n=4,\alpha_0=(5,9,15,20)$,令 $\beta_0=1$ 以及 $\sigma_\alpha=2,\sigma_\varepsilon=4$。对不同的样本容量 T,我们通过 Matlab 产生 ε_{it} 及 α 的模拟值。另外,得到 α 的信度估计及相应的均方误差。对样本容量 $T=10,T=30,T=100$ 得到估计 $\hat{\alpha}^*$ 的均方误差列在表 9.1 中。

表 9.1 信度估计 α 的均方误差

T=10			T=30			T=100		
α_m	$\widehat{\alpha_m}^*$	Mse	α_m	$\widehat{\alpha_m}^*$	Mse	α_m	$\widehat{\alpha_m}^*$	Mse
5.0389	5.0020	1.0049	5.2157	4.9949	0.4757	5.0178	4.9978	0.1501
9.0096	8.9907	1.1074	9.0042	8.9855	0.4646	9.0282	9.0004	0.1580

续表

T=10			T=30			T=100		
15.017	14.984	1.0654	14.951	15.008	0.4722	14.997	15.0039	0.1519
19.968	20.042	1.0924	19.902	19.993	0.4598	20.0416	20.007	0.1487

在表 9.1 中，α_m 和 $\widehat{\alpha_m}^*$ 分别是 10000 次模拟的均值。而 $Mse=E[(\widehat{\alpha_m}^*-\alpha_m)^2]$ 表示 α_m 对 $m=1,2,3,4$ 在 10000 次模拟中的均方误差。从表 9.1 中可知，信度估计 $\widehat{\alpha_m}^*$ 的均方误差随着样本容量 T 的增加迅速减少，从而说明了估计的相合性。

第四部分
责任准备金的评估及其统计模型

第10章　聚合数据中随机B-F准备金评估模型

§10.1　引言

索赔准备金是保险公司对已经发生的事故由于报告延迟和索赔延迟未及时赔付的保单准备的未来可能支付的保险金额。索赔准备金是保险公司最大的负债项目,合理地提取准备金,有利于保险公司的财务稳定,保障被保险人的利益。由于风险的复杂性,索赔准备金的评估问题一直是非寿险公司的一个难题。索赔准备金的估计问题也一直是精算界研究的热点问题之一。

在众多责任准备金评估模型中,影响最大、运用最广的当属Mack(1993)提出的无分布链梯法以及Bornhuetter和Ferguson(1972)提出的B-F法。在链梯法中假设进展年存在某个链梯因子 f_j,并在索赔事故满足 $E(C_{i,j+1}|C_{i0},\cdots,C_{ij})=f_jC_{ij}$ 条件下利用预测均方损失最小化得到准备金的估计。而B-F法中虽然也假设存在某种索赔发展方式 γ_j,但与链梯法相区别的是假设每个事故年存在索赔均值随机变量 μ_i,并假定 μ_i 存在某个先验估计 $\widehat{\mu_i}$,在

$$E(C_{i,j+k}|C_{i0},\cdots,C_{ij})=C_{ij}+(\beta_{j+k}-\beta_j)\mu_i$$

假设下得到准备金的估计。与链梯法不同的是,B-F法试图结合随机参数的先验信息得到准备金的估计。在非寿险精算中,由于风险的复杂性,不同的保单导致的事故年索赔额均值的取值都不相同,这些不同的取值将形成一定的分布,则对准备金的评估落入了贝叶斯框架。在后来的研究中发现,若先验估计 $\widehat{\mu_i}$ 恰取为链梯法估计,则B-F估计与链梯法估计得到相同的表达式。因此,从某种意义上说,B-F模型是链梯法在贝叶斯框架下的推广。关于B-F法的责任准备金模型在近年来引起了很多研究者的兴趣,相关的讨论可参考Neuhaus(1992)、Verrall(2004)、Alai等(2009)、Saluza1等(2011)。显然,在B-F模型中,事故年均值 μ_i 的估计是一个关键的量。但大多数研究中都采用其先

验估计$\widehat{\mu_i}$,例如Gogol(1993)、Verrall和England(2005)等。先验估计$\widehat{\mu_i}$一般是根据专家观点或一些经验资料由精算师确定的,带有较大的主观性。若先验估计选择合适,则能得到准备金的准确估计;反之,若先验估计选取错误,则给准备金估计带来较大的误差。因此,有必要建立μ_i的贝叶斯模型,用贝叶斯统计的方法考虑μ_i的估计。

例 10.1.1 在Wuthrich和Merz(2008)给出的保险公司例子中,精算师根据以往的经验给出了每个保单年的索赔均值的先验估计,如表10.1所示。

表10.1 某保险公司中精算师对μ_i的先验估计

Policy	0	1	2	3	4
$\widehat{\mu_i}$	11653101	11367306	10962965	10616762	11044881
Policy	5	6	7	8	9
$\widehat{\mu_i}$	11480700	11413572	11126527	10986548	11618437

可以看出,每个事故年均值的确定均有一定的随机性。精算师主要结合自己的经验以及根据以往的经验资料确定。为了不至于降低事故年均值错误估计对责任准备金的影响程度,精算师往往选取一个比较保守的估计。而由此得到的准备金估计常常比实际准备金偏大一些,可参考Wuthrich和Merz(2008)对准备金结果的讨论。因此,很有必要建立事故年均值的贝叶斯模型,利用贝叶斯统计方法,从更客观、更准确的角度评估责任准备金。

在B-F模型下,各进展年的索赔均值被假设为随机变量。为了得到准备金的准确估计,必须充分利用索赔的损失数据信息以及先验分布的信息。为此,我们将建立μ_i的贝叶斯统计模型,假设μ_i存在某个先验分布$\pi(\mu)$,并利用索赔数据D_I以及先验分布$\pi(\mu)$的信息对μ_i进行统计推断。

在贝叶斯统计模型中,如何选取合适的先验分布是非常困难的,一般需要结合保单的实际情况,并结合精算师的主观判断。为了使估计的准备金不依赖于先验分布$\pi(\mu)$的具体形式,我们引进信度理论的思想,将μ_i的估计限定在样本的线性函数中,在平方损失下最小化风险得到μ_i的信度估计。信度理论起源于保险精算中的保费定价模型。由于该方法不需要假设分布的特定形式,得到的估计仅仅依赖于样本的前两阶矩,并且数学上形式简单,因此在非寿险精算中运用广泛。近年来,信度理论逐步运用到非寿险责任准备金的评估模型中,例如Mack(2000)、Gisler和Wüthrich(2008)。

本章将利用信度理论的方法估计事故年索赔均值,进而得到终极损失和责任准备金的估计。

§10.2 责任准备金的链梯模型与 B-F 模型

一般地,我们从零时刻开始考虑一个保单组合,不失一般性,以年作为时间单位。假设现在是 I 年,从事故发生到事故结案的最大延迟时间为 J。设 C_{ij} 表示第 i 年发生的事故在延迟 j 年后的累计赔付,则 $X_{ij}=C_{ij}-C_{i,j-1}$ 为第 i 年发生的事故在延迟 j 年后的增量索赔,其中 $i=0,1,2,\cdots,I,j=0,1,\cdots,J$,注意到在当前会计年度,我们能观测到的索赔数据为 $D_I=\{C_{ij},i+j\leq I\}=\{X_{ij},i+j\leq I\}$。这些数据按行列排成一个上三角的矩阵形式。对于上面矩阵中的下三角形数据 $C_{ij},i+j>I$,则是未知且不可观测的。对第 i 事故年发生的损失,在当前年需要提取的准备金为 $R_i=C_{iJ}-C_{i,I-i}$,而总准备金为 $TR=\sum\limits_{i=0}^{I}R_i$。我们的目的是利用上三角形数据$D_I$来预测/估计准备金$R_i$,从而得到TR的预测(也称为估计)。

在上述的责任准备金问题中,研究者致力于提出一定的概率模型来估计准备金,即所谓的责任准备金随机模型。在众多责任准备金的随机模型中,最有名的当属 Mack 提出的无分布(Distribution-free)链梯模型以及 Bornhuetter-Ferguson(1972)提出的 B-F 随机模型。

在 Mack(1993)链梯模型中,假设不同事故年发生的索赔相互独立且存在索赔进展因子 f_j 和方差参数 σ_j^2,使得对任意的 i,j,有

$$E(C_{i,j+1}\mid C_{i0},\cdots,C_{ij})=f_jC_{ij},\ Var(C_{i,j+1}\mid C_{i0},\cdots,C_{ij})=\sigma_j^2C_{ij}. \tag{10.1}$$

从而得到与非随机链梯法相同的估计

$$\widehat{C}_{iJ}^{Mack}=C_{i,I-i}\,\widehat{f}_{I-i}\,\widehat{f}_{I-i+1}\cdots\widehat{f}_J. \tag{10.2}$$

正因为 Mack(1993)的无分布模型给出了非随机链梯法一个概率解释,且能得到估计的均方误差,使得 Mack 的无分布链梯模型得到迅速发展,在实际中得到广泛运用。

而另一个重要的随机模型是 Bornhuetter-Ferguson(1972)提出的。在 B-F 模型中,假设各事故年的索赔相互独立,且存在参数 $\mu_0,\mu_1,\cdots,\mu_I>0$,以及索赔发展方式 $\beta_0,\cdots,\beta_{J-1},\beta_J>0$ 且 $\beta_J=1$,使得对任意的 i,j 有 $E(C_{ij})=\mu_i\beta_j$。从

而得到下面的估计：

$$\widehat{C}_{iJ}^{BF}=\widehat{E}(C_{iJ}|D_I)=C_{i,I-i}+(1-\widehat{\beta}_{I-i})\widehat{\mu}_i \tag{10.3}$$

其中索赔发展方式 β_j 采用链梯法估计，即 $\widehat{\beta}_j=\prod_{k=j}^{J-1}\widehat{f}_k^{-1}$，而事故年均值 μ_i 采用先验估计 $\widehat{\mu}_i$。

在进一步的研究中，人们发现，如果 B-F 模型中将 μ_i 的先验估计采用 $\widehat{\mu}_i=\widehat{C}_{i,J}^{Mack}$，则此时 B-F 模型与链梯模型得到了一致的结果。因此，从某种意义上说 B-F 模型与链梯模型的差别只是在 μ_i 的先验估计上采用的方法不同而导致的。链梯法不采用任何先验估计，而全部由样本来估计 μ_i，而 B-F 法在 μ_i 的估计上不使用任何样本，完全相信先验信息。

然而，在 B-F 法的准备金的实际使用过程中，μ_i 的先验估计需要由精算师根据以往资料来估算，很多时候都是根据经验得到的，具有很大的主观性。事实上，如果精算师估算 μ_i 的先验估计精确，则能得到甚至比链梯法更准确的准备金估计；反之，如果估算不正确，则可能得到错误的准备金估计，从而给保险公司带来更大的风险。为了更加合理地给出 μ_i 的估计，我们假设 μ_i 具有某个先验分布 $\pi(\mu)$，结合样本信息对先验分布进行调整，因此 μ_i 的估计就落入了贝叶斯框架。

§10.3 随机 B-F 模型中事故年索赔均值的信度估计

在 B-F模型中，一般假设有$E(C_{ij})=\mu_i\beta_j$成立，参考Gisler和Wüthrich(2008)。但当μ_i为随机变量时，则应修改为条件期望$E(C_{ij}|\mu_i)=\mu_i\beta_j$。记 $\mu=(\mu_0,\cdots,\mu_I)$，以及 $\gamma_j=\beta_j-\beta_{j-1}$，则 $E(X_{ij}|\mu_i)=\mu_i\gamma_j$，这等价于 $E(\frac{X_{ij}}{\gamma_j}|\mu_i)=\mu_i$。为此，令 $Y_{ij}=\frac{X_{ij}}{\gamma_j}$。为了估计事故年均值 μ_i，我们给出下面的随机 B-F 准备金模型。

假设 10.3.1 设对任意的 $0\leqslant i\leqslant I,0\leqslant j,k\leqslant J$，且 $j\neq k$，有

$$E(Y_{ij}|\mu)=\mu_i,\ Var(Y_{ij}|\mu)=\sigma^2(\mu_i),\ Cov(Y_{ij},Y_{ik}|\mu)=0. \tag{10.4}$$

假设 10.3.2 假设 $\mu_1,\mu_2,\cdots,\mu_I$ 是相互独立的随机变量，具有相同的先验分布 $\pi(\mu)$，且记 $E(\mu_i)=\mu_0$，$Var(\mu_i)=\tau_0^2$，$E(\sigma^2(\mu_i))=\sigma_0^2$。

假设 10. 3. 3 设不同的事故年索赔相互独立。

注记 10. 3. 1 在假设 10.3.3 中,若先验分布 $\pi(\mu)$ 为退化分布,即 μ_i 为一些非随机的正实数,则假设 10.3.1 变成 $E(X_{ij})=\mu_i\gamma_j$, $Cov(X_{ij},X_{ik})=0$,因此有 $E(C_{ij})=\mu_i\beta_j$,则容易验证有下面的式子成立

$$E(C_{i,j+k}|D_I)=C_{ij}+(\beta_{j+k}-\beta_j)\mu_i. \tag{10.5}$$

这即为 B-F 模型的假设,参考 Bornhuetter 和 Ferguson(1972)或 Gisler 和 Wüthrich(2008)。因此,从这个意义上说,本模型是贝叶斯框架下的 B-F 模型,或者说 B-F 模型是本模型的特殊形式,在后面的内容中称之为随机 B-F 模型。

注记 10. 3. 2 在实际中一般有 $I\geq J$。此时只需估计 μ_i, $i\geq I-J+1$。对 $i\leq I-J$,已经有完整的损失数据,其索赔准备金为零,因此也就不必估计 μ_i,则后面的所有结论中只需加上条件 $i\geq I-J+1$ 即可。因此不失一般性,后面的内容中均假设 $I=J$,此时索赔数据 D_I 恰形成上三角形形式。

我们的目的是根据样本信息 D_I 并结合先验分布 $\pi(\mu)$ 的信息估计均值 μ_i,从而得到终极损失 C_{iJ} 或准备金 R_i 的估计。

定理 10. 3. 1 在随机 B-F 模型中,若取平方损失,则使条件期望预测损失

$$E[(C_{i,J}-g(D_I))^2] \tag{10.6}$$

达到最小的终极损失 C_{iJ} 的最优预测为

$$\widehat{C}_{iJ}^*=C_{i,I-i}+(1-\widehat{\beta}_{I-i})E(\mu_i|D_I). \tag{10.7}$$

证明: 记 $\Phi=E[(C_{iJ}-g(D_I))^2|D_I]$。令 $\frac{\partial\Phi}{\partial g}=0$,容易得到 $\widehat{C}_{iJ}^*=E(C_{iJ}|D_I)$。根据模型假设 10.3.1~假设 10.3.3,以及双重期望公式,有

$$\begin{aligned}E(C_{iJ}|D_I)&=C_{i,I-i}+E(X_{i,I-i+1}+\cdots,X_{iJ}|D_I)\\&=C_{i,I-i}+E[E(X_{i,I-i+1}+\cdots,X_{iJ}|D_I,\mu)|D_I]\\&=C_{i,I-i}+E[E(X_{i,I-i+1}+\cdots,X_{iJ}|\mu)|D_I]\\&=C_{i,I-i}+E(\mu_i\gamma_{I-i+1}+\cdots\mu_i\gamma_J|D_I)\\&=C_{i,I-i}+(1-\beta_{I-i})E(\mu_i|D_I).\end{aligned}$$

即证明了定理。

为了得到终极损失 C_{iJ} 的估计,则必须先求解 $\widehat{\mu}_i=E(\mu_i|D_I)$。然而 $E(\mu_i|D_I)$ 的获得依赖于所有 D_I 的分布以及 μ_i 的先验分布。这在实际中一般是难获取的,特别是 μ_i 的先验分布 $\pi(\mu)$,在实际中一般是未知的。然而模型假设 10.3.1~假设 10.3.3 给出了 μ_i 的前两阶矩,因此我们可以借助信度理论

的方法,将 μ_i 的估计限定在某些样本函数中得到。根据信度理论的思想,我们将 μ_i 的估计限定在样本 $\{Y_{ij}, i+j\leq I\}$ 的线性函数中,且在平方损失函数下,求解下面的最优化问题

$$\min_{\alpha,\alpha_{st}\in R} E\left[\left(\mu_i-\alpha-\sum_{s=0}^{I}\sum_{t=0}^{I-s}\alpha_{st}Y_{st}\right)^2\right]. \tag{10.8}$$

记 $Y_i=(Y_{i0},Y_{i1},\cdots,Y_{i,I-i})'$, $Y=(Y_0',\cdots,Y_I')'$ 分别为第 i 事故年的进展索赔数据向量以及全部事故年的进展索赔数据向量。定义 Y_i 和 Y 的非齐次线性函数类

$$L(Y_i,1)=\left\{\alpha+\sum_{j=0}^{I-i}\alpha_{ij}Y_{ij},\alpha,\alpha_{ij}\in R\right\} \tag{10.9}$$

以及

$$L(Y,1)=\left\{\alpha+\sum_{s=0}^{I}\sum_{t=0}^{I-s}\alpha_{st}Y_{st},\alpha,\alpha_{st}\in R\right\}. \tag{10.10}$$

为了求解式(10.8),我们给出下面的引理。

引理 10.3.1 设 $Y,X_1,X_2,\cdots,X_n$ 为概率空间 (Ω,N,P) 上的随机变量,记 $X=(X_1,X_2,\cdots,X_n)'$, $\alpha=(\alpha_1,\alpha_2,\cdots,\alpha_n)'$,则当

$$\begin{cases}\alpha_0=E(Y)-Cov(Y,X)Var^{-1}(X)E(X)\\ \alpha'=Cov(Y,X)Var^{-1}(X)\end{cases} \tag{10.11}$$

时期望损失

$$E[(Y-\alpha_0-\alpha'X)^2]=E[(Y-\alpha_0-\sum_{i=1}^{n}X_i)^2] \tag{10.12}$$

达到最小。

根据信度理论,在所有 X 的非齐次线性函数 L(X,1) 中,随机变量 Y 的最优预测为

$$\widehat{Y}^{cred}=E(Y)+Cov(Y,X)Var^{-1}(X)E(X)(X-E(X)) \tag{10.13}$$

我们称式(10.13)为随机变量 Y 在随机向量 X 的线性空间 L(X,1) 上的非齐次正交投影,简称正交投影,记为 pro(Y|L(X,1)),其中符号"pro"为投影"projection"的简写。

对于非齐次正交投影,我们给出下面的引理,为方便后面的计算。

引理 10.3.2 设 Y 是随机变量,而 $X=(X_1,X_2,\cdots,X_n)'$ 与 $Z=(Z_1,Z_2,\cdots,Z_m)'$ 是随机向量,假设 X 与 Z 相互独立,且 Y 与 Z 也相互独立,则

$$pro(Y|L(X,Z,1))=pro(Y|L(X,1)). \tag{10.14}$$

证明:由假设 Cov(Y,Z)= 0,以及 $Var\begin{pmatrix}X\\Z\end{pmatrix}=\begin{pmatrix}Var(X) & 0\\ 0 & Var(Z)\end{pmatrix}$,代入投影

式(10.13),容易得到

$$\begin{aligned}\mathrm{pro}(Y|L(X,Z,1)) &= E(Y)+\mathrm{Cov}(Y,X)(\mathrm{Var}(X))^{-1}(X-E(X))\\ &= \mathrm{pro}(Y|L(X,1))\end{aligned}$$

因此,根据假设10.3.1~假设10.3.3,利用引理10.3.1和引理10.3.2,求解最小化问题(10.8)得到 μ_i 的最优非齐次线性估计为

$$\widehat{\mu}_i^{cred}=\mathrm{pro}(\mu_i|L(Y,1))=\mathrm{pro}(\mu_i|L(Y_i,1)),$$

且有下面的公式:

$$\widehat{\mu}_i^{cred}=E(\mu_i)+\mathrm{Cov}(\mu_i,Y_i)\mathrm{Var}^{-1}(Y_i)(Y_i-E(Y_i)). \tag{10.15}$$

由此得到下面的定理。

定理 10.3.2　在假设10.3.1~假设10.3.3下,最小化(10.8)得到 μ_i 的最优线性非齐次估计为:

$$\widehat{\mu}_i^{cred}=Z_i\overline{Y}_i+(1-Z_i)\mu_0, \tag{10.16}$$

其中

$$\overline{Y}_i=\frac{1}{I-i+1}\sum_{j=0}^{I-i}Y_{ij},\ Z_i=\frac{(I-i+1)\tau_0^2}{(I-i+1)\tau_0^2+\sigma_0^2}.$$

证明:根据假设,有 $E(\mu_i)=\mu_0$,且根据双重条件期望公式得

$$E(Y_i)=E[E(Y_i|\mu)]=\mu_0 1_{I-i+1}. \tag{10.17}$$

其中 $1_{I-i+1}=(1,\cdots,1)'$ 表示全为1的 $I-i+1$ 维列向量。再根据方差和协方差的双重条件期望公式有

$$\mathrm{Cov}(\mu_i,Y_i)=\mathrm{Cov}(\mu_i,E(Y_i|\mu))=\tau_0^2 1'_{I-i+1} \tag{10.18}$$

以及

$$\mathrm{Var}(Y_i)=\mathrm{Var}(E(Y_i|\mu))+E(\mathrm{Var}(Y_i|\mu))=\tau_0^2 1_{I-i+1}1'_{I-i+1}+\sigma_0^2 H_{I-i+1},$$

其中 $H_{I-i+1}=\mathrm{diag}(1,\cdots,1)$ 表示 $I-i+1$ 维的单位对角矩阵。根据矩阵求逆公式

$$(A+BCD)^{-1}=A^{-1}-A^{-1}B(C^{-1}+DA^{-1}B)^{-1}DA^{-1}, \tag{10.19}$$

可得

$$\mathrm{Var}^{-1}(Y_i)=\frac{1}{\sigma_0^2}H_{I-i+1}-\frac{\tau_0^2 1_{I-i+1}1'_{I-i+1}}{\sigma_0^2(\sigma_0^2+(I-i+1)\tau_0^2)}. \tag{10.20}$$

将式(10.17)、式(10.18)、式(10.20)代入式(10.15),经过一些数学计算即可得到式(10.16)。由此证明了定理。

注记 10.3.3　在定理10.3.3中,μ_i 的估计 $\widehat{\mu}_i^{cred}$ 恰能表达为 Y_i 与 μ_0 的加权形式,且权重 $Z_i\in(0,1)$。且是第 i 个事故年索赔进展记录年数 $I-i+1$ 的增函数,因此在 i 较小的年份,Z_i 较大,而在 i 较大的年份,则 Z_i 较小,在 $i=I$

时，只有当年的索赔记录数，此时 $Z_i=\frac{\tau_0^2}{\tau_0^2+\sigma_0^2}$ 达到最小值。由于 Z_i 是估计 $\widehat{\mu}_i^{cred}$ 中 $\overline{Y}_i$ 的权重。这与传统的信度解释是一致的：越多的样本，则 $\widehat{\mu}_i^{cred}$ 中赋予 $\overline{Y}_i$ 的权重越大；反之，样本容量越小，则估计赋予样本上的权重则越小。因此，我们称估计 $\widehat{\mu}_i^{cred}$ 为信度估计。

对于信度估计 $\widehat{\mu}_i^{cred}$，容易得到下面的命题。

命题 10.3.1　信度估计 $\widehat{\mu}_i^{cred}$ 是 μ_i 的条件无偏估计及无条件无偏估计，即 $E(\widehat{\mu}_i^{cred}|\mu_i)=\mu_i$，及 $E(\widehat{\mu}_i^{cred})=E(\mu_i)=\mu_0$，且其均方误差为

$$MSE(\widehat{\mu}_i^{cred})=E[(\widehat{\mu}_i^{cred}-\mu_i)^2]=\frac{\tau_0^2\sigma_0^2}{\sigma_0^2+(I-i+1)\tau_0^2}. \tag{10.21}$$

证明：类似于信度理论中的证明，这里从略。

将 μ_i 的信度估计 $\widehat{\mu}_i^{cred}$ 代入式(10.5)，则可以得到终极损失以及准备金的信度估计，叙述为下面的命题，其证明从略。

命题 10.3.2　在随机 B-F 模型中，若 μ_i 的估计取为非齐次信度估计 $\widehat{\mu}_i^{cred}$，则终极损失 C_{iJ} 的估计为

$$\widehat{C}_{iJ}^{cred}=C_{i,I-i}+(1-\beta_{I-i})(Z_i\overline{Y}_i+(1-Z_i)\mu_0). \tag{10.22}$$

第 i 事故年的责任准备金 R_i 估计为 $\widehat{R}_i^{cred}=(1-\beta_{I-i})[Z_i\overline{Y}_i+(1-Z_i)\mu_0]$，以及总准备金估计为 $\widehat{R}^{cred}=\sum_{i=1}^{I}(1-\beta_{I-i})[Z_i\overline{Y}_i+(1-Z_i)\mu_0]$。

注记 10.3.4　在实际运用中，注意到式(10.16)中 μ_0 是未知的，因此需要对之进行估计。为了得到 μ_0 的一个最优估计。类似于信度理论中的得到齐次信度估计的方法，定义齐次线性函数类

$$Le(Y)=\{\widehat{\mu}_i=\sum_{s=0}^{I}\sum_{t=0}^{I-s}\alpha_{st}Y_{st}，满足\ E[\sum_{s=0}^{I}\sum_{t=0}^{I-s}\alpha_{st}Y_{st}]=E(\mu_i)\}. \tag{10.23}$$

且在 $Le(Y)$ 中求解 μ_i 的最优估计，即求解下面的条件最优化问题：

$$\begin{cases}\min\limits_{\alpha,\alpha_{st}\in R}E[(\mu_i-\alpha-\sum_{s=0}^{I}\sum_{t=0}^{I-s}\alpha_{st}Y_{st})^2]\\ E[\sum_{s=0}^{I}\sum_{t=0}^{I-s}\alpha_{st}Y_{st}]=E(\mu_i)\end{cases} \tag{10.24}$$

得到 μ_i 的最优齐次信度估计为

$$\widehat{\mu}_i^{hom}=Z_i\overline{Y}_i+(1-Z_i)\widehat{\mu}_0. \tag{10.25}$$

且相应的终极损失 C_{iJ} 的齐次信度估计为

$$\widehat{C}_{iJ}^{hom}=C_{i,I-i}+(1-\beta_{I-i})(Z_i\overline{Y}_i+(1-Z_i)\widehat{\mu}_0).\tag{10.26}$$

第 i 事故年的责任准备金 R_i 的齐次信度估计为

$$\widehat{R}_i^{hom}=(1-\beta_{I-i})[Z_i\overline{Y}_i+(1-Z_i)\widehat{\mu}_0].$$

以及总准备金的信度估计为

$$\widehat{R}^{hom}=\sum_{i=0}^{I}(1-\beta_{I-i})[Z_i\overline{Y}_i+(1-Z_i)\widehat{\mu}_0].$$

其中

$$\widehat{\mu}_0=\frac{\sum_{k=1}^{I}Z_k\overline{Y}_k}{\sum_{k=1}^{I}Z_k}.\tag{10.27}$$

比较 μ_i 的非齐次信度估计(10.16)和齐次信度估计(10.25),它们的差别只是在 μ_0 上。齐次信度估计给出了 μ_0 的最优线性估计。而在非齐次信度估计中,必须假定 μ_0 是已知的常数。

在实际运用中,不管是准备金的非齐次信度估计还是齐次信度估计,其中仍然有一些未知的参数,例如索赔发展方式 $\gamma_0,\gamma_1,\cdots,\gamma_{J-1}$,以及结构参数 τ_0^2 和 σ_0^2,因此下面我们将讨论这些参数的估计问题。

§10.4　索赔发展方式和结构参数的估计

在本章的假设中都把索赔发展方式 γ_j 当作固定的参数。由于 $\beta_j=\sum_{k=0}^{j}\gamma_k$,且 $\beta_J=1$,因此有 $\sum_{j=0}^{J}\gamma_j=1$,则只需估计 $\gamma_0,\cdots,\gamma_{J-1}$ 这 J 个参数。在链梯法中,进展因子定义为 $f_j=\frac{E(C_{i,j+1})}{E(C_{ij})}$,因此有

$$\frac{E(C_{ij})}{E(C_{iJ})}=\frac{E(C_{i0})\prod_{k=0}^{j-1}f_k}{E(C_{i0})\prod_{k=0}^{J-1}f_k}=\prod_{k=j}^{J-1}f_k^{-1}.\tag{10.28}$$

而在模型假设 10.3.1~假设 10.3.3 中,根据双重条件期望公式有:

$$\frac{E(C_{ij})}{E(C_{iJ})}=\frac{E[E(C_{ij}|\mu)]}{E[E(C_{iJ}|\mu)]}=\frac{E[\mu_i\gamma_0+\cdots+\mu_i\gamma_j]}{E[\mu_i\gamma_0+\cdots+\mu_i\gamma_J]}=\frac{E(\mu_i)\beta_j}{E(\mu_i)\beta_J}=\beta_j.\tag{10.29}$$

因此,本章中的 β_j 就相当于链梯法中的 $\prod_{k=j}^{J-1} f_k^{-1}$。链梯法给出了 f_j 的链梯估计

$$\widehat{f}_j=\frac{\sum_{i=0}^{I-j-1} C_{i,j+1}}{\sum_{i=0}^{I-j-1} C_{i,j}}, \tag{10.30}$$

因此可以得到 β_j 的估计为 $\widehat{\beta}_j=\prod_{k=j}^{J-1}\widehat{f}_k^{-1}$,进而得到索赔发展方式 γ_j 的估计:

$$\widehat{\gamma}_j=\widehat{\beta}_j-\widehat{\beta}_{j-1}=\prod_{k=j}^{J-1}\widehat{f}_k^{-1}-\prod_{k=j-1}^{J-1}\widehat{f}_k^{-1}. \tag{10.31}$$

另外,对于结构参数 τ_0^2 和 σ_0^2,我们给出下面的估计。

命题 10.4.1 结构参数 σ_0^2 和 τ_0^2 的估计分别为

$$\widehat{\sigma_0^2}=\frac{1}{I}\sum_{i=0}^{I-1}\frac{1}{I-i}\sum_{j=0}^{I-i}(Y_{ij}-\overline{Y}_i)^2 \tag{10.32}$$

以及

$$\widehat{\tau_0^2}=\frac{6}{I(3I+5)}\left[\sum_{i=0}^{I}(I-i+1)(\overline{Y}_i-\overline{\overline{Y}})^2-I\widehat{\sigma_0^2}\right]. \tag{10.33}$$

其中 $\overline{\overline{Y}}=\frac{2}{(I+1)(I+2)}\sum_{i=0}^{I}(I-i+1)\overline{Y}_i$。且当索赔方式 $\gamma_0,\gamma_1,\cdots,\gamma_{J-1}$ 给定时,$\widehat{\tau_0^2}$ 和 $\widehat{\sigma_0^2}$ 都是无偏估计。

证明:令 $S_i^2=\sum_{j=0}^{I-i}(Y_{ij}-\overline{Y}_i)^2=\sum_{j=0}^{I-i}(Y_{ij}-\mu_i)^2-(I-i+1)\sum_{i=0}^{I-i}(\overline{Y}_i-\mu_i)^2$,则当索赔方式 $\gamma_j,j=0,1,\cdots,J-1$ 给定时,有

$$\begin{aligned}E(S_i^2)=E[E(S_i^2|\mu)]&=E\left[\sum_{j=0}^{I-i}Var(Y_{ij}|\mu_i)-(I-i+1)\sum_{i=0}^{I-i}Var(\overline{Y}_i|\mu_i)\right]\\&=(I-i)\sigma_0^2.\end{aligned}$$

因此,$E(\widehat{\sigma_0^2})=\frac{1}{I}\sum_{i=0}^{I-1}\sigma_0^2=\sigma_0^2$。另外,记 $R=\sum_{i=0}^{I}(I-i+1)(\overline{Y}_i-\overline{\overline{Y}})^2$,则有

$$\begin{aligned}E(R)&=\sum_{i=0}^{I}(I-i+1)Var(\overline{Y}_i-\overline{\overline{Y}})\\&=\sum_{i=0}^{I}(I-i+1)[Var(\overline{Y}_i)+Cov(\overline{\overline{Y}})-2Cov(\overline{Y}_i,\overline{\overline{Y}})]\\&=I\sigma_0^2+\left(\sum_{s=0}^{I}(I-s+1)-\frac{\sum_{s=0}^{I}(I-s+1)^2}{\sum_{s=0}^{I}(I-s+1)}\right)\tau_0^2\end{aligned}$$

$$=I\sigma_0^2+\frac{I(3I+5)}{6}\tau_0^2$$

因此有 $E(\widehat{\tau_0^2})=\frac{6}{I(3I+5)}[E(R)-IE(\widehat{\sigma_0^2})]=\tau_0^2$。

在上面的$\widehat{\sigma_0^2}$和$\widehat{\tau_0^2}$中，由于 $Y_{ij}=\frac{X_{ij}}{\gamma_j}$中包含了参数 γ_j，在实际运用中，首先根据链梯法得到参数 γ_j 的估计 $\hat{\gamma}_j$，然后将 $\hat{\gamma}_j$ 代入，则得到结构参数 σ_0^2 和 τ_0^2 的二次估计为

$$\widehat{\widehat{\sigma_0^2}}=\frac{1}{I}\sum_{i=0}^{I-1}\frac{1}{I-i}\sum_{j=0}^{I-i}\left(\frac{X_{ij}}{\widehat{\gamma}_j}-\widetilde{Y}_i\right)^2$$

以及

$$\widehat{\widehat{\tau_0^2}}=\frac{6}{I(3I+5)}\left[\sum_{i=0}^{I}(I-i+1)(\widetilde{Y}_i-\overline{\overline{Y}})^2-I\,\widehat{\widehat{\sigma_0^2}}\right].$$

其中 $\widetilde{Y}_i=\frac{1}{I-i+1}\sum_{j=1}^{I-i}\frac{X_{ij}}{\widehat{\gamma}_j}$，$\overline{\overline{Y}}=\frac{1}{I+1}\sum_{i=0}^{I}(I-i+1)\widetilde{Y}_i$。另外，在实际的数据中，有可能发生 $\widehat{\widehat{\tau_0^2}}<0$ 的情况，这时一般取 $\widehat{\widehat{\tau_0^2}}^{+}=\max(\widehat{\widehat{\tau_0^2}},0)$作为 τ_0^2 的最终估计。

最后，将估计 $\hat{\gamma}_1,\cdots,\hat{\gamma}_{J-1}$，$\widehat{\widehat{\sigma_0^2}}$，以及 $\widehat{\widehat{\tau_0^2}}$ 代入，则可得到终极损失 C_{iJ}的估计为

$$\widehat{C}_{iJ}^{\exp}=C_{i,I-i}+(1-\widehat{\beta}_{I-i})[\widehat{Z}_i\overline{Y}_i+(1-\widehat{Z}_i)\widehat{\widehat{\mu}}_0].\qquad(10.34)$$

第 i 事故年的责任准备金 R_i 的齐次信度估计为

$$\widehat{R}_i^{\exp}=(1-\widehat{\beta}_{I-i})[\widehat{Z}_i\overline{Y}_i+(1-\widehat{Z}_i)\widehat{\widehat{\mu}}_0],$$

以及总准备金的信度估计为：

$$\widehat{R}^{\exp}=\sum_{i=0}^{I}(1-\widehat{\beta}_{I-i})[\widehat{Z}_i\overline{Y}_i+(1-\widehat{Z}_i)\widehat{\widehat{\mu}}_0],\qquad(10.35)$$

其中

$$\widehat{Z}_i=\frac{(I-i+1)\,\widehat{\widehat{\tau_0^2}}^{+}}{(I-i+1)\,\widehat{\widehat{\tau_0^2}}^{+}+\widehat{\widehat{\sigma_0^2}}},\ \widehat{\mu}_0=\sum_{k=1}^{K}\widehat{Z}_k\overline{Y}_k\Big/\sum_{k=1}^{K}\widehat{Z}_k.$$

在估计 $\widehat{R}^{\exp}$中不依赖于任何参数，可以在实际中直接使用。这种方法在贝叶斯统计中称为经验贝叶斯方法，因此称估计 $\widehat{R}^{\exp}$为准备金的经验贝叶斯信度估计。

§10.5 数值模拟及实证分析

本章给出了事故年索赔均值的信度估计,并提出索赔发展方式及结构参数的估计,进而得到事故年索赔均值的经验贝叶斯估计,最终运用于终极索赔及准备金的估计,以及终极索赔和准备金的经验贝叶斯估计。下面我们将利用数值模拟的方法验证两个问题:其一,将事故年索赔均值限制在样本的线性组合并在期望均方损失达到最小化后的信度估计与贝叶斯估计有多大的差别;其二,利用经验贝叶斯方法得到事故年索赔均值的经验贝叶斯估计与信度估计将产生多大的损失。

例 10.5.1 假设 $\theta_i=\dfrac{1}{\mu_i}$ 相互独立且都服从 $Ga(\alpha,\beta)$ 分布,密度函数为

$$\pi(\theta)=\frac{\beta^{\alpha}}{\Gamma(\alpha)}\theta^{\alpha-1}\exp(-\beta\theta),\theta>0. \tag{10.36}$$

且在 μ_i 给定下 Y_{ij} 相互独立服从指数分布 $f(y|\theta_i)=\theta_i\exp(-\theta_i y),y>0$。因此容易得到 $\mu_0=\dfrac{\beta}{\alpha-1}$,$\tau_0^2=\dfrac{\beta^2}{(\alpha-1)^2(\alpha-2)}$,$\sigma_0^2=\dfrac{\beta^2}{(\alpha-1)(\alpha-2)}$,以及 $Z_i=\dfrac{I-i+1}{I-i+1+\alpha-1}$。且容易得到由于此时

$$(\theta_i|D_I)\sim Ga(\alpha+\sum_{j=0}^{I-i}Y_{ij},\beta+I-i+1).$$

在模拟的过程中,取 $I=J=9$,以及 $\alpha=4,\beta=3,\gamma_j=0.1,j=0,1,\cdots,I$。模拟过程分为以下几步:首先根据分布假设产生 $Y_{ij},i,j=0,1,\cdots,I$,这时可以计算得到 X_{ij},C_{ij} 对 $i,j=0,1,\cdots,I$ 的矩阵数据。因此可以得到下面几个模型的估计:

(1)链梯法估计:

$$C_{iJ}^{CL}=C_{i,I-i}f_{I-i}\cdots f_{J-1}.$$

(2)B-F 法估计:

$$C_{iJ}^{BF}=C_{i,I-i}+(1-\beta_{I-i})\widehat{\mu}_i.$$

这里 $\widehat{\mu}_i$ 为先验估计,由于我们没有历史资料的信息,直接取 $\widehat{\mu}_i=\mu_0$。

(3)贝叶斯估计:

$$C_{iJ}^{*}=C_{i,I-i}+(1-\beta_{I-i})E(\mu_i \mid D_I)=C_{i,I-i}+\frac{(1-\beta_{I-i})(\beta+I-i+1)}{\alpha+\sum_{j=0}^{I-i}Y_{ij}-1}.$$

(4)信度估计：

$$\widehat{C}_{iJ}^{cred}=C_{i,I-i}+(1-\beta_{I-i})(Z_i\overline{Y}_i+(1-Z_i)\mu_0).$$

对每次模拟，我们都可以计算其预测误差 $MSE=E[(\widehat{C}_{iJ}-C_{iJ})^2]$。在10000次重复模拟下，得到各个估计的均方误差的平均值，为了使得均方误差在适度大小范围，我们将均方误差乘以10，如表10.2、表10.3所示。

表10.2　链梯法、B-F法、贝叶斯法和信度估计的10倍均方误差

i	0	1	2	3	4	5	6	7	8	9
CL	0	19.6	11.7	17.1	14.1	7.16	2.32	3.89	8.57	8.82
BF	0	0.21	0.43	0.82	1.29	1.65	2.83	3.41	4.28	5.04
Bayes	0	0.28	0.71	1.43	2.32	3.04	4.67	5.46	6.36	6.59
Cred	0	0.17	0.32	0.52	0.77	1.09	1.77	2.28	3.07	5.04

表10.3　经验贝叶斯下链梯法、B-F法和信度估计的10倍均方误差

i	0	1	2	3	4	5	6	7	8	9
CL	0	320	173	93.1	47.2	17.1	6.51	4.34	8.41	9.43
BF	0	0.19	0.54	0.91	1.32	1.94	2.77	3.63	4.19	5.36
Cred	0	0.28	0.66	1.04	1.43	2.01	2.81	3.67	4.22	5.39

表10.2中的均方误差是在贝叶斯环境下当参数 γ_j,β_j,f_j 以及 $\mu_0,\tau_0^2,\sigma_0^2$ 都为已知时，分别用链梯法、B-F法，贝叶斯法与信度估计法估计计算出来的均方误差平均值。而表10.3是利用模拟产生的索赔三角形数据 D_I 估计出这些参数后代入链梯法、B-F法和信度估计法得到的经验贝叶斯版本的估计，这里B-F法中假设先验估计 $\widehat{\mu}_i=\mu_0$ 是已知的。

表10.2说明，在本章的模型假设下，信度估计有最小的均方误差，贝叶斯估计次之，B-F法比贝叶斯估计稍差，而链梯法均方误差最大。这主要有以下几个原因：其一，虽然贝叶斯估计是所有可测函数中使期望平方损失达到最小的估计，但由于本例中 μ_i 是风险参数 θ_i 的倒数，经过倒数变换以后这种最优性未必能保证，表10.2说明信度估计的均方误差比倒数变换后的贝叶斯估计的均方误差更小。其二，由于B-F法对 μ_i 的估计采用的是先验估计，而本例

中先验估计均使用 μ_0，故使得其均方误差较大。其三，链梯法的均方误差最大，其主要原因是本模型是随机 B-F 模型，将事故年均值假设为随机变量，而链梯法仍然将其作为固定参数，没有使用任何先验信息，因此导致较大的误差。总之，该模拟结果说明，在随机 B-F 模型中，信度估计是一个很好的选择。

在表 10.3 中，我们利用索赔三角形数据 D_I 估计了参数 γ_j, β_j, f_j 以及 μ_0，τ_0^2, σ_0^2，代入链梯法估计、B-F 法估计以及信度估计后得到。此时，由于经验贝叶斯估计中使用了结构参数的估计后增大了一些均方误差，而 B-F 法的先验估计仍然采用已知的 $\widehat{\mu}_i = \mu_0$，因此得到的结果中信度估计比 B-F 法估计有稍微大一点的均方误差。然而，在实际运用中，若先验估计采取不恰当，则很可能导致 B-F 法的均方误差比经验贝叶斯信度估计大。另外，经验贝叶斯信度估计的均方误差仍然比链梯法小。

综上所述，本章提出的信度估计方法和经验贝叶斯信度方法是有效的。

例 10.5.2 下面我们将这种方法运用于保险公司的实际例子，其数据来源于 Wuthrich 和 Merz(2008) 的 20 页表 2.2。我们根据该表中的保险索赔数据计算得到 B-F 法、链梯法和信度估计三种方法的准备金估计，列为表 10.4，其中 B-F 法的先验估计 $\widehat{\mu}_i$ 由精算师主观确定。

表 10.4　B-F 法、链梯法和经验贝叶斯信度估计三种方法的准备金估计比较

保单	先验估计	终极损失的估计			损失准备金的估计		
i	μ_i	$\widehat{C}_{iJ}^{BF}$	$\widehat{C}_{iJ}^{CL}$	$\widehat{C}_{iJ}^{exp}$	$\widehat{R}_i^{BF}$	$\widehat{R}_i^{CL}$	$\widehat{R}_i^{exp}$
0	11653101	11148124	11148124	11148124	0	0	0
1	11367306	10664316	10663318	10661418	16124	13226.27	15126.29
2	10962965	10662749	10662008	10661501	26998	25749.54	26257.45
3	10616762	9761643	9758606	9759366	37575	35298.42	34538.47
4	11044881	9882350	9872218	9886485	95434	99568.73	85301.62
5	11480700	10113777	10092247	10086401	178024	150648.41	156494.25
6	11413572	9623328	9568143	9575260	341305	293238.44	286092.48
7	11126527	8830301	8705378	8733654	574089	477442.86	449163.52
8	10986548	8967375	8691971	8791079	1318646	1142349.78	1043238.98
9	11618437	10443953	9626383	9805519	4768384	4129950.96	3950811.42
				Total	7356579	6367473.41	6047024.48

在表 10.4 中，我们发现 B-F 法得到的总准备金最大，这主要是因为精算师对先验估计 $\widehat{\mu}_i$ 取得较大的缘故。链梯法得到的准备金最小，而经验贝叶斯信度估计的准备金处于两者之间。

显然，B-F 法得到的准备金估计依赖于先验分布的选取，这在一定程度上是由精算师主观确定的；而链梯法仅仅使用了样本信息，对先验信息没有加以利用。因此，经验贝叶斯信度估计是一种较好的方法，一方面，这种方法不依赖于先验分布的具体分布形式；另一方面，由于充分运用了先验分布的信息，因此在实际中能得到较为准确的估计。

第 11 章　基于广义线性模型的个体索赔 RBNS 准备金评估

§11.1　引言

对于未决赔款准备金的计算，人们提出了许多确定性和随机性的方法来对其进行预测和估计，通常由到当前会计年已知的历史数据来预测未来的索赔额。而未决赔款准备金又包括已发生已报告未决赔款准备金（Report But Not Settled Claims Reserving，RBNS）和已发生未报告未决赔款准备金（Incurred But Not Report Claims Reserving，IBNR）。RBNS 是指对那些到当前会计日或精算评估日已经发生并已经报告给保险公司但还没有结案而提取的责任准备金，而 IBNR 是指对那些到当前会计日或精算评估日已经发生但还没有报告给保险公司的赔案而提取的责任准备金。传统的准备金评估方法都是基于聚合数据的，即流量三角形，Taylor 等（2003）称它们为聚合索赔模型。对聚合数据模型，未决赔款准备金的估计有多种方法，如链梯法（Chain Ladder Method，CL 法）和 B-F 法（Bornhuetter 和 Ferguson，1972），是用非随机性方法即确定性方法对未决赔款准备金进行估计，但用这种确定性方法得到的结果，我们无法评价其估计的好坏。因此，人们后来将随机性模型引入准备金的评估中，提出不同的随机模型，例如 Poisson 模型、Bayesian 模型、信度模型、Over-dispersed Poisson 模型、Tweedie's Compound Poisson 模型等指数发散族模型。然而，由于聚合数据模型使用的数据是对单个时间周期（通常为一年）内的所有个体索赔数据的简单加总，必然会丢失个体数据中所含的有用信息，这使得传统的聚合索赔数据模型没有充分地利用到历史数据所提供的完整信息，用统计术语来说，就是传统的聚合索赔模型中所用数据一般不是原始数据的充分统计量，对未决赔款准备金的预测有较大误差。因此，近年来基于个体数据的责任准备金评估方法得到迅速发展，Taylor 等（2003）称这样的模型为个体索赔模型。

Verrall 等(2010)建立了个体索赔额及个体索赔数目的责任准备金模型,但并未对个体索赔额的分布进行讨论。然而,该模型是基于聚合索赔模型对未决赔款准备金进行估计,必定会导致个体数据中有用信息的损失。Zhao 等(2009)提出半参数结构应用到索赔准备金中,Zhao 和 Zhou(2010)提出 Copula 模型拟合个体索赔模型中发生事故时间与延迟时间之间的关系。俞雪梨等(2010)提出了一个基于个体数据的线性预测模型,该模型不需要对数据的分布进行假设,而只需假设个体索赔数据的前两阶矩存在,具有适用范围广、简单易操作等特点。Huang 和 Wu(2015)研究了在离散时间状态下的一类 RBNS 准备金评估问题,RBNS 未决负债的条件期望是用 Watson-Nadaraya 估计得到的。

本章将建立个体索赔准备金的广义线性模型,讨论索赔的 RBNS 准备金的估计,并对估计的均方误差提出相应的统计推断方法。

§11.2 模型的建立及责任准备金的计算

假设有 I+1 个事故报告年,在第 i 个报告年有 n_i 份新保单,$i=0,1,\cdots,I$,则总的保单份数为 $n=\sum_{i=0}^{I} n_i$。我们将第 i 个事故年的第 k 份保单记为(i,k),且分别记 e_{ik} 与 N_{ik} 为保单(i,k)的风险暴露数以及事故报告次数。另外,记(i,k,l)为保单(i,k)的第 l 次索赔。因此 $e_i=\sum_{k=1}^{n_i} e_{ik}$ 和 $N_i=\sum_{k=1}^{n_i} N_{ik}$ 分别表示第 i 个事故报告年的总风险暴露数和总事故报告数。记(T_{ikl},Y_{ikl})为索赔(i,k,l)的赔付延迟及赔付额。本章不考虑报告延迟,并假设索赔的最大延迟时间为 $d=I$,且每次事故只索赔一次。因此,在责任准备金评估日第 i 个事故报告年的未决赔款为

$$L_i=\sum_{k=1}^{n_i}\sum_{l=1}^{N_{ik}} Y_{ikl} I\left\{T_{ikl}>I-i\right\}.$$

保单组合的未决赔款为 $L=\sum_{i=1}^{I} L_i$。我们的目标是基于个体索赔的数据来预测总的责任准备金。为此,给出下面的假设。

假设 11.2.1 所有保单之间相互独立,即索赔数据$\left\{N_{ik};\{T_{ikl},Y_{ikl}\}_{l=1}^{\infty}\right\}$对保单(i,k)相互独立,$k=1,2,\cdots,n_i$,$i=0,1,2,\cdots,I$。

假设 11.2.2　对每份保单(i,k)，索赔次数N_{ik}服从参数为λe_{ik}的 Poisson 分布，且与二维随机序列$\{T_{ikl},Y_{ikl}\}$，$l=1,2,\cdots,\infty$独立，其中$e_{ik}\in(0,1]$为该保单已知的风险暴露数，$\lambda>0$表示带有一个单位风险暴露的保单索赔数强度。

假设 11.2.3　二维向量(T_{ikl},Y_{ikl})，$l=1,2,\cdots,\infty$，$k=1,2,\cdots,n_i$相互独立且具有相同分布，记为典型的表示(T_i,Y_i)，其共同分布记为$P_r(T_i=t)=p_t$，其中$\sum_{t=0}^{I}p_t=1$，且假定Y_i在T_i给定的条件下服从指数分布族，即$Y_i|T_i=t$的条件密度为

$$f(y|t)=a(y,\sigma_{it}^2)\exp\left\{\frac{y\theta_{it}-b(\theta_{it})}{\sigma_{it}^2}\right\}. \tag{11.1}$$

其中$b(\cdot)$为自然参数θ_{it}的二阶可导实值函数，且使得$(b')^{-1}$存在，$a(\cdot,\cdot)$为恰当的实值函数，σ_{it}^2为发散参数。

假设 11.2.4　$E[Y_i|T_i=t]=y_{it}$，且y_{it}满足乘法结构，即

$$y_{it}=\mu_i\gamma_t,i=0,1,\cdots,I,t=0,1,\cdots,I. \tag{11.2}$$

假设 11.2.5　假设

$$\frac{n_i}{n}\to K_i\in(0,1),\frac{1}{n}\sum_{k=1}^{n_i}e_{ik}\to\tilde{e}_i,i=0,\cdots,I. \tag{11.3}$$

事实上，假设 11.2.1~11.2.5 给出了索赔额的广义线性模型。为了预测总准备金，对每份保单(i,k)，记

$$N_{ikj}^S=\sum_{l=1}^{N_{ik}}I\{T_{ikl}=j\},X_{ikj}=\sum_{l=1}^{N_{ik}}Y_{ikl}I\{T_{ikl}=j\}, \tag{11.4}$$

分别表示赔付延迟j年的赔付数目和赔付额。相应地，对事故报告年i，记

$$N_{ij}^S=\sum_{k=1}^{n_i}N_{ikj}^S,X_{ij}=\sum_{k=1}^{n_i}X_{ikj}, \tag{11.5}$$

分别表示赔付延迟j年的赔付总数目和总赔付额，在评估日I，第i年报告的事故的未决赔款为$L_i=\sum_{j=I-i+1}^{I}X_{ij}$。

由于在事故报告年i，只有当$T_i\leqslant I-i$时评估日才有赔付数据，因此，在评估日，对整个保单组合，观测到的延迟j年赔付的索赔数目为$S_j^O=\sum_{i=0}^{I-j}N_{ij}^S$，总的未决赔款为$L=\sum_{i=1}^{I}L_i$。

下面的引理给出一个复合 Poisson 的分解，为 Karlin 和 Taylor(1981)中定理 9.2 的一个推广。

引理 11.2.1　令$S=\sum_{i=1}^{N}Y_i$为一复合 Poisson 过程，其中N服从参数为λ的 Poisson 分布，而$\{Y_i,i=1,2,\cdots\}$为独立同分布的随机变量，且N与随机序

列$\{Y_i,i=1,2,\cdots\}$独立。若事件$\{A_j,j=1,2,\cdots,m\}$是根据随机变量Y_1取值对样本空间的一个划分，定义

$$T_j=\sum_{i=1}^{N}Y_iI_{Aj}(Y_i),j=1,2,\cdots,m, \tag{11.6}$$

则T_j为独立的复合Poisson过程，且$T_j \overset{L}{=} \sum_{k=1}^{N_j}Y_{jk}$，其中$N_j$服从参数为$\lambda Pr\{Y_1\in A_j\}$的Poisson分布，其中$Y_{jk}\overset{L}{=}(Y_1|Y_1\in A_j),k=1,\cdots,N_j$，这里"$\overset{L}{=}$"代表分布相同。

证明：记$M_S(t)$与$M_{Y_1}(t)$分别表示S和Y_1的矩母函数，则根据双重期望公式和矩母函数的性质，有

$$\begin{aligned}M_S(t)=E(e^{St})&=E[E(e^{\sum_{i=1}^{N}Y_it}|N]\\&=E[(Ee^{Y_1t})^N]\\&=E[\exp(N\ln(M_{Y_1}(t)))]\\&=\exp(\lambda(M_{Y_1}(t)-1))\end{aligned}$$

下面证明T_j与T_k当$j\neq k$时的独立性，即要证明

$$E[e^{T_jt_1+T_kt_2}]=E[e^{T_jt_1}]\cdot E[e^{T_kt_2}]$$

因为

$$\begin{aligned}E[e^{T_jt_1+T_kt_2}]&=E[e^{\sum_{i=1}^{N}Y_iI_{A_j}(Y_i)t_1+\sum_{i=1}^{N}Y_iI_{A_k}(Y_i)t_2}]\\&=E[E[e^{\sum_{i=1}^{N}Y_iI_{A_j}(Y_i)t_1+\sum_{i=1}^{N}Y_iI_{A_k}(Y_i)t_2}|N]]\\&=E[(Ee^{Y_1(I_{A_j}(Y_1)t_1+I_{A_k}(Y_1)t_2)})^N]\end{aligned}$$

以及

$$\begin{aligned}Ee^{Y_1(I_{A_j}(Y_1)t_1+I_{A_k}(Y_1)t_2)}=&E(e^{Y_1t_1}|Y_1\in A_j)\cdot P(Y_1\in A_j)+E(e^{Y_1t_2}|Y_1\in A_k)\cdot\\&P(Y_1\in A_k)+[1-P(Y_1\in A_j)-P(Y_1\in A_k)]\\=&[E(e^{Y_1t_1}|Y_1\in A_j)-1]\cdot P(Y_1\in A_j)+\\&[E(e^{Y_1t_2}|Y_1\in A_k)-1]\cdot P(Y_1\in A_k)+1\end{aligned}$$

所以得到

$$\begin{aligned}E[e^{T_jt_1+T_kt_2}]&=\exp\{\lambda[E(\exp(Y_1I_{Aj}(A_1)t_1+I_{Ak}(Y_1)t_2))+1]\}\\&=\exp\{\lambda[(E(e^{Y_1t_1}|Y_1\in A_j)-1)\cdot P(Y_1\in A_j)+\\&\quad(E(e^{Y_1t_2}|Y_1\in A_k)-1)P(Y_1\in A_k)]\}\\&=\exp\{\lambda P(Y_1\in A_j)[E(e^{Y_1t_1}|Y_1\in A_j)-1]\}\cdot\exp\{\lambda P(Y_1\in A_k)\\&\quad[E(e^{Y_1t_1}|Y_1\in A_k)-1]\}\\&=E[e^{T_jt_1}]\cdot E[e^{T_kt_2}]\end{aligned}$$

即证明了 T_j 与 T_k 的独立性。又因为

$$E[e^{T_j t_1}]=\exp\{\lambda P(Y_1\in A_j)[E(e^{Y_1 t_1}|Y_1\in A_j)-1]\}$$

可得

$$T_j \overset{L}{=} 1\sum_{k=1}^{N_j} Y_{jk}$$

其中 $Y_{jk}\overset{L}{=}(Y_1|Y_1\in A_j)$，$N_j$ 服从参数为 $\lambda P(Y_1\in A_j)$ 的 Poisson 分布。

推论 11.2.1　在模型假设 11.2.1～假设 11.2.5 成立条件下，可得下面的结论：

(a) 随机变量 $\{N_{ikj}^S, j=0,1,\cdots,I\}$ 在 N_{ik} 已知的条件下，服从多项分布 $(N_{ik};p_0,p_1,\cdots,p_I)$；无条件下，$N_{ikj}^S$ 对 j 相互独立，且服从参数为 $\lambda e_{ik}p_j$ 的 Poisson 分布，$j=0,1,\cdots,I$，进而 N_{ikj}^S 服从参数为 $\lambda e_i p_j$ 的 Poisson 分布，$i,j=0,1,\cdots,I$。

(b) 对保单 (i,k)，由式 (11.4) 定义的 X_{ikj} 对 j 相互独立且是一个复合 Poisson 过程，记为 $X_{ikj}=\sum_{l=1}^{N_{ikj}^S} Y_{ij:l}$，$j=0,1,\cdots,I$，其中 $Y_{ij:l}\overset{L}{=}(Y_i|T_i=j)$，$l=1,2,\cdots$ 为独立同分布的随机变量序列；进而 $X_{ij}=\sum_{k=1}^{n_i} X_{ikj}$ 也是一个复合 Poisson 过程，记为 $X_{ij}=\sum_{l=1}^{N_{ij}^S} Y_{ij:l}$，$j=0,1,\cdots,I$。

证明： 首先证明 (a)。由于多项分布的边际分布仍为多项分布，因此 N_{ikj}^S 在 N_{ik} 已知的条件下，服从二项分布 $b(N_{ik},p_j)$，即

$$\Pr(N_{ikj}^S=n_{ikj}\,\Big|\,N_{ik}=n_{ik})=\binom{n_{ik}}{n_{ikj}}p_j^{n_{ikj}}(1-p_j)^{n_{ik}-n_{ikj}},\ j=0,1,\cdots,I,$$

由模型假设 11.2.1～11.2.2 知 N_{ik} 服从参数为 λe_{ik} 的 Poisson 分布，因此由全概率公式可得

$$\begin{aligned}\Pr(N_{ikj}^S=n_{ikj}) &= \sum_{n_{ik}=n_{ikj}}^{\infty}\Pr(N_{ikj}^S=n_{ikj}|N_{ik}=n_{ik})\cdot\Pr(N_{ik}=n_{ik})\\ &= \sum_{n_{ik}=n_{ikj}}^{\infty}\binom{n_{ik}}{n_{ikj}}p_j^{n_{ikj}}(1-p_j)^{n_{ik}-n_{ikj}}\cdot\frac{(\lambda e_{ik})^{n_{ik}}}{n_{ik}!}e^{-\lambda e_{ik}}\\ &= (\lambda e_{ik}p_j)^{n_{ikj}}\cdot\frac{1}{n_{ikj}!}\cdot e^{-\lambda e_{ik}}\sum_{n_{ik}=n_{ikj}}^{\infty}\frac{[\lambda e_{ik}(1-p_j)]^{n_{ik}-n_{ikj}}}{(n_{ik}-n_{ikj})!}\\ &= (\lambda e_{ik}p_j)^{n_{ikj}}\cdot\frac{1}{n_{ikj}!}\cdot e^{-\lambda e_{ik}\cdot e^{\lambda e_{ik}(1-p_j)}}\\ &= \frac{(\lambda e_{ik}p_j)^{n_{ikj}}}{n_{ikj}!}e^{-\lambda e_{ik}p_j},\ j=0,1,\cdots,I,\end{aligned}$$

即

$$\Pr(N_{ikj}^{S}=n_{ikj})=\frac{(\lambda e_{ik}p_j)^{n_{ikj}}}{n_{ikj}!}e^{-\lambda e_{ik}p_j},j=0,1,\cdots,I.$$

因此在无条件下，N_{ikj}^{S}对 j 相互独立，且服从参数为 $\lambda e_{ik}p_j$ 的 Poisson 分布，$j=0,1,\cdots,I$，而 $N_{ij}^{S}=\sum_{k=1}^{n_i}N_{ikj}^{S}$，由 Poisson 分布的可加性知 N_{ij}^{S}服从参数为 $\sum_{k=1}^{n_i}\lambda e_{ik}p_j=\lambda e_i p_j$ 的 Poisson 分布，其中 $i,j=0,1,\cdots,I$。

对(b)，记$\{A_j,j=1,2,\cdots,m\}$表示根据 $T_{ikl}=j,j=0,1,\cdots,I$ 对$\{Y_{ikl},l=1,\cdots,N_{ik}\}$的一个划分，由引理 11.2.1 容易证明 X_{ikj}对不同的 j 相互独立且是一个复合 Poisson 过程；类似地，可证得 $X_{ij}=\sum_{k=1}^{n_i}X_{ikj}$也为一个复合 Poisson 过程。

对每个个体(i,k)，可观测到的数据集为 $D_{ik}=\{(T_{ikl},Y_{ikl}):T_{ikl}\leqslant I-i,l=1,2,\cdots,N_{ik}\}$，所有观测到的数据集为 $D=\cup_{i=0}^{I}\cup_{k=1}^{n_i}D_{ik}$，因为赔付数目 $N_{ikj}^{S},j\leqslant I-i,k=1,2,\cdots,n_i,i=0,1,\cdots,I$ 是 D 的函数，因此在评估日 I 都可观测。在本章的模型假设下，我们用 $L_I=E[L|D]$表示责任准备金，由推论 11.2.1 可知下三角数据与上三角数据是独立的，因此 $L_I=E[L]$，下面命题给出责任准备金的表达式。

命题 11.2.1　*在个体索赔模型假设 11.2.1～假设 11.2.5 下的责任准备金的均值与方差分别为*

$$L_I=E[L]=\lambda\sum_{i=1}^{I}\sum_{j=I-i+1}^{I}e_i\mu_i p_j\gamma_j \tag{11.7}$$

以及

$$\mathrm{Var}[L]=\lambda\sum_{i=1}^{I}\sum_{j=I-i+1}^{I}e_i p_j[\sigma_{ij}^2V(\mu_i\gamma_j)+(\mu_i\gamma_j)^2]. \tag{11.8}$$

证明：第 i 年的未决赔款为 $L_i=\sum_{j=I-i+1}^{I}X_{ij}$，由本章模型假设及推论 11.2.1 知 L_i 的期望为

$$\begin{aligned}E[L_i]&=\sum_{j=I-i+1}^{I}EX_{ij}=\sum_{j=I-i+1}^{I}E[\sum_{l=1}^{N_{ij}^S}Y_{ij;l}]\\&=\sum_{j=I-i+1}^{I}EN_{ij}^{S}EY_{ij;l}\\&=\lambda\sum_{j=I-i+1}^{I}e_i\mu_i p_j\gamma_j\end{aligned}$$

L_i 的方差为

$$\begin{aligned}\mathrm{Var}[L_i]&=\sum_{j=I-i+1}^{I}\mathrm{Var}(X_{ij})=\sum_{j=I-i+1}^{I}\sum_{k=1}^{n_i}\mathrm{Var}[\sum_{l=1}^{N_{ikj}^S}Y_{ij;l}]\\&=\sum_{j=I-i+1}^{I}\sum_{k=1}^{n_i}\left\{E\left[\mathrm{Var}\left(\sum_{l=1}^{N_{ikj}^S}Y_{ij;l}\middle|N_{ikj}^{S}\right)\right]+\mathrm{Var}\left[E\left(\sum_{l=1}^{N_{ikj}^S}Y_{ij;l}\middle|N_{ikj}^{S}\right)\right]\right\}\\&=\lambda\sum_{j=I-i+1}^{I}e_i p_j(\sigma_{ij}^2V(\mu_i\gamma_j)+\mu_i^{\,2}\gamma_j^2)\end{aligned}$$

因此有

$$E(L)=\lambda\sum_{i=1}^{I}\sum_{j=I-i+1}^{I}e_i\mu_i p_j\gamma_j.$$

根据独立性可得

$$Var(L)=\sum_{i=1}^{I}\sum_{j=I-i+1}^{I}e_i p_j(\sigma_{ij}^2 V(\mu_i\gamma_j)+(\mu_i\gamma_j)^2).$$

由命题 11.2.1 可看出 L_I 为未知参数 λ,μ,γ,p 的函数。若将参数估计代入 L_I 则可得到责任准备金 L_I 的估计。下一节我们将讨论这些参数的估计。

§11.3　责任准备金中参数的估计

下面我们根据观测到的数据集 D 对未知参数进行估计，并研究估计的性质。根据模型假设及推论 11.2.1 可知保单之间相互独立，且对每份保单(i,k)，历史索赔数目 $N_{ikj}^S,j=0,1,\cdots,I-i$ 对 j 相互独立且服从参数为 $\lambda e_{ik}p_j$ 的 Poisson 分布，其中包含未知参数(λ,p)的信息，而与参数μ,γ无关，而在赔付延迟 $T_i\leqslant I-i$ 的条件下，赔付额 Y_i 包含未知参数 μ,γ 的信息而与参数(λ,p)无关，因此，我们可分别对未知参数(λ,p)与(μ,γ)进行估计。

§11.3.1　参数(λ,p)的极大似然估计

记 $\lambda p_j=\lambda_j$，由模型假设及推论 11.2.1 可知，对保单(i,k)，随机向量$(N_{ikj}^S,j=0,1,\cdots,I-i$ 的联合分布为

$$f_{ik}(N_{ikj}^S,j=0,1,\cdots,I-i)=\prod_{j=0}^{I-i}\left[\frac{(\lambda e_{ik}p_j)^{N_{ikj}^S}}{N_{ikj}^S!}e^{-\lambda e_{ik}p_j}\right].\tag{11.9}$$

因此，有关(λ,p)的似然函数为

$$L_{ik}(\lambda,p)=\prod_{j=0}^{I-i}\left[\frac{(\lambda e_{ik}p_j)N_{ikj}^S}{N_{ikj}^S!}e^{-\lambda e_{ik}p_j}\right]\propto\prod_{j=0}^{I-i}(\lambda_j^{N_{ikj}^S}e^{-e_{ik}\lambda_j}).$$

由独立性可得有关(λ,p)的对数似然函数为

$$l(\lambda,p)=\sum_{i=0}^{I}\sum_{k=1}^{n_i}\sum_{j=0}^{I-i}(N_{ikj}^S\log\lambda_j-\lambda_j e_{ik})=\sum_{i=0}^{I}\sum_{j=0}^{I-i}(N_{ij}^S\log\lambda_j-\lambda_j e_i).\tag{11.10}$$

由此，得到下面的命题。

命题 11.3.1　参数 λ 与 p 的极大似然估计为

$$\widehat{\lambda}=\sum_{j=0}^{I}\frac{S_j^O}{e_{(j)}},\ \widehat{p}_j=\frac{S_j^O/e_{(j)}}{\sum_{j=0}^{I}S_j^O/e_{(j)}},j=0,1,\cdots,I$$

其中 $e_{(j)}=\sum_{i=0}^{I-j}e_i$。

证明:由对数似然函数(11.10)知

$$l(\lambda,p)=\sum_{j=0}^{I}\sum_{i=0}^{I-j}(N_{ij}^S\log\lambda_j-\lambda_j e_i)=\sum_{j=0}^{I}(\log(\lambda_j)\cdot S_j^O-\lambda_j e_{(j)})$$

对 λ_j 求偏导,得

$$\widehat{\lambda}_j=\frac{S_j^O}{e_{(j)}}$$

又 $\lambda_j=\lambda p_j$ 以及 $\sum_{j=0}^{I}p_j=1$,所以有

$$\widehat{\lambda}=\sum_{j=0}^{I}\frac{S_j^O}{e_{(j)}},\ \widehat{p}_j=\frac{\widehat{\lambda}_j}{\widehat{\lambda}}=\frac{S_j^O/e_{(j)}}{\sum_{j=0}^{I}S_j^O/e_{(j)}},j=0,1,\cdots,I.$$

下面的命题说明 λ 与 p 的极大似然估计均是强相合的。

命题 11.3.2 在假设 11.2.1~假设 11.2.5 下,极大似然估计 $\widehat{\lambda}$ 与 $\widehat{p}$ 具有强相合性,即当 $n\to\infty$ 时有

$$\widehat{\lambda}\xrightarrow{a.s.}\lambda,\ \widehat{p}\xrightarrow{a.s.}p.$$

证明:由推论 11.2.1 知 N_{ikj}^S 服从参数为$(\lambda e_{ik}p_j)$的 Poisson 分布,$0<e_{ik}\leq 1$,$i,j=0,1,\cdots,I,k=1,2,\cdots,n_i$,而

$$\sum_{k=1}^{\infty}\frac{Var[N_{ikj}^S]}{k^2}=\sum_{k=1}^{\infty}\frac{\lambda e_{ik}p_j}{k^2}<\infty,$$

根据 Kolmogorov 强大数定律及假设 11.2.5 有

$$\frac{1}{n}\sum_{i=1}^{I-j}\sum_{k=1}^{n_i}N_{ikj}^S\xrightarrow{a.s.}\sum_{i=1}^{I-j}\lambda\tilde{e}_i p_j$$

因此,

$$\widehat{\lambda}_j=\widehat{\lambda}\widehat{p}_j=\frac{S_j^O}{e_{(j)}}=\frac{\frac{1}{n}\sum_{i=1}^{I-j}\sum_{k=1}^{n_i}N_{ikj}^S}{\frac{1}{n}\sum_{i=1}^{I-j}\sum_{k=1}^{n_i}e_{ik}}\xrightarrow{a.s.}\lambda p_j,$$

从而可得结论

$$\widehat{\lambda}\xrightarrow{a.s.}\lambda,\ \widehat{p}_j=\frac{\widehat{\lambda}_j}{\widehat{\lambda}}\xrightarrow{a.s.}p_j,j=0,1,\cdots,I.$$

定理 11.3.1 在模型假设 11.2.1~假设 11.2.5 下,当 $n\to\infty$ 时,估计

$\left\{\widehat{\lambda}_j, j=0,1,\cdots,I\right\}$是渐近正态的，即

$$\sqrt{n}(\widehat{\lambda}_j-\lambda_j)\xrightarrow{L}N\left(0,\frac{\lambda_j}{\tilde{e}_{(j)}}\right), j=0,\cdots,I, \tag{11.11}$$

并且有

$$\sqrt{n}(\widehat{\lambda}-\lambda)\xrightarrow{L}N\left(0,\sum_{j=0}^{I}\frac{\lambda_j}{\tilde{e}_{(j)}}\right), \tag{11.12}$$

以及

$$\sqrt{n}(\widehat{p}_j-p_j)\xrightarrow{L}N\left(0,\frac{\lambda_j}{\tilde{e}_{(j)}\lambda^2}\right), j=0,\cdots,I, \tag{11.13}$$

其中 $\tilde{e}_{(j)}=\sum_{i=0}^{I-j}\tilde{e}_i$。

证明：由推论 11.2.1 知 $N_{ikj}^S, i=0,\cdots,I-j, k=1,\cdots,n_i$ 为独立但不同分布的随机变量，且 N_{ikj}^S 服从参数为 $(\lambda_j e_{ik})$ 的 Poisson 分布，因此 $E[N_{ikj}^S-\lambda_j e_{ik}]=0$，其中 $\lambda_j=\lambda p_j$，令 $Z_j=\sum_{i=0}^{I-j}\sum_{k=1}^{n_i}(N_{ikj}^S-\lambda_j e_{ik})$，$B_j^2=Var[Z_j]=\sum_{i=0}^{I-j}\sum_{k=1}^{n_i}\lambda_j e_{ik}$。取 $e^{0j}=\min(e_{ik}, i=0,\cdots,I-j, k=1,\cdots,n_i)$，则 $B_j^2\geqslant\lambda_j e^{0j}\sum_{i=0}^{I-j}n_i$，又对任意的 $\varepsilon_j>0$ 有

$$E[(N_{ikj}^S-\lambda_j e_{ik})^2 I\{|N_{ikj}^S-\lambda_j e_{ik}|\geqslant\varepsilon_j B_j\}]=\sum_{l=[\lambda_j e_{ik}+\varepsilon_j e_j^2]+1}^{\infty}(l-\lambda_j e_{ik})^2\frac{(\lambda_j e_{ik})^l}{l!}e^{-\lambda_j e_{ik}},$$

其中 $[\lambda_j e_{ik}+\varepsilon_j B_j^2]$ 表示取整，而级数 $\sum_{l=0}^{\infty}(l-\lambda_j e_{ik})^2\frac{(\lambda_j e_{ik})^l}{l!}e^{-\lambda_j e_{ik}}$ 收敛，因此存在 $N_{ikj}^*\in N$，当 $[\lambda_j e_{ik}+\varepsilon_j B_j^2]+1>N_{ikj}^*$ 时，有

$$E[(N_{ikj}^S-\lambda_j e_{ik})^2 I\{N_{ikj}^S-\lambda_j e_{ik}|\geqslant\varepsilon_j B_j\}]\leqslant\varepsilon_j,$$

取 $N_j^*=\max\{N_{ikj}^*, i=0,\cdots,I-j, k=1,\cdots,n_i\}$，则当 $[\lambda_j e^{0j}+\varepsilon_j B_j^2]+1>N_j^*$ 时，有

$$\frac{1}{B_j^2}\sum_{i=0}^{I-j}\sum_{k=1}^{n_i}E[(N_{ikj}^S-\lambda_j e_{ik})^2 I\{|N_{ikj}^S-\lambda_j e_{ik}|\geqslant\varepsilon_j B_j\}]\leqslant\frac{\varepsilon_j\sum_{i=0}^{I-j}n_i}{\lambda_j e^{0j}\sum_{i=0}^{I-j}n_i}=\frac{\varepsilon_j}{\lambda_j e^{0j}},$$

因此，当 $n\to\infty$ 时，有

$$\frac{1}{B_j^2}\sum_{i=0}^{I-j}\sum_{k=1}^{n_i}E[(N_{ikj}^S-\lambda_j e_{ik})^2 I\{|N_{ikj}^S-\lambda_j e_{ik}|\geqslant\varepsilon_j B_j\}]\to 0, j=0,\cdots,I.$$

根据 Lindeberg-Feller 中心极限定理得到

$$Z_j\xrightarrow{L}N(0,B_j^2),$$

其中 $B_j^2=\lambda_j e_{(j)}$，由于 $S_j^o=Z_j+\lambda_j e_{(j)}$，$\hat{\lambda}_j=\frac{S_j^o}{e_{(j)}}$，由假设 11.2.5 可得

$$\sqrt{n}(\hat{\lambda}_j-\lambda_j)\xrightarrow{L}N\left(0,\frac{\lambda_j}{\tilde{e}_{(j)}}\right),j=0,\cdots,I,$$

由于 $\hat{\lambda}=\sum_{j=0}^{I}\hat{\lambda}_j$，且由推论 11.2.1 知 $\hat{\lambda}_j$，$j=0,1,\cdots,I$ 相互独立，根据正态分布的可加性，有

$$\sqrt{n}(\hat{\lambda}-\lambda)\xrightarrow{L}N\left(0,\sum_{j=0}^{I}\frac{\lambda_j}{\tilde{e}_{(j)}}\right),$$

而 $\hat{p}_j=\frac{\hat{\lambda}_j}{\hat{\lambda}}$ $\hat{\lambda}\xrightarrow{a.s.}\lambda$，根据 Slutsky 定理即可得到

$$\sqrt{n}(\hat{p}_j-p_j)\xrightarrow{L}N\left(0,\frac{\lambda_j}{\tilde{e}_{(j)}\lambda^2}\right),j=0,\cdots,I.$$

§11.3.2 参数 $(\mu_i,\gamma_j)_{i,j=0,\cdots,I}$ 的极大似然估计

下面我们通过建立广义线性模型来求解 $(\mu_i,\gamma_j)_{i,j=0,\cdots,I}$ 的极大似然估计。

令 $Z_{ij}=\frac{X_{ij}}{N_{ij}^S}$，由推论 11.2.1 知 X_{ij} 可记为 $X_{ij}=\sum_{l=1}^{N_{ij}^S}Y_{ij:l}$，$j=1,2,\cdots,I$，其中 $Y_{ij:l}\overset{L}{=}(Y_i|T_i=j)$。

由模型假设 11.2.1～假设 11.2.5 及扩散指数分布类的可加性(Jorgensen, 1997)可知，在已知 $N_{ij}^S=n_{ij}$ 的条件下，Z_{ij} 的密度函数为

$$f(z)=a(n_{ij}z,\sigma_{ij}^2/n_{ij})\exp\left\{\frac{z\theta_{ij}-b(\theta_{ij})}{\sigma_{ij}^2/n_{ij}}\right\}.$$

此时

$$E[Z_{ij}]=y_{ij}=\mu_i\gamma_j=b'(\theta_{ij}),Var[Z_{ij}]=\frac{\sigma_{ij}^2}{n_{ij}}b''(\theta_{ij})=\frac{\sigma_{ij}^2}{n_{ij}}V(\mu_i\gamma_j).$$

其中 $V(\cdot)$ 为方差函数，令 $\beta=(\log\mu_0,\cdots,\log\mu_I,\log\gamma_0,\cdots,\log\gamma_I)'$，则可对 Z_{ij} 建立以下广义线性模型：

(1)随机要素：Z_{ij} 服从指数分布族

$$f(z)=a(n_{ij}z,\sigma_{ij}^2/n_{ij})\exp\left\{\frac{z\theta_{ij}-b(\theta_{ij})}{\sigma_{ij}^2/n_{ij}}\right\} \tag{11.14}$$

(2)系统要素：$\eta_{ij}=\Gamma_{ij}\beta$，其中 $\Gamma_{ij}=(0,\cdots,e_{i+1},\cdots0,0,\cdots,e_{I+j+2},0,\cdots,0)$，$e_i=1$

代表向量中第 i 个元素为 1。

(3)连接要素：存在严格单调可微的函数 $g(\cdot)$ 使得 $g(y_{ij})=\eta_{ij}=\Gamma_{ij}\beta$，称为连接函数。

因此得到下面的命题。

命题 11.3.3　若记 $\widehat{\beta}$ 为 β 的极大似然估计，则 $\widehat{\beta}$ 是下面方程的解

$$\left(\sum_{i+j\leqslant I}\frac{Z_{ij}-y_{ij}}{\sigma_{ij}^2/n_{ij}}\cdot\frac{1}{V(y_{ij})}\cdot y_{ij}\Gamma_{ij}^{(k)}\right)_{k=1,\cdots,2I+2}=(0,\cdots,0) \qquad (11.15)$$

其中 $\Gamma_{ij}^{(k)}$ 为向量 Γ_{ij} 的第 k 个元素，$y_{ij}=\exp(\Gamma_{ij}^{(k)}\beta)$。

证明：有关 β 的似然函数为：

$$L(\beta)=\prod_{i+j\leqslant I}\left[a(n_{ij}Z_{ij},\sigma_{ij}^2/n_{ij})\exp\left\{\frac{Z_{ij}\theta_{ij}-b(\theta_{ij})}{\sigma_{ij}^2/n_{ij}}\right\}\right]\propto\prod_{i+j\leqslant I}\left[\exp\left\{\frac{Z_{ij}\theta_{ij}-b(\theta_{ij})}{\sigma_{ij}^2/n_{ij}}\right\}\right]$$

则对数似然函数为：

$$l(\beta)=\sum_{i+j\leqslant I}\left[\frac{Z_{ij}\theta_{ij}-b(\theta_{ij})}{\sigma_{ij}^2/n_{ij}}\right],$$

分别对 2I+2 个未知参数 β_k，$k=1,\cdots,2I+2$ 求偏导，并令其为零，即可得到 β 的估计。令 $l(Z_{ij};\theta_{ij},\sigma_{ij}^2)=\dfrac{Z_{ij}\theta_{ij}-b(\theta_{ij})}{\sigma_{ij}^2/n_{ij}}$，则

$$\frac{\partial l(Z_{ij};\theta_{ij},\sigma_{ij}^2)}{\partial\beta_k}=\frac{\partial l(Z_{ij};\theta_{ij},\sigma_{ij}^2)}{\partial\theta_{ij}}\cdot\frac{\partial\theta_{ij}}{\partial y_{ij}}\cdot\frac{\partial y_{ij}}{\partial\eta_{ij}}\cdot\frac{\partial\eta_{ij}}{\partial\beta_k},$$

以及

$$\frac{\partial l(Z_{ij};\theta_{ij},\sigma_{ij}^2)}{\partial\theta_{ij}}=\frac{Z_{ij}-b'(\theta_{ij})}{\sigma_{ij}^2/n_{ij}}=\frac{Z_{ij}-y_{ij}}{\sigma_{ij}^2/n_{ij}}.$$

由于广义线性模型中 $y_{ij}=b'(\theta_{ij})$，$\log y_{ij}=\eta_{ij}$，$\eta_{ij}=\Gamma_{ij}\beta$，可得

$$\frac{\partial\theta_{ij}}{\partial y_{ij}}=\frac{1}{\dfrac{\partial y_{ij}}{\partial\theta_{ij}}}=\frac{1}{b''(\theta_{ij})}=V^{-1}(y_{ij}),$$

以及

$$\frac{\partial y_{ij}}{\partial\eta_{ij}}=\frac{1}{\dfrac{\partial\eta_{ij}}{\partial y_{ij}}}=y_{ij},\ \frac{\partial\eta_{ij}}{\partial\beta_k}=\Gamma_{ij}^{(k)},$$

所以有

$$\frac{\partial l(\beta)}{\partial \beta_k}=\sum_{i+j\leqslant I}\frac{Z_{ij}-y_{ij}}{\sigma_{ij}^2/n_{ij}}\cdot\frac{1}{V(y_{ij})}\cdot y_{ij}\Gamma_{ij}^{(k)},k=1,2,\cdots,2I+2.$$

因此,参数 β 的极大似然估计 $\widehat{\beta}$ 应满足

$$\left(\frac{\partial l(\beta)}{\partial \beta_k}\right)_{k=1,\cdots,2I+2}=\left(\sum_{i+j\leqslant I}\frac{Z_{ij}-y_{ij}}{\sigma_{ij}^2/n_{ij}}\cdot\frac{1}{V(y_{ij})}\cdot y_{ij}\Gamma_{ij}^{(k)}\right)_{k=1,2,\cdots,2I+2}=(0,\cdots,0).$$

在上面的命题中,若方差参数 $\sigma_{ij}^2,j=0,1,\cdots,I-i,i=0,1,\cdots,I$ 为已知的,则可代入方程组直接求解;若为未知的,则需要进行估计。另外,若假设 σ_{ij}^2 为常数,则方程两边可消去该常数项。对于方程组(11.15)的求解方法,一般可用 Fisher 计分法或 Newton-Raphson 迭代算法进行求解,得到 β 的极大似然估计。

若令 $\widehat{\mu}_i=\exp(\widehat{\beta_{i+1}})$,$\widehat{\gamma}_j=\exp(\widehat{\beta}_{I+2+j})$ 即可得到 $\mu_i,\gamma_j,i=0,\cdots,I,j=0,\cdots,I$ 的极大似然估计。

为了说明极大似然估计求法,下面列举几个常见的指数族分布的例子。

例 11.3.1 若$(Y_{ikl}|T_{ikl}=j)$服从正态分布 $N(y_{ij},\sigma_{ij}^2)$,且 $y_{ij}=\mu_i\gamma_j=\exp(\Gamma_{ij}\beta)$,此时 $V(y_{ij})=1$,方程组(11.15)为

$$\left(\sum_{i+j\leqslant I}\frac{Z_{ij}-\exp(\Gamma_{ij}\beta)}{\sigma_{ij}^2/n_{ij}}\cdot\exp(\Gamma_{ij}\beta)\cdot\Gamma_{ij}^{(k)}\right)_{k=1,\cdots,2I+2}=(0,\cdots,0).$$

例 11.3.2 若$(Y_{ikl}|T_{ikl}=j)$服从 Gamma 分布 $G(\alpha_{ij},\beta_{ij})$,且 $y_{ij}=\alpha_{ij}/\beta_{ij}=\mu_i\gamma_j=\exp(\Gamma_{ij}\beta)$,此时 $\sigma_{ij}^2=1/\alpha_{ij}$,$V(y_{ij})=y_{ij}^2$,方程组(11.15)为

$$\left(\sum_{i+j\leqslant I}\frac{Z_{ij}-\exp(\Gamma_{ij}\beta)}{1/(n_{ij}\alpha_{ij})}\cdot\exp(-\Gamma_{ij}\beta)\cdot\Gamma_{ij}^{(k)}\right)_{k=1,\cdots,2I+2}=(0,\cdots,0).$$

例 11.3.3 若$(Y_{ikl}|T_{ikl}=j)$服从逆高斯分布 $IG(y_{ij},\sigma_{ij}^2)$,且 $y_{ij}=\mu_i\gamma_j=\exp(\Gamma_{ij}\beta)$,此时 $V(y_{ij})=y_{ij}^3$,方程组(11.15)为

$$\left(\sum_{i+j\leqslant I}\frac{Z_{ij}-\exp(\Gamma_{ij}\beta)}{\sigma_{ij}^2/n_{ij}}\cdot\exp(-2\Gamma_{ij}\beta)\cdot\Gamma_{ij}^{(k)}\right)_{k=1,\cdots,2I+2}=(0,\cdots,0).$$

命题 11.3.4 在模型假设 11.2.1~假设 11.2.5 下,当 $n\to\infty$ 时,极大似然估计 $\{\widehat{\beta}_k,k=1,2,\cdots,2I+2\}$ 是渐近正态的,即

$$(\widehat{\beta}-\beta)\xrightarrow{L}N(0,H^{-1}(\beta)).\tag{11.16}$$

其中

$$H=H(\beta)=(H_{k.l})_{k.l=1,\cdots,2I+2},$$

为 β 的 Fisher 信息矩阵,这里

$$H_{k.1}=H_{k.1}(\beta)=\sum_{i+j\leqslant I}\left[\frac{y_{ij}^2}{V(y_{ij})\sigma_{ij}^2/n_{ij}}\Gamma_{ij}^{(k)}\Gamma_{ij}^{(1)}\right].$$

证明：由于 $\widehat{\beta}$ 为 β 的极大似然估计，由大样本性质知，$(\widehat{\beta}-\beta)\xrightarrow{\cdot}N(0,H^{-1}(\beta))$，其中 $H(\beta)$ 为 β 的 Fisher 信息矩阵。令

$$W=W(\beta)=\frac{\partial^2 l(\beta)}{\partial\beta^2}=\left(\frac{\partial^2 l(\beta)}{\partial\beta_k\partial\beta_l}\right)_{k,l=1,\cdots,2I+2},$$

则

$$H=H(\beta)=-E[W(\beta)]=-\left(E\left(\frac{\partial^2 l(\beta)}{\partial\beta_k\partial\beta_l}\right)\right)_{k,l=1,\cdots,2I+2},$$

记得分函数 $u=u(\beta)=\left(\frac{\partial l(\beta)}{\partial\beta_k}\right)_{k=1,\cdots,2I+2}=(u_k(\beta))_{k=1,\cdots,2I+2}$，则

$$\begin{aligned}\frac{\partial}{\partial\beta_l}u_k(\beta)&=\frac{\partial}{\partial\beta_l}\sum_{i+j\leqslant I}\frac{Z_{ij}-y_{ij}}{\sigma_{ij}^2/n_{ij}}\frac{1}{V(y_{ij})}y_{ij}\Gamma_{ij}^{(k)}\\&=\sum_{i+j\leqslant I}\left[\frac{\partial}{\partial\beta_l}\frac{(Z_{ij}-y_{ij})}{\sigma_{ij}^2/n_{ij}}\frac{1}{V(y_{ij})}y_{ij}\Gamma_{ij}^{(k)}+\frac{Z_{ij}-y_{ij}}{\sigma_{ij}^2/n_{ij}}\frac{\partial}{\partial\beta_l}\left(\frac{y_{ij}}{V(y_{ij})}\right)\Gamma_{ij}^{(k)}\right]\\&=-\sum_{i+j\leqslant I}\frac{y_{ij}^2}{V(y_{ij})\sigma_{ij}^2/n_{ij}}\Gamma_{ij}^{(k)}\Gamma_{ij}^{(l)}+\sum_{i+j\leqslant I}\frac{Z_{ij}-y_{ij}}{\sigma_{ij}^2/n_{ij}}\frac{\partial}{\partial\beta_l}\left(\frac{y_{ij}}{V(y_{ij})}\right)\Gamma_{ij}^{(k)}\end{aligned}$$

所以

$$-E\left[\frac{\partial}{\partial\beta_l}u_k(\beta)\right]=\sum_{i+j\leqslant I}\left[\frac{y_{ij}^2}{V(y_{ij})\sigma_{ij}^2/n_{ij}}\Gamma_{ij}^{(k)}\Gamma_{ij}^{(l)}\right].$$

因此

$$H_{k.1}=H_{k.1}(\beta)=\sum_{i+j\leqslant I}\left[\frac{y_{ij}^2}{V(y_{ij})\sigma_{ij}^2/n_{ij}}\Gamma_{ij}^{(k)}\Gamma_{ij}^{(1)}\right].$$

注意到 $(\widehat{\mu},\widehat{\gamma})'=\exp(\widehat{\beta})$，$(\mu,\gamma)'=\exp(\beta)$ 以及

$$\frac{\partial(\mu,\gamma)'}{\partial\beta}=\mathrm{diag}(\exp(\beta))=\mathrm{diag}(\mu,\gamma),\tag{11.17}$$

根据 Cramer 定理，有

$$((\widehat{\mu},\widehat{\gamma})'-(\mu,\gamma)')\xrightarrow{L}N(0,\mathrm{diag}(\mu,\gamma)H^{-1}(\beta)\mathrm{diag}(\mu,\gamma)).\tag{11.18}$$

注记 11.3.1　极大似然估计可能是有偏的，但相对于估计误差来说，一般在实际中偏差都可忽略，因此，我们假设式(11.16)充分收敛。对于偏差的修正，可参考 Cordeiro 和 McCullagh(1991)。

§11.4 责任准备金的估计及其预测均方误差

由前一节未知参数的估计代入 L_I 即可得到责任准备金的估计

$$\begin{aligned}\widehat{L}_I=\sum_{i=1}^{I}\sum_{j=I-i+1}^{I}\widehat{X}_{ij}&=\sum_{i=1}^{I}\sum_{j=I-i+1}^{I}\widehat{N}_{ij}^{S}\cdot\widehat{Z}_{ij}\\&=\sum_{i=1}^{I}\sum_{j=I-i+1}^{I}\widehat{\lambda}e_i\widehat{p}_j\cdot\widehat{y}_{ij}\\&=\sum_{i=1}^{I}\sum_{j=I-i+1}^{I}\widehat{\lambda}e_i\widehat{p}_j\cdot\widehat{\mu}_i\widehat{\gamma}_j.\end{aligned}\tag{11.19}$$

为了评估准备金估计 $\widehat{L}_I$ 的准确性，我们求 $\widehat{L}_I$ 的预测均方误差，得到下面的命题。

命题 11.4.1 在模型假设 11.2.1～假设 11.2.5 下，$\widehat{L}_I$ 的预测均方误差近似为

$$\begin{aligned}\mathrm{MSEP}(\widehat{L}_I)\approx&\sum_{i=1}^{I}\sum_{j=I-i+1}^{I}e_i\lambda_j(\sigma_{ij}^2V(y_{ij})+y_{ij}^2)\\&+\sum_{i=1}^{I}\sum_{j=I-i+1}^{I}e_i^2y_{ij}^2\left[\frac{\lambda_j}{e_{(j)}}+\left(\frac{\lambda_j}{e_{(j)}}+\lambda_j^2\right)\Gamma_{ij}H^{-1}(b)\Gamma_{ij}'\right]\\&+2\sum_{j=1}^{I}\sum_{i=I-j+1}^{I-1}\sum_{m=i+1}^{I}\left[e_ie_my_{ij}y_{mj}\lambda_j\left(\left(\frac{1}{e_{(j)}}+\lambda_j\right)\cdot\Gamma_{ij}H^{-1}(b)\Gamma_{mj}'+\frac{1}{e_{(j)}}\right)\right]\\&+2\sum_{i=1}^{I}\sum_{j=I-i+1}^{I-1}\sum_{m=1}^{I}\sum_{l=j+1}^{I}[e_ie_m\lambda_j\lambda_ly_{ij}y_{ml}\Gamma_{ij}H^{-1}(b)\Gamma_{ml}'.\end{aligned}$$

证明：根据命题 11.3.2 知，当 $n\to\infty$ 时，$\widehat{L}_I$ 为 L_I 的渐近无偏估计。对 $\widehat{L}_I$ 的预测均方误差进行分解得到

$$\begin{aligned}\mathrm{MSEP}(\widehat{L}_I)&=E[(\widehat{L}_I-L)]^2\\&=E[(\widehat{L}_I-L_I)]^2+E[(L_I-L)]^2-2E[\widehat{L}_I-L_I)(L-L_I)].\end{aligned}$$

由于 $\widehat{L}_I$ 为上三角数据的函数，而 L 为下三角 X_{ij} 的和，由渐近无偏性及 $L_I=E[L]$，因此交叉项近似为零。因此可得 $\widehat{L}_I$ 的预测均方误差为

$$\mathrm{MSEP}(\widehat{L}_I)=\mathrm{Var}[\widehat{L}_I]+\mathrm{Var}[L],$$

由命题 11.2.1 可得 Var[L]，因此只需计算 $\mathrm{Var}[\widehat{L}_I]$。而 $\widehat{L}_I$ 的方差为

$$\mathrm{Var}[\widehat{L}_I]=E\left[\sum_{i=1}^{I}\sum_{j=I-i+1}^{I}(\widehat{X}_{ij}-\widehat{EX}_{ij})\right]^2$$

$$=\sum_{i=1}^{I}\sum_{j=I-i+1}^{I}\mathrm{Var}[\widehat{X}_{ij}]+2\sum_{(i,j)\neq(m,l)}\mathrm{Cov}(\widehat{X}_{ij},\widehat{X}_{ml}).$$

对于 $i=1,\cdots,I,j=I-i+1,\cdots,I$,利用泰勒展开式,$\mathrm{Var}(\widehat{X}_{ij})$可近似为

$$\mathrm{Var}(\widehat{X}_{ij})=e_i^2\mathrm{Var}(\lambda_j e^{\widehat{\eta}_{ij}-\eta_{ij}}e^{\eta_{ij}})\approx e_i^2y_{ij}^2\mathrm{Var}[\widehat{\lambda}_j(1+(\widehat{\eta}_{ij}-\eta_{ij}))]$$

$$=e_i^2y_{ij}^2[\mathrm{Var}(\widehat{\lambda}_j)+E(\widehat{\lambda}_j)^2\mathrm{Var}(\widehat{\eta}_{ij}).$$

由命题 11. 3. 1 知

$$\mathrm{Var}(\widehat{\lambda}_j)=\mathrm{Var}\left(\frac{S_j^0}{e_{(j)}}\right)=\frac{\lambda_j}{e_{(j)}},E(\widehat{\lambda}_j)=E\left(\frac{S_j^0}{e_{(j)}}\right)=\lambda_j$$

以及

$$\mathrm{Var}(\widehat{\eta}_{ij})=\mathrm{Var}(\Gamma_{ij}\widehat{b})=\Gamma_{ij}\mathrm{Cov}(\widehat{b},\widehat{b})\Gamma_{ij}'=\Gamma_{ij}H^{-1}(b)\Gamma_{ij}'$$

而交叉项为

$$\mathrm{Cov}(\widehat{X}_{ij},\widehat{X}_{ml})=\mathrm{Cov}(\widehat{N}_{ij}^S\widehat{y}_{ij},\widehat{N}_{ml}^S\widehat{y}_{ml})$$

$$=E(\widehat{N}_{ij}^S\widehat{N}_{ml}^S)\cdot E(\widehat{y}_{ij}\widehat{y}_{ml})$$

$$-E\widehat{N}_{ij}^S\cdot E\widehat{y}_{ij}\cdot E\widehat{N}_{ml}^S\cdot E\widehat{y}_{ml}.$$

由模型假设 11. 2. 1~假设 11. 2. 5 可得

$$E\widehat{N}_{ij}^S=e_i\lambda_j=EN_{ij}^S.$$

当 $j\neq l$ 时,

$$E(\widehat{N}_{ij}^S\widehat{N}_{ml}^S)=e_ie_mE(\widehat{\lambda}_j\widehat{\lambda}_l)=e_ie_m\lambda_j\lambda_l=EN_{ij}^SN_{ml}^S.$$

当 $i\neq m,j=l$ 时,

$$E(\widehat{N}_{ij}^S\widehat{N}_{mj}^S)=e_ie_mE(\widehat{\lambda}_j)^2=e_ie_m\left(\frac{\lambda_j}{e_{(j)}}+\lambda_j^2\right),$$

以及

$$E\widehat{y}_{ij}=Ee^{\widehat{\eta}_{ij}}=e^{\eta_{ij}}Ee^{\widehat{\eta}_{ij}-\eta_{ij}}\approx e^{\eta_{ij}}E[1+(\widehat{\eta}_{ij}-\eta_{ij})]=e^{\eta_{ij}}=y_{ij},$$

又因为

$$\mathrm{Cov}(\widehat{y}_{ij},\widehat{y}_{ml})=\mathrm{Cov}(e^{\widehat{\eta}_{ij}},e^{\widehat{\eta}_{ml}})=\mathrm{Cov}(e^{\eta_{ij}}e^{\widehat{\eta}_{ij}-\eta_{ij}},e^{\eta_{mn}}e^{\widehat{\eta}_{ml}-\eta_{ml}})$$

$$\approx e^{\eta_{ij}+\eta_{ml}}\mathrm{Cov}(\widehat{\eta}_{ij},\widehat{\eta}_{ml})=e^{\eta_{ij}+\eta_{ml}}\Gamma_{ij}\mathrm{Cov}(\widehat{b},\widehat{b})\Gamma_{ml}'$$

$$=y_{ij}y_{ml}\Gamma_{ij}H^{-1}(b)\Gamma_{ml}',$$

以及

$$E(\widehat{y}_{ij}\widehat{y}_{ml})=\mathrm{Cov}(\widehat{y}_{ij},\widehat{y}_{ml})+E\widehat{y}_{ij}\cdot E\widehat{y}_{ml}$$

$$=y_{ij}y_{ml}(\Gamma_{ij}H^{-1}(b)\Gamma_{ml}'+1),$$

代入 $\mathrm{Var}[\widehat{L}_I]$即可得

$$\mathrm{Var}[\widehat{L}_I]$$

$$\approx\sum_{i=1}^{I}\sum_{j=I-i+1}^{I}e_i^2y_{ij}^2\left[\frac{\lambda_j}{e_{(j)}}+\left(\frac{\lambda_j}{e_{(j)}}+\lambda_j^2\right)\Gamma_{ij}H^{-1}(b)\Gamma_{ij}'\right]$$

$$+2\sum_{j=1}^{I}\sum_{i=I-j+1}^{I-1}\sum_{m=i+1}^{I}\left[e_ie_m\left(\frac{\lambda_j}{e_{(j)}}+\lambda_j^2\right)\cdot y_{ij}y_{mj}(\Gamma_{ij}H^{-1}(b)\Gamma_{mj}'+1)-e_ie_m\lambda_j^2y_{ij}y_{mj}\right]$$

$$+2\sum_{i=1}^{I}\sum_{i=I-i+1}^{I-1}\sum_{m=1}^{I}\sum_{l=j+1}^{I}[e_ie_m\lambda_j\lambda_ly_{ij}y_{ml}(\Gamma_{ij}H^{-1}(b)\Gamma_{mj}'+1)-e_ie_m\lambda_j\lambda_ly_{ij}y_{ml}]$$

$$=\sum_{i=1}^{I}\sum_{j=I-i+1}^{I}e_i^2y_{ij}^2\left[\frac{\lambda_j}{e_{(j)}}+\left(\frac{\lambda_j}{e_{(j)}}+\lambda_j^2\right)\Gamma_{ij}H^{-1}(b)\Gamma_{ij}'\right]$$

$$+2\sum_{j=1}^{I}\sum_{i=I-j+1}^{I-1}\sum_{m=i+1}^{I}\left[e_ie_my_{ij}y_{mj}\lambda_j\left(\frac{1}{e_{(j)}}+\lambda_j\right)\cdot\left(\Gamma_{ij}H^{-1}(b)\Gamma_{mj}'+\frac{1}{e_{(j)}}\right)\right]$$

$$+2\sum_{i=1}^{I}\sum_{j=I-i+1}^{I-1}\sum_{m=1}^{I}\sum_{l=j+1}^{I}[e_ie_m\lambda_j\lambda_ly_{ij}y_{ml}\Gamma_{ij}H^{-1}(b)\Gamma_{mj}'].$$

§11.5 RBNS 责任准备金的链梯估计

经典的估计责任准备金的链梯法为

$$\widehat{L}^{CL}=\sum_{i=1}^{I}\widehat{L}_i^{CL}, 其中\ \widehat{L}_i^{CL}=C_{i,I-i}\left(\prod_{j=I-i}^{J-1}\widehat{f}_j-1\right),$$

这里 $C_{i,j}=\sum_{s=0}^{j}X_{is}$ 代表在第 i 个事故报告年第 j 个进展年的累计赔付额，构成累计索赔数据的损失上三角形。由聚合数据 $AD=\{X_{ij},j=0,1,\cdots,I-i,i=0,1,\cdots,I\}$ 得到 $\widehat{f}_j$ 的表达式为

$$\widehat{f}_j=\frac{\sum_{i=0}^{I-j-1}C_{i,j+1}}{\sum_{i=0}^{I-j-1}C_{i,j}}=1+\frac{\sum_{i=0}^{I-j-1}X_{i,j+1}}{\sum_{i=0}^{I-j-1}\sum_{s=0}^{j}X_{is}}.$$

下面的命题说明在模型假设 11.2.1~假设 11.2.5 下，可以用链梯法来估计 RBNS 责任准备金。

命题 11.5.1 在模型假设 11.2.1~假设 11.2.5 下，存在参数 $f=(f_0,f_1,\cdots,f_{I-1})'$ 使得

$$E[C_{i,j+1}]=f_jE[C_{i,j}],j=0,1,\cdots,I-1,i=0,1,\cdots,I.$$

证明：在模型假设 11.2.1~假设 11.2.5 下，由推论 11.2.1 可得到

$$E[X_{ij}]=\lambda e_i\mu_ip_j\gamma_j=(\lambda e_i\mu_i)(p_j\gamma_j),i,j=0,1,\cdots,I.$$

从而可得

$$\frac{E[C_{i,j+1}]}{E[C_{i,j}]}=\frac{\sum_{s=0}^{j+1}(\lambda e_i\mu_i)(p_s\gamma_s)}{\sum_{s=0}^{j}(\lambda e_i\mu_i)(p_s\gamma_s)}=\frac{\sum_{s=0}^{j+1}p_s\gamma_s}{\sum_{s=0}^{j}p_s\gamma_s}=1+\frac{p_{j+1}\gamma_{j+1}}{\sum_{s=0}^{j}p_s\gamma_s},j=0,1,\cdots,I-1.$$

因此,令 $f_j=1+(\sum_{s=0}^{j}p_s\gamma_s)^{-1}(p_{j+1}\gamma_{j+1}),j=0,1,\cdots,I-1$,即可证明结论成立。

§ 11.6 数值模拟与比较

由于 $\widehat{L}_I$ 和 $\widehat{L}^{CL}$ 都是 L_I 的估计,下面我们运用 Bootstrap 方法进行数值模拟并比较两者的均方误差。

取 $I=5$,对应的保单份数为 $n=(2000,1500,1500,1000,1000,1000)$,在下面 的两种分布假设下进行数值模拟。首先,假设 N_{ik} 服从 Poisson(λe_{ik}),其中 $\lambda=1$,而 $e_{ik},i=0,1,\cdots,I,k=1,2,\cdots,n_i$ 为均匀分布 $U(0,1)$ 生成的随机数,可得

$$e=(e_0,e_1,\cdots,e_I)=(979.45,755.87,750.93,504.35,503.09,513.24).$$

延迟赔付的分布律取为 $p=(p_0,p_1,\cdots,p_I)=(0.2,0.3,0.2,0.15,0.1,0.05)$。

其次,假设 $(Y_i|T_i=t)$ 的密度为 $f(y)=a(y,\sigma_{ij}^2)\exp\left\{\frac{y\theta_{it}-b(\theta_{it})}{\sigma_{it}^2}\right\}$,其中 $b(\cdot)$ 为自然参数 θ_{it} 的二阶可导实值函数,使得 $(b')^{-1}(\cdot)$ 存在,$a(\cdot,\cdot)$ 为恰当的实值函数,σ_{ij}^2 为发散参数。且 $E[Y_i|T_i=t]=y_{it}$,且 y_{it} 满足乘法结构,即 $y_{it}=\mu_i\gamma_j=\exp(\Gamma_{ij}\beta),i=0,1,\cdots,I,t=0,1,\cdots,I$。取 $\mu=(\mu_0,\mu_1,\cdots,\mu_I)=(1.5,1.8,2.0,2.2,2.6,3.0),\gamma=(\gamma_0,\gamma_1,\cdots,\gamma_I)=(1.3,1.4,2.0,1.8,1.5,2.0)$。

进而,假设 $(Y_i|T_i=j)$ 服从正态分布和伽马分布,而正态分布又分两种情况进行讨论,分别假设其方差相同和不同。

(A1)假设 $Y_i|T_i=j$ 服从 $N_1(\mu_i\gamma_j,\sigma_{ij}^2),i,j=0,1,\cdots,I$,对不同的 i,j,σ_{ij}^2 都不相同,记为 Σ_1,对其赋值为

$$\Sigma_1=\begin{pmatrix}\sigma_{00}^2&\sigma_{01}^2&\cdots&\sigma_{0I}^2\\\sigma_{10}^2&\sigma_{11}^2&\cdots&\sigma_{1I}^2\\\vdots&\vdots&&\vdots\\\sigma_{I0}^2&\sigma_{I1}^2&\cdots&\sigma_{II}^2\end{pmatrix}=\begin{pmatrix}0.23&0.17&0.29&0.24&0.22&0.12\\0.16&0.21&0.19&0.14&0.24&0.26\\0.22&0.16&0.27&0.22&0.20&0.18\\0.12&0.17&0.17&0.24&0.13&0.19\\0.10&0.21&0.15&0.23&0.13&0.29\\0.26&0.15&0.16&0.18&0.24&0.16\end{pmatrix}.$$

此时 $E[Y_i|T_i=j]=y_{ij}=\mu_i\gamma_j=\exp(\Gamma_{ij}\beta)$，$V(y_{ij})=1$，$i,j=0,1,\cdots,I$，方程组(11.15)为

$$\left(\sum_{i+j\leq I}\frac{Z_{ij}-\exp(\Gamma_{ij}\beta)}{\sigma_{ij}^2/N_{ij}^S}\cdot\exp(\Gamma_{ij}\beta)\cdot\Gamma_{ij}^{(k)}\right)_{k=1,\cdots,2I+2}=(0,\cdots,0).$$

由于 σ_{ij}^2 未知，我们可用下面的矩估计对其进行估计，

$$\widehat{\sigma}_{ij}^2=\frac{\sum_{l=1}^{N_{ij}^S}(Y_{ij:l}-Z_{ij})^2}{N_{ij}^S-1}$$

用 $\widehat{\sigma}_{ij}^2$ 代替上式中的 σ_{ij}^2，从而求解方程组，进而得到 β 的估计。

(A2)假设 $(Y_i|T_i=j)$ 服从 $N_2(\mu_i\gamma_j,\sigma_{ij}^2)$，$i,j=0,1,\cdots,I$，对不同的 i,j，设 σ_{ij}^2 都相等取为0.2，记为 Σ_2，即

$$\Sigma_2=\begin{pmatrix}0.20 & 0.20 & \cdots & 0.20\\ \vdots & \vdots & & \vdots\\ 0.20 & 0.20 & \cdots & 0.20\end{pmatrix}.$$

此时 $y_{ij}=\mu_i\gamma_j=\exp(\Gamma_{ij}\beta)$，$V(y_{ij})=1$，$i,j=0,1,\cdots,I$，方程组(11.15)为

$$\left(\sum_{i+j\leq I}\frac{Z_{ij}-\exp(\Gamma_{ij}\beta)}{1/N_{ij}^S}\cdot\exp(\Gamma_{ij}\beta)\cdot\Gamma_{ij}^{(k)}\right)_{k=1,\cdots,2I+2}=(0,\cdots,0).$$

求解该方程组，得到 β 的估计。

(A3)假设 $Y_i|T_i=j$ 服从 $\mathrm{Gamma}(\alpha,\alpha/(\mu_i\gamma_j))$，$i,j=0,1,\cdots,I$，其中 $\alpha=200$，此时 $y_{ij}=\mu_i\gamma_j=\exp(\Gamma_{ij}\beta)$，$\sigma_{ij}^2=1/\alpha$，$V(y_{ij})=y2$，方程组(11.15)为

$$\left(\sum_{i+j\leq I}\frac{Z_{ij}-\exp(\Gamma_{ij}\beta)}{1/N_{ij}^S}\cdot\exp(-\Gamma_{ij}\beta)\cdot\Gamma_{ij}^{(k)}\right)_{k=1,\cdots,2I+2}=(0,\cdots,0).$$

求解该方程组，得到 β 的估计。

对上述三种情况，得到 β 的估计 $\widehat{\beta}$，再令 $\widehat{\mu}_i=\exp\{\beta_{i+1}\}$，$\widehat{\gamma}_j=\exp\{\beta_{I+2+j}\}$，可得到 $\mu_i,\gamma_i,i,j=0,\cdots,I$ 的极大似然估计，模拟重复5000次，其估计的均值及标准离差如表11.1所示，可看出各参数估计的均值与真实值很接近或相等，标准离差也都很小。

表11.1 不同分布下各参数估计的均值和标准离差(m±sd)

case	参数	i=0	i=1	i=2	i=3	i=4	i=5
	$\widehat{p}_i$	0.20±0.007	0.30±0.008	0.20±0.007	0.15±0.007	0.10±0.007	0.05±0.007
A1	$\widehat{\mu}_i$	1.50±0.018	1.80±0.022	2.00±0.024	2.21±0.026	2.60±0.033	2.97±0.051

续表

case	参数	i=0	i=1	i=2	i=3	i=4	i=5
A1	$\widehat{\gamma}_i$	1.30±0.016	1.40±0.017	2.00±0.024	1.80±0.023	1.50±0.021	2.00±0.030
A2	$\widehat{\mu}_i$	1.49±0.016	1.79±0.019	1.99±0.022	2.20±0.024	2.58±0.030	2.96±0.040
	$\widehat{\gamma}_i$	1.31±0.014	1.41±0.015	2.01±0.022	1.81±0.020	1.51±0.020	2.01±0.032
A3	$\widehat{\mu}_i$	1.50±0.024	1.80±0.029	2.00±0.033	2.20±0.037	2.58±0.045	2.95±0.060
	$\widehat{\gamma}_i$	1.31±0.021	1.40±0.023	2.01±0.033	1.81±0.030	1.51±0.026	2.00±0.042

将 $\widehat{\lambda}$，$\widehat{p}$，$\widehat{\mu}_i$，$\widehat{\gamma}_j$，$i,j=0,\cdots,I$ 代入式(11.19)，即可得到责任准备金的估计，模拟重复5000次，可分别得到三种情况责任准备金估计的MSEP，如表11.2所示。表明在不同分布及参数假设下，本章所提的基于广义线性模型对个体索赔RBNS估计的MSEP均明显小于运用链梯法得到的RBNS估计的MSEP。

表11.2　比较基于个体索赔模型与链梯法的RBNS估计的MSEP

分布	个体索赔模型MSEP	链梯法MSEP
A1	1.92×10^4	7.35×10^4
A2	1.86×10^4	7.35×10^4
A3	1.98×10^4	7.33×10^4

为了说明估计的渐近正态性，我们分别画出不同分布下，$(\widehat{L}_I-L_I)/L_I$ 和 $(\widehat{L}^{CL}-L_I)/L_I$ 的正态拟合图，如图11.1所示。

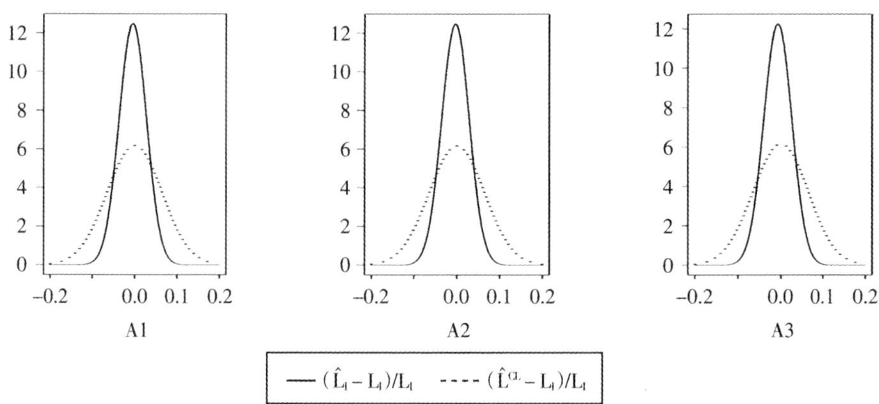

图 11.1　RBNS 准备金估计与责任准备金之差的渐近正态图

图 11.1 中实线表示本章给出的准备金估计的渐近正态性拟合图，而虚线表示链梯法估计的渐近正态性拟合图。显然，这两种方法得到的责任准备金的估计都是渐近无偏的，但基于广义线性模型得到个体索赔 RBNS 估计的均方误差明显小于链梯法估计的均方误差。

第12章　结论

精算统计主要利用数理统计的工具对给定的精算模型给出相应的统计推断方法。在对风险进行评估和统计推断的过程中,可用的信息主要包括两个部分,一部分是对风险导致的损失进行若干次观测得到的样本信息,另一部分是根据以往的历史资料或经验给出的先验信息。由于先验分布选取的复杂性和主观性,大部分传统的精算统计模型使用样本信息。显然,从统计的意义上讲,充分挖掘有用信息更加有利于提高风险估计的精确度。本书试图从各个层面对保费定价和风险度量建立贝叶斯模型,给出风险评估的贝叶斯统计推断方法。为了克服先验分布的主观性,我们借鉴 Bühlmann 的信度理论思想,将风险的估计限定在样本的某些特定函数类中,从而得到的估计仅仅依赖于先验分布的某些矩,而不依赖于具体的先验分布。进而,在多样本的贝叶斯模型中,结合经验贝叶斯方法提出结构参数的估计,由此得到风险的经验贝叶斯估计。由于经验贝叶斯估计不再依赖于任何先验分布的参数,因此可以直接运用于实际。

本书的主体内容大致分为三大部分:第一部分是保费的贝叶斯经验厘定。在这部分内容中,主要运用贝叶斯方法建立零效用保费原理、广义加权保费原理和矩母函数的统计模型,讨论各种常用保费原理下风险保费的统计推断。第二部分是建立风险度量的贝叶斯统计模型,分析了柏拉图风险模型中风险参数的各种估计、在险价值度量的贝叶斯估计以及分层随机效应线性模型中随机参数的线性贝叶斯估计及其相应的效率。第三部分是责任准备金的统计模型与推断。在聚合数据模型中,应用信度理论研究了随机 B-F 责任准备金索赔均值的估计及其统计推断问题,进而,在个体数据结构下建立了广义线性模型,研究了 RBNS、IBNR 和总准备金的估计问题。

由于数据索取的困难和数据来源的缺乏,本书所建立的模型大部分停留在理论阶段,仅从理论上利用数值模拟的方法对给出的估计进行比较分析,而没有进一步对其进行实证分析。在今后的研究工作中,我们将更加紧密结合保险公司或金融市场的实际数据,对实际的风险保费及风险度量的统计推断进行实证。

参考文献

[1] Alai D. H. ,Merz M. and Wüthrich M. V. Mean square error of prediction in the Bornhuetter-Ferguson claims reserving method. Annals of Actuarial Science, 2009,4(1):7-31.

[2] Albrecher H. , Kortschak D. On ruin probability and aggregate claim representations for Pareto claim size distributions. Insurance: Mathematics and Economics,2009,45(3):362-373.

[3] Alexandru V. A. ,Furman E. ,Tang Q. H. VerNic R. Asymptotics for risk capital allocations based on Conditional Tail Expectation. Insurance: Mathematics and Economics,2011(49):310-324.

[4] Al-Saleh J. A. ,Agarwal S. K. Finite mixture of gamma distributions:A conjugate prior. Computational Statistics & Data Analysis,2007,9(51):4369-4378.

[5] Arnold B. C. Pareto distribution, International Co - operative Publishing House,1983.

[6] Artzner P. , Delbaen F. , Eber J. M. , Heath D. Coherent measures of risk. Mathematical Finance,1999,9(3):203-228.

[7] Asumussen S. Ruin probabilities. Singapore: World Scientific Publishing Co,2000.

[8] Baily A. L. A generalized theory of creidibility. PCAS,1945(32):13-20.

[9] Bar-Lev S. K. ,Barkan N. ,Langberg N. A. Moment generating function based estimators with some optimal properties. Journal Statistical Planning and Inference,1993(35):279-291.

[10] Barron A. , Schervish M. and Wasserman L. The consistency of posterior distributions in nonparametric problems. The Annals of Statistics, 1999, 27 (2):536-561.

[11] Berger J. O. Statistical decision theory and Bayesian analysis. Springer - Verlag,New York,1985.

[12] Brazauskas V. , Kleefeld A. Robust and efficient fitting of the generalized Pareto distribution with actuarial applications in view. Insurance:Mathematics and Economics,2009,45(3):424-435.

[13] Bornhuetter R. L. , Ferguson R. E. The actuary and IBNR. Proc. CAS,1972:181-195.

[14] Brown P. J. ,Griffin J. E. Inference with normal-gamma prior distributions in regression problems. Bayesian Analysis,2010,5(1):171-188.

[15] Bühlmann H. Experience rating and credibility. Astin Bulletin,1967(4):199-207.

[16] Bühlmann H. Mathematical methods in risk theory. Springer-Verlag, Berlin Heidelberg,New York,1970.

[17] Bühlmann H. , Straub E. Glaubwüdigkeit für Schadensäze. Bulletin of the Swiss Associ-ation of Actuaries,1970,70(1):111-133.

[18] Bühlmann H. , Gisler A. A Course in credibility theory and its applications. Springer-Verlag,2005.

[19] Chateauneuf A. , Tallon J. M. Diversification, convexpreferences and non-empty core in the Choquet expected utility model. Economic Theory,2002(19):509-523.

[20] Chen Q. ,Gerlach R. ,Lu Z. Bayesian Value-at-Risk and expected shortfall forecasting via the asymmetric Laplace distribution. Computational Statistics and Data Analysis,2012(56):3498-3516.

[21] Chi Y. C. Optimal reinsurance under variance related premium principles. Insurance:Mathematics and Economics,2012(51):310-321.

[22] Cordeiro G. M., McCullagh P. Bias correction in generalized linear models. Journal of the Royal Statistical Society. Series B(Methodological),1991,53(3):629-643.

[23] Csörgö S. The empirical moment generating function. In:Guedenko B. V. ,Puri M. L. ,Vincze I. (Eds.),Colloquia Mathematica Societatis Janos Bolyai,32, Nonparametric Stratistical Inference, vol. I. , North-Holland. Amsterdam, 1980:139-150.

[24] Czarski M. ,Zielinński R. Stability of the Bayesian estimator of the Poisson mean under the inexactly specified gamma prior. Statistics and Probability Letters,1991,12(4):329-333.

[25] Denuit M. , Dhaene J. , Goovaerts M. and Kass R. Actuarial theory for depedent risks. John Wiley & Sons, Ltd, 2005.

[26] Dhaene J. , Denuit M. , Goovaerts M. J. , Kaas R. and Vyncke D. The concept of comonoto Nicity in actuarial science and finance: Application. Insurance: Mathematics and Eco-nomics, 2002a(31): 3-33.

[27] Dhaene J. , Denuit M. , Goovaerts M. J. , Kaas R. and Vyncke D. The concept of comonoto Nicity in actuarial science and finance: Application. Insurance: Mathematics and Eco-nomics, 2002b(31): 133-161.

[28] Dijkstra T. K. , Yao Y. Moment generating function approach to pricing interest rate and foreign exchange rate claims. Insurance: Mathematics and Economics, 2002(31): 163-178.

[29] Dixit U. J. , Nooghabi M. J. Efficient estimation in the pareto distribution with the presence of outliers. Statistical Methodology, 2011, 8(4): 340-355.

[30] Fahidy T. Z. Applying Pareto distribution theory to electrolytic powder production Elec-trochemistry Communications, 2011, 13(3): 262-264.

[31] Ferguson T. S. A Course in large sample theory. Chapman & Hall, London, 1996.

[32] Feuerverger A. , McDunnough P. On statistical transform methods and their efficiency. The Canadian Journal of Statistics, 1984(12): 303-317.

[33] Feuerverger A. On the empirical saddlepoint approximation. Biometrika, 1989 (76): 457-464.

[34] Fishburn P. C. Decision theroy and discrete mathematics. Discrete Applied Mathematics, 1996(68): 209-221.

[35] Furman E., Zitikis R. Weighted premium calculation principles. Insurance: Mathe-matics and Economics, 2008a, 42(1): 459-465.

[36] Furman E., Zitikis R. Weighted risk capital allocations. Insurance: Mathematics and Economics, 2008b, 43(2): 263-269.

[37] Furman E., Zitikis R. Weighted pricing functionals with applications to insurance: An overview. North American Actuarial Journal, 2009, 13(4): 483-496.

[38] Gao F. , Wang S. Asymptotic behavior of the empirical conditional value-at-risk. Insurance: Mathematics and Economics, 2011(49): 345-352.

[39] Gebizlioglu O. L. , Senoglu B. , Kantar Y. M. Comparison of certain value-at-risk estimation methods for the two-prameter Weibull loss distribution.

Journal of Computational and Applied Mathematics, 2011(235): 3304-3314.

[40] Gerber H. U. Credibility for Esscher premium. Mitleilungen der VereiNigung schweiz. Versicher ungsmathematiker, 1980(3): 307-312.

[41] Gelman A., Carlin J. B., Stern H. S. and Bubin D. B. Bayesian data analysis. New York: Chapman-Hall, 1995.

[42] Ghosh S. Normality testing for a long-memory sequence using the emperical moment generating function. Journal Statistical Planning and Inference, 2013 (143): 944-954.

[43] Gisler A., Wüthrich M. V. Credibility for the chain ladder reserving method. ASTIN Bul-letin, 2008, 38(2): 565-600.

[44] Godambe V. P. Linear Bayes and optimal estimation. Ann. Inst. Statist. Math., 1999(2): 201-215.

[45] Gogol D. Using expected loss ratios in reserving. Insurance: Mathematics and Economics, 1993, 12(3): 297-299.

[46] Goldstein M. The variance modified linear Bayes estimator. J. R. Statist. Soc. B, 1979(A), 41(1): 96-100.

[47] Goldstein M. The linear Bayes regression estimator under weak prior assumptions. Biometrika, 1979(B), 167(3): 621-628.

[48] Gómez-DéeNiz E., Hernάndez-Bastida, A., Vάzquez-Polo, F. J. The Esscher premium prin-ciple in risk theory: A Bayesian sensitivity study. Insurance: Mathematics and Economics, 1999, 25(3): 387-395.

[49] Gomez E., Hernandez A., Vazquez-Polo F. J. Robust Bayesian premium principles in actuarial science. Journal of the Royal Statistical Society, Series D(The Statistician), 2000, 49(2): 241-252.

[50] Gomez E., Hernandez A., Vazquez-Polo F. J. On the use of posterior regret-minimax actions to obtain credibility premiums. Insurance: Mathematics and Economics, 2006, 39(1): 115-121.

[51] Goovaerts M. J., Kaas R., Van Heerwaarden A. E., Bauwelinckx T. Effective actuarial methods, North-Holland, Amsterdam, 1990.

[52] Goovacrts M. J., Kaas R., Dhacnc J. and Tang Q. Some new classes of consistent risk measures. Insurance: Mathematics and Economics, 2004(34): 505-516.

[53] Goovaerts M. J., Kaas R. and Laeven R. J. A. Decision principles derived from

risk mea-sures. Insurance: Mathematics and Economics, 2010, 42(3): 294-302.

[54] Goulet V. A generalized crossed classification credibility model. Insurance: Mathematics and Economics, 2001(28): 205-216.

[55] Guerra M., Centeno M. L. Optimal reinsurance for variance related premium calculation principles. Astin Bulletin, 2010, 40(1): 97-121.

[56] Haastrup S. and Arjas E. Claims reserving in continuous time: A nonparametric Bayesian approach. ASTIN Bulletin, 1996, 26(2): 139-164.

[57] Hachemeister C. Credibility for regression models with application to trend. In: Kahn, P. (Ed.), Credibility, Theory and Applications, Academic Press, New York, 1974.

[58] Hagstroem K. G. Remarks on Pareto distributions. Skandinavisk Aktuarieti-dskrift, 1960.

[59] Harris C. M. The Pareto distribution as a queue service discipline. Operational Research, 1968.

[60] He H., Zhou N. and Zhang R. On estimation for the Pareto distribution. Statistical Methodology, 2014(21): 49-58.

[61] Heilmann W. R. Decision theoretic foundations of credibility theory. Insur-ance: Mathematics and Economics, 1989(8): 77-95.

[62] Hernández-Bastia A., Fernández-Sánchez J. M., Gómez-Déniz E. The net Bayes premium with dependenve between the risk profiles. Insurance: Mathematics and Economics, 2009(45): 247-254.

[63] Huang J. L., Wu X. Y. Individual RBNS loss reserving in discrete time model. Chinese Journal of Applied Probability, 2015, 31(3): 289-308.

[64] Jewell W. S. Predicting ibnyr events and delays: I. continuous time. Astin Bulletin, 1989, 19(1): 25-55.

[65] Jewell W. Predicting IBNYR events and delays, part II discrete time. ASTIN Bulletin, 1990, 20(1): 93-111.

[66] Jewell W. S. Multidimensional Credibility, Operations Research Center, 73-78, Berkely, 1973.

[67] Johnson N. L., Kemp A. K. A mixed bivariate distribution with exponential and geometric marginals. 3rd ed. JohnWiley, New York, 2005.

[68] Jones B. L., Zitikis R. Risk measures, distortion parameters, and their empirical

estimation. Insurance: Mathematics and Economics, 2007(41): 279-297.

[69] Jorgensen B. The Theory of dispersion models. Chapman and Hall, London, 1997.

[70] Kaas R., Goovaerts M., Dhaene J. and Denuit M. Modern actuarial risk theory. Kluwer, Boston, 2001.

[71] Kaluszka M., Krzeszowiec M. On iterative premium calculation principles under Cumulative Prospect Theory. Insurance: Mathematics and Economics, 2013, 52(3): 435-440.

[72] Kai B. and Li R. Local composite quantile regression smoothing: An efficient and safe alternative to local polynomial regression. Journal of the Royal Statistical Society, series B. 2010, 72(1): 49-69.

[73] Kahane L. H. Team and player effects on NHL player salaries: A hierarchical linear model approach. Applied Economics Letters, 2001(8): 629-632.

[74] Kamps U. On a class of premium principles including the Esscher premium. Scandinavian Acutarial, 1998(1): 75-80.

[75] Karlin S. and Taylor H. A second course in stochastic processes. New York: Academic Press, 1981: 433-436.

[76] Klugman S. Credibility for classification ratemaking via the hierarchical normal linear model. Proceedings of the Casualty ActuarialSociety, 1987(74): 272-321.

[77] Koenker R. Quantile regression. Cambridge: Cambridge UNiversity Press, 2005.

[78] Lange K. L., Little R. J. A., Taylor J. M. G. Robust statistical modeling using thet distribution. Journal of American Statistical Association, 1989(84): 881-896.

[79] Lehmann E. L., Casella G. Theory of point estimation. Springer-Verlag, 2003.

[80] Keffer R. An experience rating formula. Transactions of the Society of Actuaries, 1929, 30(1).

[81] Kuo, L. Linear Bayes estimators of the potency curve in bioassay. Biometrika, 1988, 75(1): 91-96.

[82] Laresen C. R. A individual claims reserving model. ASTIN Bulletin, 2007, 37(1): 113-132.

[83] Leorato S., Peracchi F., Tanase A. Asymptotically efficient estimation of the conditional expected shortfall. Computational Statistics and Data Analysis,

2012(56):768-784.

[84] Lin T. I., Lee J. C. Bayesian analysis of hierarchical linear mixed modeling using the multivari-ate t distribution. Journal of Statistical Planning and Inference, 2007(137):484-495.

[85] Lu T. Y., Zhang Y. Generalized correlation order and stop-loss order. Insurance: Mathematics and Economics, 2004(35):69-76.

[86] Luo Y., Young V. R. and Frees E. W. Credibility ratemaking using collateral informa-tion, Scandinavian Actuarial Journal, 2004(6):448-461.

[87] Mack T. Distribution-free calculation of the standard error of chain ladder reserve esti-mates. ASTIN Bulletin, 1993, 23(2):213-225.

[88] Mack T. Credible claims reserve: The benktander method. ASTIN Bulltin, 2000, 30(2):333-347.

[89] Markowitz H. Portfolio selection. Journal of Finance, 1952, 7(1):77-91.

[90] Martel-Escobar M., Hernández-Bastida, A., Vázquez-Polo F. J. On the independence between risk profiles in the compound collective risk actuarial model. Mathematics and Computers in Simulation, 2012(82):1419-1431.

[91] Makov U. E., Smith A. F. M. and Liu Y. H. Bayesian methods in actuarial science. Journal of the Royal Statistical Society. Series D (The Statistician), 1996, 45(4):503-515.

[92] Mashayekhi M. On asymptotic optimality in empirical Bayes credibility. Insurance: Mathematics and Economics, 2002(31):285-295.

[93] McCoach D. B., O'Connell A. A., Reis S. M. and Levitt, H. A. Growing readers: A hierarchical linear model of children's reading growth during the first 2 years of school. Journal of Education & Psychology, 2006(98):14-28.

[94] Meintains S. G. A Kolmogorov-Smirnov type test for skew nomal distributions based on the emperical moment generating function. Journal Statistical Planning and Inference, 2007(137):2681-2688.

[95] Mowbray A. H. How extensive a payroll is necessary to give a dependable pure premium? Proceedings of the Casualty Actuarial Society, 1914(1):24-30.

[96] Müller A. Stop-loss order for portfolios of dependent risks. Insurance: Mathematics and Economics, 1997(21):219-223.

[97] Necir A., Rassoul A., Zitikis R. Estimating the conditional tail expectation in the case of heavy-tailed losses. Journal of Probability and Statistics, 2010

(21):596-610.

[98] Necir A., MeraghNi D. Empirical estimation of the proportional hazard premium for heavy - tailed claim amounts. Insurance: Mathematics and Economics, 2011(45):49-58.

[99] Neuhaus W. Another pragmatic loss reserving method or Bornhuetter - Ferguson revisited. Scand. Act. J. 1992:151-162.

[100] Neuhaus W. On the estimation of outstanding claims. Australian Actuarial Journal, 2004(10):485-518.

[101] Norberg R. Empirical Bayes credibility. Scandinavian Actuarical Journal. 1980:172-194.

[102] Norberg R. Prediction of outstanding liabilities II. Model variations and extensions. ASTIN Bulletin, 1999, 29(1):5-25.

[103] Norberg R. Hierarchical credibility: Analysis of a random effect linear model with nested classification. Scandinavian Actuarial Journal, 1986 (2):204-222.

[104] Norberg R. Prediction of outstanding liabilities in non-life insurance. ASTIN Bulletin, 1993, 23(1):95-115.

[105] Novi Inverardi P. L., TagliaNi A. Discrete distributions from moment generating function. Applied Mathematics and Computation, 2006(218):200-209.

[106] Pai J. S. Bayesian analysis of compound loss distributions. Journal of Econometrics, 1997, 79(1):129-146.

[107] Pan M., Wang R. and Wu X. On the consistency of credibility premiums regarding Esscher principle. Insurance: Mathematics and Economics, 2008 (42):119-126.

[108] Panjer H. H., Boyle P. P. Financial economics, with applications to investments, insurance and pensions. Society of Actuaries Foundation, 1998:23-55.

[109] Paseka A., Appadoo S., Thavaneswaran A. Possibilistic moment generating function. Applied Mathematics and Computation, 2011(24):630-635.

[110] Perryman F. S. Some notes on credibility. Proceedings of the Casualty Actuarial Society, 1932(19):65-84.

[111] Pitselis G. A. Seemingly unrelated regression model in a credibility framework. Insurance: Mathematics and Economics, 2004(34):37-54.

[112] Puccetti G., Wang B. and Wang R. Complete mixability and asymptotic

equivalence of worst-possible VaR and ES estimates. Insurance: Mathematics and Economics, 2013(53): 821-828.

[113] Ramsay C. M. A solution to the ruin problem for Pareto distri-butions. Insurance: Mathematics and Economics, 2003, 33(1): 109-116.

[114] Rao R., Toutenburg H. Linear models. Springer, New York, 1995.

[115] Robbins H. An empirical Bayes approach to statistics. In: Proceedings of the Third Berkeley Symposium on Mathematics, Statistics and Probability, 1955 (1): 157-164.

[116] Robbins H. The empirical Bayes approach to statistical decision problems. Annals of Mathematics and Statistics, 1964(35): 1-20.

[117] Russo R. P., Shyamalkumar N. D. Bounds for the bias of the empirical CTE. Insurance: Mathematics and Economics, 2010(47): 352-357.

[118] Sabbor A., Provost S., Ahmad M. The moment generating function of a bivariate gamma - type function distribution. Applied Mathematics and Computation, 2012(218): 11911-11921.

[119] Saluzal A., Gisler A. and Wüthrich M. V. Development pattern and prediction error for the stochastic bornhuetter - ferguson claims reserving method. ASTIN Bulletin, 2011, 41(2): 279-313.

[120] Sarhan A. M. Empirical Bayes estimat es in exponential reliability model. Applied Math-ematies and Computation, 2003(135): 319-332.

[121] Sarmanov O. V. Generalized normal correlation and two-dimensional Frechet classes. Dokady(Soviet Mathematics), 1966(168): 596-599.

[122] Schmidt K. D. Covergence of Bayes and credibility premiums. Astin Bulletin, 1991, 20(2): 167-172.

[123] Schmidt K. D., Timpel M. Experience rating under weighted squared error loss, Bältter der DGVFM, 1995, 22(2): 289-307.

[124] Steindl J. Random processes and the growth of firms. Hafner Pub. Co, 2004.

[125] Stellwagen H. Automobile rate making. Proceedings of the Casualty Actuarial Society, 1925(11).

[126] Szego G. Measures of risk. European Journal of Operational Research, 2005 (163): 5-19.

[127] Taylor G., Mcguire G. and Greenfield A. Loss reserving: Past, present and future, Research paper number 109. The University of Melbourne,

Australia, 2003.

[128] Teng Y., Wu L. Credibility premiums with double common effects obtained under the exponential premium principle. Applied Mathematics a Journal of Chinese Universities, Series A., 2013, 28(4): 417-423.

[129] Trowbridge C. L. Fundamental concepts of actuarial sciences. Actuarial Education and Research Fund, 1989: 13-43.

[130] Tudor C. A. Chaos expansion and asymptotic behavior of the Pareto distribution. Statistics and Probability Letters, 2014(91): 62-68.

[131] Ussakov N. G., Ussakov V. G. On covergence of moment generating function. Statistics and Probability Letters, 2011(81): 502-505.

[132] Van Heerwaarden A. E., Kaas R., Goovaerts M. J. Properties of the Esscher premium calculation principle. Insurance: Mathematics and Economics, 1989, 8(4): 261-267.

[133] Walker S. Modern bayesian asymptotics. Statistical Science, 2004, 19(1): 111-117.

[134] Wang S. S., Young V. R., Panjer H. H. Axiomatic characterization of insurance prices. Insurance: Mathematics and Economics, 1997(21): 173-189.

[135] Wen L., Wu X., Zhao X. The credibility estimators under generalized weighted loss functions. Journal of Industrial and Management Optimization, 2009, 5(4): 893-910.

[136] Wen L., Wu X. Experience rating under the exponential premium principle (in Chinese). Science China Mathematics, 2011, 41(10): 861-876.

[137] Wen L., Wang J., Wu X. A new class of credibility estimators under the generalized weighted premium principle. Communication in Statistics: Theory and Methods, 2013, 42(3): 447-465.

[138] Wen L., Wu X. and Zhou X. The credibility premiums for models with dependence induced by common effects. Insurance: Mathematics and Economics, 2009(44): 19-25.

[139] Wen L., Wang W., Wang J. The credibility premiums for exponential principle. Acta Mathematica Sinica, 2011, 27(11): 2217-2228.

[140] Whitney A. The theory of experience rating. Proceedings of the Casualty Actuarial Society, 1918(4): 274-292.

[141] Wu X. and Zhou X. A new characterization of distortion premiums via countable additivity for comonotonic risks. Insurance: Mathematics and Economics, 2006(38):324-334.

[142] Wen L, Fang J., Mei G., Wu X., Optimal linear estimation of random parameters in hierarchical random effect linear model[J]. Journal of Systems Science and Complexity, 2015(28): 1058-1069.

[143] Wen L., Wang J., Wu X.. A new class of credibility estimators under the generalized weighted premium principle[J]. Communication in Statistics: Theory and Methods, 2013(20):355-373.

[144] Wen L., Yu J., Mei G.. The credibility premium based on estimated moment generating function[J]. Communication in Statistics: Theory and Methods, 2017, 46(3): 1090-1106.

[145] Yang J., Zhou S. and Zhang Z. The compound Poisson random variable's approximation to the individual risk model. Insurance: Mathematics and Economics, 2005(36):57-77.

[146] Young V. R. Premium principles. In: Encyclopedia of Actuarial Science. Wiley, 2004:1322-1331.

[147] Young, V. R. Credibility using semiparametric models and a loss function with a constancy penalty. Insurance: Mathematics and Economics, 2000(26):151-156.

[148] Yu J., Zhang Y. and Wen L. Premium estimator under Stein loss. Journal of Jiangxi Normal University: Natural Science Edition, 2014, 38(2):171-175.

[149] Verrall R. J. A Bayesian generalized linear model for the Bornhuetter-Ferguson method of claims reserving. North American Act. J. 8, 2004(3):67-89.

[150] Verrall R. J., England P. D. Incorporating expert opinion into a stochastic model for the chain-ladder technique. Insurance: Mathematics and Economics, 2005, 37(2):355-370.

[151] Verrall R. J., Nielsen P. J. and Jessen H. A. Prediction of RBNS and IBNR claims using claim amounts and claim counts. ASTIN Bulletin, 2010, 40(2): 871-887.

[152] Von Neumann J., Morgenstern O. Theory of games and economic behavior. Princeton University Press, 1944.

[153]Zellner A. Bayesian and non-Bayesian analysis of the regression model with multivariate student-terror terms. Journal of American Statistical Association, 1996(71):400-405.

[154]Zhao Z. ,Wu L. The generalized linear models of credibility premiums with index principle. Journal of Shandong University of Technology,2014,28(5): 25-29.

[155]Zhao X. B.,Zhou X.,Wang J. L. Semiparametric model for prediction of individual claim loss reserving. Insurance: Mathematics and Economics, 2009,45(1):1-8.

[156] Zhao X. B., Zhou X. Applying copula models to individual claim loss reserving methods. Insurance: Mathematics and Economics, 2010, 46(2): 290-299.

[157]Zheng D.,Zhang Y., Wen L. The credibility models with time changeable effects. Journal of Jiangxi Normal University,2012,36(3):249-252.

[158] Zou H. and Yuan M. Composite quantile regression and the oracle model selection theory. Annals of Statistics,2008(36):1108-1126.

[159]陈燕君. 基于 VaR 的汇率风险度量方法文献综述. 经济研究导刊,2011(24):74-75.

[160]段白鸽. 贝叶斯非线性分层模型在多元索赔准备金评估中的应用. 数量经济技术经济研究,2014,31(3):148-161.

[161]段白鸽,张连增. 索赔准备金评估的贝叶斯非线性分层模型. 山西财经大学学报,2013,35(10):20-31.

[162]胡经生,王荣,丁成. VaR 方法及其拓展模型在投资组合风险管理中的应用研究. 数量经济技术经济研究,2005(5):141-150.

[163]蒋春福,尤川川,彭红毅. Expected Shortfall 风险度量的一致性估计. 统计与决策,2007(7):31-33.

[164]刘静,杨善朝. 风险度量 ES 的非参数估计. 工程数学学报,2009,26(4): 577-585.

[165]卢志义,刘乐平. 非寿险业务未决赔款准备金的两阶段广义线性模型估计. 数理统计与管理,2008,27(1):23-29.

[166]茆诗松,王静龙,濮晓龙. 高等数理统计. 北京:高等教育出版社,1998.

[167]孟生旺. 非寿险准备金评估的广义线性模型. 统计与信息论坛,2009,24(6):3-7.

[168]腾叶,吴黎军. 指数保费原理下的双相依信度保费. 高校应用数学学报(A辑),2013,28(4):417-423.

[169]王伟,温利民,章溢. Esscher保费原理下信度估计的比较. 华东师范大学学报(自然科学版),2011(3):126-133.

[170]温利民,张美,程子红,章溢. 帕累托索赔分布中风险参数的经验贝叶斯估计. 应用概率统计,2015,31(3):225-237.

[171]温利民,方婧,梅国平. 聚合风险模型下Esscher风险度量的估计及其大样本性质[J].应用数学学报,2015, 38(3):330-339.

[172]温利民,庄小红. 零期望效用原理下的贝叶斯保费. 系统科学与数学,2016,36(8):1318-1328.

[173]谢佳利,杨善朝,梁鑫. VaR样本分位数估计的偏差改进. 数量经济技术经济研究,2009(12):139-148.

[174]杨昕. 对数收益率的偏斜Logistic分布与VaR估计. 数理统计与管理,2011,30(3):548-553.

[175]俞雪梨,吴贤毅. RBNS的线性预测模型. 应用概率统计,2011,27(2):194-209.

[176]余君,温利民. 方差相关原理下相依聚合风险模型的贝叶斯保费[J]. 华东师范大学学报,2014(4):26-38.

[177]张连增,段白鸽. 基于GLM的未决赔款准备金评估的随机性链梯法. 财经理论与实践,2012,33(1):22-28.

[178]张连增,段白鸽. 准备金评估的随机性Munich链梯法及其改进——基于Bootstrap方法的实证分析. 数量经济技术经济研究,2011,28(11):98-111.

[179]张林娜,温利民,王江峰,王伟. 基于广义线性模型的个体索赔RBNS准备金评估. 应用数学学报,2017,40(4):573-593.

[180]章溢,温利民,王江峰,王伟. 随机B-F准备金模型中事故年索赔均值的信度估计. 应用数学学报,2016(2):306-320.

[181]章溢, 周东琼, 温利民. 柏拉图-伽玛模型下TVaR风险度量的贝叶斯估计[J]. 工程数学学报, 2015(5):667-676.

[182]章溢,周东琼,温利民. 指数-伽马模型下在险价值度量的贝叶斯估计[J]. 应用概率统计,2015, 31(1):46-56.

[183]周艳菊,彭俊,王宗润. 基于Bayesian-Copula方法的商业银行操作风险度量. 中国管理科学,2011,19(4):17-25.

[184]赵晓玲,陈雪蓉,周勇. 金融风暴中基于非参估计 VaR 和 ES 方法的风险度量. 数理统计与管理,2012,31(3):381-388.
[185]赵珍,吴黎军. 指数保费原理下的广义线性模型信度估计. 山东理工大学学报,2014,28(5):25-29.